KB182329

한국 다문화에 관한 담론

대구가톨릭대학교 다문화연구소 엮음

景仁文化社

발간사

오늘 날 한국 사회의 사회문화적 환경을 고려해보면 이미 다문화 사회의 특성이 나타나고 있다. 인구학적 측면에서 결혼이주여성과 이주노동자 그리고 다문화가족 자녀들이 증가함으로써 한국사회는 이전과는 다른 생활공간이 형성되고 있다. 그 뿐만 아니라, 이주민이나 다른 문화에 대한 포용과 관용, 사회적 갈등을 완화시켜 사회통합을 이루어야한다는 학문적, 정책적, 사회적 움직임이 일어나고 있다. 소수의 권리나, 문화에 대한 관심이 증가하고 있으며, 다문화에 대한 관심은 더 이상 개별적인 것이 아니라, 사회적이며 정책적 성격을 띠고 있다.

이제 사회구성원들은 자신들이 받아들이는 문화적 요소들이 이전과는 다른 보다 새로운 가치이며, 이러한 변화된 새로운 가치는 한국사회에서 새로운 행위패턴을 형성하는 중요한 구성요소로 부상하고 있다. 일반적으로 문화는 그 자연적 속성으로 인해 문화의 소비자들이 그들 스스로 의식하지 못할 지라도 자연스러운 삶의 변화로 받아들여진다.

연구자들은 이러한 자연스러운 삶의 변화를 분석하며, 객관적 관점에서 일반화시켜야하는 의무를 지니게 된다. 대구가톨릭대학교 다문화연구소는 이처럼 변화되고 있는 한국사회의 다문화 현상에 주목하고 있으며, 이러한 변화를 글로컬 생활세계적 관점에서 새로이 분석해보고자 노력하고 있다. 한국사회의 다문화 현상을 생활세계라는 하나의 전체적이고 새로운 패러다임을 통해 접근하고자 하는 것이다.

이를 위해 한국사회의 "기본가치(basic values)"가 어디에서 어떻게 생산되고, 혼용되며, 새로운 가치가 어떻게 재생산되고 있는 지를 신학, 철학, 사회과학, 정치행정, 법학, 언어 등의 다학문적 접근을 통해 분석하고 밝혀내고자 노력하고 있다. 다문화를 더 이상 하위문화라는 분석단위로서가 아니라, 한국사회 구성원 모두가 경험하는 문화로 간주하고자 하는 것이다. 한국사회의 다문화 현상은 모두가 경험하는 일상공간 속에서 일어나고, 그 속에서 개개인의 욕망이 교차하며, 가치가 서로 혼용되어 일반화되어가고 있는 자연스러운 문화현상이며, 이러한 것에 깊은 관심을 가지고 다문화연구의 새로운 패러다임을 열고자 노력하고 있다.

이러한 노력의 첫걸음으로 대구가톨릭대학교 다문화연구소에서는 "연구총서" 제1권을 출간하게 되었다. 본 창간호는 한국 다문화의 담론이 어떻게 진행되고 있는 지, 한국사회의 다문화에 대한 현황과 분석을 위주로 실었다. 철학분야에서는 "<한국사회의 다문화>에 관한 철학적 담론의 현황과 과제", 사회학분야에서는 "한국 다문화 연구에 대한 새로운 방향 모색", 정치·행정분야에서는 "한국 다문화주의의 담론에 관한 소고", 법학분야에서는 "한국사회의 다문화가족 관련법에 대한 검토"에 관한 연구논문을 실었다. 또한 언어학에서는 "한국의 이주민 대상 언어정책", 사회복지학분야에서는 "결혼이주여성의 인권과 발달권 증진을 위한 담론", 심리학분야에서는 "다문화가정 구성원의 심리사회적 적응에 관한 연구동향과 현황분석"과 "결혼이주여성의 사회참여 활성화를 위한 소고", "영국과 프랑스 이주민의 정치적 권리에 관한 연구" 그리고 필리핀 스칼라브리니 이주센터(SMC)의 그라찌아노(Graziano) 소장의 "The ups and downs of multiculturalism"을 실었다.

한국사회는 그 어느 사회보다 격동의 시대를 지나왔고, 이제 다시 세계화와 더불어 다문화 사회로 이행되고 있다. 이러한 진지하고 체계적인 다문화 연구는 앞으로 상호소통이 가능하고, 화합과 상생의 가치를 찾고자하는 대구가톨릭대학교 다문화연구소에서 추구하는 다문화연구의 목적을 이루는 데 초석이 되리라 생각한다. 대구가톨릭대학교 다문화연구소는 앞으로도 이러한 학문적 연구를 계속하여, 한국사회에서 필요한 이론적 연구와 실천적 현상 연구에 더욱 매진할 것이며, 이에 연구총서를 통한 그 첫걸음을 내딛고자 한다.

2012년 5월
대구가톨릭대학교 다문화연구소에서
다문화연구소장 신학과 교수 김명현 신부

목 차

※보 론

<한국사회의 다문화>에 관한 철학적 담론의 현황과 과제*

이 명 곤**

1. 서론

'이주민 100만 시대'라는 말이 한국에서의 다문화적 상황을 대변하는 상징적인 숫자라고 한다면, 머지않을 장래에 한국사회 곧 다문화 사회로 진입하게 될 것이라는 사실은 과장이 아닐 것이다. '외국인 노동자' '결혼이주민' 혹은 '다문화사회'라는 말이 한국사회에서 사회적 이슈가 된 것은 10여 년 전부터이며, 이제는 이러한 용어들이 전혀 거부감이 없는 일반명사처럼 사용되고 있다. 다문화를 위한 한국사회의 노력은 정부기관, 종교단체, 대학기관 등을 통해서 다방면으로 이루어지고 있으며, 매년 이를 위한 정부예산이나 연구기금도 확대 되었다. 하지만 복지 차원의 실천적인 발전에 비하여 여전히 다문화에 대한 담론이 부족하며 특히 '다문화에 대한 철학적 담론'은 겨우 걸음마를 뗀 정도로 미흡하기만 하다.

---

* 이 논문은 2011년 5월 27일 대구가톨릭대학교 다문화연구소 주최 국내학술대회에서 발표된 것임.
** 대구가톨릭대학교 다문화연구소 공동연구원.

　　문화라는 주제 자체가 한 사회에서 가장 기본적인 '의·식·주'의 형태와 윤리·도덕적 관습 그리고 그 사회의 정치적 구조나 철학적 이념을 아우르는 방대한 것인데, <다문화>라는 주제는 이러한 방대한 지평을 가진 둘 혹은 셋의 서로 다른 문화가 융합하고 뒤섞이는 현상을 의미하기에 이에 대한 담론은 참으로 방대하고 다양한 차원에서의 노력을 요구하고 있다. 그 중에서도 한 문화를 가장 심오하고 근본적으로 규정지우고 있는 철학적 이념이나 사상에 대한 담론은 <다문화담론>에 있어서 무엇보다도 중요하고 심혈을 기울이지 않으면 안 될 과제임은 분명하다. 그리고 인간적 행위의 가장 일반적인 모습이 '사유(이론)'가 우선적으로 이루어지고 '행위(실천)'가 이를 뒤따르는 것임을 인정할 때, 문화에 대한 새로운 정립도 탄탄한 이론적 정립이 먼저 이루어지고 이에 따라 실천이 뒤따라야만 할 것이다. 하지만 한국사회의 다문화 담론은 이러한 근본적인 차원에서 체계적으로 이루어 지지 못하고 개별적 관심사나 국가정책의 방향에 일조하기 위해 산발적으로 이루어져 온 것이 사실이다. 본 논고는 이러한 맥락에서 다문화 담론이 사회적 이슈가 된 시점부터 지금까지 10여 년 동안 한국사회에서 이루어진 철학분야의 <다문화담론>의 현황을 분석해보고 이를 통해서 우리사회가 필요로 하는 철학분야의 다문화 담론이 어떻게 이루어져야할 것인지 하는 <다문화담론에 관한 철학적 과제>에 대해 고찰하고자 한다. 본 논고에서는 분석하고자 하는 대상은 지난 10여 년 간 '한국연구재단'의 '등재 철학 논문집'에 발표된 논문들을 우선적 대상으로 하였고, 이외 발표된 다문화 관련 철학적 논문 및 연구발표이며, 이외 학위논문 및 중요 연구발표 자료들을 그 대상으로 하였다.

2. 철학적 논문 및 연구발표문의 현황분석

1) 최근 10년(2002~2011) 동안 국내 철학분야 등재학술지(대표 5개) 다문화 관련논문 발표현황

(1) 논문의 주제나 제목이 명백히 '다문화'를 중심으로 한 논문 (발표 연도 순)

연번	논문제목	발표자	학술지	학회명	발표연도
1	다른 문화 간의 이해 - 문화적 통일성과 다수성에 관한 형식적 고찰	김창래 (고려대)	『철학연구』 제25권	고려대학교 철학연구소	2002
2	문화다원주의와 인정윤리학	정미라 (전남대)	『범한철학』 제36집	범한철학회	2005
3	찰스 테일러에서 공동체와 민족주의	김의수 (전북대)	『범한철학』 제44집	범한철학회	2007
4	다문화시대의 도덕 원리 논쟁 : 관용과 인정	김남준 (서울대)	『철학논총』 제54집·4권	새한철학회	2008
5	한국사회에서 다문화주의와 교육	김지연 (경희대)	『철학연구』 제106집	대한철학회	2008
6	다문화주의와 관련된 몇 가지 쟁점들	손철성 (경북대)	『철학연구』 107집	대한철학회	2008
7	여성주의와 다문화주의	정미라 (전남대)	『철학연구』 107집	대한철학회	2008
8	유교사상을 통해본 다문화사회	홍승표 (계명대)	『철학연구』 107집	대한철학회	2008
9	한국적 다문화주의를 위한 철학적 변론 - 하나의 시안(試案) -	김영필 (대구교대)	『철학논총』 제59집·1권	새한철학회	2010
10	다문화와 한국불교의 화쟁사상	조수동 (대구한의대)	『철학논총』 제60집·2권	새한철학회	2010

(2) 논문의 주제가 '다문화'와 관련이 있는 논문 (발표 연도 순)[1]

연번	논문제목	발표자	학술지	학회명	발표 연도
11	자아의 정체성과 도덕적 선의 관련성 문제-찰스 테일러의 견해를 중심으로-	홍성우 (원광대)	『범한철학』 제25집	범한철학회	2002
12	레비나스/제일철학으로서의 윤리학	이명곤 (경북대)	『동서철학연구』 제26호	한국동서철학회	2002
13	찰스 테일러와 헤겔에 있어서 자아정체성 및 공동체의 형성에 관한 연구	백승훈 (전북대)	『철학연구』 제100집	대한철학회	2006
14	삶의 해석으로서 타자철학의 초월적 가능성	윤대선 (강원대)	『철학연구』 제32권	고려대학교 철학연구소	2006
15	토미즘에 있어서 인간의식의 특수성과 새로운 윤리관의 전망	이명곤 (경북대)	『철학연구』 제103집	대한철학회	2007
16	'동질윤리'를 넘어 '차이 윤리'로	최성식 (전남대)	『철학연구』 제106집	대한철학회	2008
17	세계보편윤리에 대한 유가적 호응	권상우 (신라대)	『철학논총』 제54집·4권	새한철학회	2008
18	동서종교사상의 화합과 회통	김경재 (한신대)	『동서철학연구』 제56호	한국동서철학회	2010
19	사회 문화적 진화와 진보-켄 윌버의 관점에서	박정호 (인제대)	『철학논총』 제59집·1권	새한철학회	2010
20	헤겔의 법철학과 공동체주의	양해림 (충남대)	『철학연구』 제117집	대한철학회	2011
21	세계화 시대 민족 정체성 교육의 방향-다문화적 접근과 관련하여-	최석환 (서울교육대)	서울교육대 석사학위 논문	서울교육대 대학원	2003
22	서울지역 초등학생의 세계시민의식 실태분석 -가치와 태도를 중심으로	신혜영 (서울교육대)	서울교육대 석사학위논문	서울교육대 대학원	2006

연번	논문제목	발표자	학술지	학회명	발표연도
23	다문화사회에 대한 한국인의 태도와 인종적 배제주의	황정미 (한국여성정책연구원)	<한국여성정책연구원> 주최 세미나 발표논문	다민족·다문화사회를 위한 한국사회의 도전과 전망	2007
24	인권사상의 발전과 실천 과제	이삼열 (아태국제이해교육원장)	2003 전국단위 특수분야 (국제이해교육) 교원직무연수 연구발표문	더불어 사는 세상을 만들기 위한 국제이해교육 교원연수	2008
25	소수자 정치로서의 다문화주의	오경석 (국경 없는 마을·저자)	2008 제주 인권회의 연구발표문	주제: 한국에서의 다문화주의	2008
26	한국사회 다문화담론과 정책	김현미 (연세대)	2008 제주 인권회의 연구발표문	주제: 한국에서의 다문화주의	2008
27	홍익인간 사상의 다문화주의적 함의	최문형 (한국학중앙연구원)	『다문화와 평화』 3집 1호	성결대다문화평화연구소	2009
28	한국다문화 정책의 현황과 과제	(성결대)	『다문화와 평화』 3집 1호	성결대다문화평화연구소	2009
29	한국인의 정체성의 다문화적 요소	임형백 (성결대)	『다문화와 평화』 4집 2호	성결대다문화평화연구소	2010

---

1) 5개 대표 논문집의 선택에서 개별철학자를 다루는 학회의 논문집 - 가령, 헤겔 철학회, 티체철학회, 화이트헤드 철학회 등 - 는 제외하고 보다 일반적이고 보편적인 철학회들의 논문집을 선택하였다. 그리고 논문의 주제가 '다문화와 관련 있는 것'이란 '다양성'을 통합할 수 있는 원리들에 대한 논의 즉 '보편윤리'나 '공동선' 혹은 '다름과 차이'가 대립할 때 발생할 수 있는 대립과 갈등 상황을 해결할 수 있는 원리들에 대한 주제를 말한다. 그리고 이러한 논문들의 선별은 2002년에서 2011년까지 논문집에 수록된 모든 논문들의 제목과 초록들을 참조하면서 명백히 다문화와 관련이 있다고 판단되는 것을 본인이 임의적으로 선별한 것이다. 따라서 관점에 따라서 선별되지 않는 논문들이 있을 수 있다.

2) 최근 10년간 철학사상과 관련된 기타 다문화 관련 논문 및 연구발표[2)]

3) 발표현황에 대한 분석

	다문화주제논문	다문화관련논문	철학논문집 외 논문	총계
2002	1편	2편	0	3편
2003	0	0	1편	1편
2004	0	0	0	0편
2005	1편	0	0	1편
2006	0	2편	1편	3편
2007	1편	1편	1편	3편
2008	4편	2편	2편	8편
2009	0	0	2편	2편
2010	2	2	1	5편
2011	0	1	0	1편
최근 10년간 발표된 '다문화 관련 철학적 논문' 편수				

이상의 현황을 살펴보면 철학논문집이나 여타 학술 발표 등에서 철학적 내용의 '다문화관련 논문'들이 발표되기 시작한 것은 약 10여년 전부터이며, 철학논문집에 발표된 철학적 논문들은 10년간 5개 대표 논문집에 발표된 논문 중 명백히 다문화를 주제로 한 논문과 다문화 관련 논문들이 각각 10여 편으로 평균 매년 2편 정도의 논문이 발표되었음을 알 수 있다. 그리고 이외 다른 학술대회나 세미나들에서 발표된 논문 수도 약 10편으로 평균 1년에 1회 정도 발표되었음을 알 수 있다. 이러한

---

2) 철학논문집 외의 발표된 이하의 논문들의 현황은 국내에서 다문화연구의 전문기관으로 알려진 평택대학의 <다문화 연구소>와 성결대학교의 <다문화 평화연구소>에서 소개하고 있는 자료들을 참조하였다. 따라서 당연히 소개되지 않는 크고 작은 발표문들 -가령 대학의 학내 세미나 등의 발표논문들 -이 있을 수 있다.

수치들은 다른 주제를 가진 철학적 발표 논문들에 비해 턱없이 부족한
실정이며, 심지어 어떤 철학 논문집에서는 10년 동안 단 한 건의 <다문
화관련 논문>이 발표되고 있지 않는 실정이다. 이는 결국 <다문화>라는
주제가 아직은 한국사회에서 중요한 철학적 관심사가 되고 있지 않다는
사실을 반증하는 것이라 할 것이다. 그리고 논문이 발표된 연도 역시 매
우 불균등하게 편중 되어 있는데, 가장 많이 발표된 연도는 2008년으로
3개 분야에서 총 10건이며, 가장 적게 발표된 해는 2003년도와 2005년
도 인데, 3개 분야를 통 털어 각각 1건씩의 논문만을 발견할 수 있다.
그리고 2004년도의 경우는 단 한 건의 논문도 발견되고 있지 않다. 이
러한 논문의 발표 건수의 불균등화는 <다문화>에 대한 철학적 관심이
지속적인 철학적 관심이 되지 못하고 시대적 상황이나 국가의 정책적
사정에 따라 관심이 일어났다가 식어가는 경우라고 할 수 있다.

　물론 다문화에 관한 철학적 관심의 지표가 다만 <관련분야 논문 발표
현황>만으로 판단할 수는 없는 일이지만, 그럼에도 한국사회의 모든 전
문분야의 연구의 결과가 특히 인문학분야에서는 <논문발표형식>으로
이루어지고 있다는 것을 감안 한다면, 이러한 '관련분야 논문발표의 현
황'은 가장 중요한 지표가 된다고 볼 수 있다. 철학적 분야의 다문화관
련 논문의 발표가 여타 분야에 배해 그리고 다른 철학적 주제들에 비해
현저히 미흡한 것은 사실이지만, 그럼에도 불구하고 긍정적인 시각으로
바라보자면 비록 지속적이고 균등하게 연구되지는 않지만, 10년 전부터
꾸준히 철학분야에서도 다문화적 주제가 철학적 담론의 대상이 되고 있
다는 것은 그 만큼 한국사회에서도 <다문화>라는 주제가 철학적 이념
의 대상이 되고 있음을 말하는 것이며, 이는 다문화사회로의 이행이라
는 한국적 상황의 정신적인 공감이 형성되고 있는 '상징적인 변화'로 간
주할 수 있을 것이다. 즉 다문화 담론에 대한 철학적인 관심이 이미 시
작된 것으로 이해할 수 있을 것이다.

3. 발표논문들의 내용 및 내용의 유형별 분석

1) 발표논문들의 내용에 대한 요약

(1) "2-(1). 논문들"

연번	논문제목	내용요약
1	다른 문화간의 이해 – 문화적 통일성과 다수성에 관한 형식적 고찰	딜타이의 해석학적 방법을 통해서 '타자'의 '다름'을 어떻게 이해하고 소통할 수 있는가에 대해서 논하고 있다. **두 문화가 순수하게 다르다는 것과 순수하게 같다는 것은 있을 수 없으며**, 항상 어느 정도 다름과 같음을 공유하고 있음을 논하고 있다. 여기서 **상호적인 두 지평의 융합이라는 개념을 통해서 이해와 소통에 대해** 논하고 있다.
2	문화다원주의와 인정윤리학	탈 근대론자들의 이론적 출발점인 다원성에 있어서 상대주의적 한계를 헤겔의 "상호인정" 개념을 통해 극복하고자한 테일러의 이론을 조명하고 있다. 인정이론이란 각 문화의 특수성을 인정함으로서 **다원주의적인 시각과 보편주의적 관점의 의사소통 가능성을 모색**하고 있는데, **다원주의와 보편주의는 서로 모순적이고 대립적인 관계가 아니라, 서로 상보적인 것임**을 논하고 있다.
3	찰스 테일러에서 공동체와 민족주의	**공동체는 인간의 행위와 자아인식의 구조적 전제조건**이이라는 테일러의 사상을 제시하면서 공동체의 파편화 현상을 민주적 시민운동과 국가 권력의 분산화라는 두 가지 운동을 통해 극복할 수 있다고 논하고 있다. 국가란 서로 다른 문화와 민족들을 하나로 포괄하는 원리이며, 전일주의가 아니다. 그

연번	논문제목	내용요약
		리고 **민족주의는 민주제와 잘 조화를 이루는 것으로 공동체의 한 원리가 될 수 있다**고 논함.
4	다문화시대의 도덕 원리 논쟁 : 관용과 인정	**"다문화시대에 정체성과 다양성을 적절히 교호시킬 수 있는 도덕 원리는 무엇인가?"**라는 것을 논하고 있다. 다문화시대에 자아정체성의 형성을 위해 필요한 것은 타자와 타문화의 가치와 차이성에 대한 가치평가와 인정이다. '인정의 윤리학'은 타자를 인격적 존재로서 존중하는 '인간존엄의 정치'와 타자의 자아정체성을 인정하는 '차이의 정치'를 가능하게 해준다. **'인정' 개념은 문화적 다양성의 속에서 자아정체성을 확보할 수 있는 도덕 원리임**을 논하고 있다.
5	한국사회에서 다문화주의와 교육	**다문화주의라는 개념을 검토한 뒤 이에 따라서 한국사회에서 다문화 교육이 어떻게 이루어져야 하는가? 하는 점을 고찰**하고 있음. 소수자의 입장에서 그들의 삶을 바라보고 그들의 정체성이나 문화적 권리를 보호해주어야 함을 논함.
6	다문화주의와 관련된 몇 가지 쟁점들	'자유주의'와 '공동체주의'라는 두 가지 입장에서 **다문화주의와 관련된 논쟁점들**에 대해 고찰하고 있음. 다문화인들의 문화적 정체성에 대해서 어느 정도까지를 관용할 것인가? 하는 문제를 중심으로 논하고 있음.
7	여성주의와 다문화주의	다문화주의와 여성주의가 '차별'에 대한 소수자의 권리를 보호한다는 의미에서 공통점을 가지긴 하지만 **'다원주의'가 차이점을 정당화하면서 오히려 여성억압의 사회적 기제로 작용될 수 있다고 보고 이러한 점을 밝히고자 논함.**
8	유교사상을 통해본 다문화 사회	**현대의 다문화에 대한 사회적 문제는 현대인의 근대적인 세계관에 근거한다고 보고, 이러한 문제를 해결할 수 있는 유교적 이념에서의 재원이 무엇인가를 고찰하는**

연번	논문제목	내용요약
		논문임. 유교문화에서의 자기문화에 대한 절대적인 긍정과 상호존중의 정신이 이러한 재원이라고 논함.
9	한국적 다문화주의를 위한 철학적 변론 -하나의 시안(試案)-	근대철학자들에 의해 배제된 **'상호의존성'의 개념이 오늘날 다문화사회에서는 중요한 것**임을 논하고, 이러한 '상호의존성'의 개념이 한국인의 사유 원형 속에 함의되어 있음을 논하고 있다. **한국적 다문화주의의 이념적 토대를 불교와 유교 속에 함의되어 있는 상호문화적 역동성에서 발견하고자** 한다.
10	다문화와 한국불교의 화쟁사상	다문화사회를 위한 노력은 재정적인 복지정책과 더불어 **인종적 다양성을 포용할 수 있는 가치와 덕목의 수정도** 동시에 이루어져야 한다고 보고 이러한 가치를 **타인의 삶의 방식과 가치에 대한 예의와 존중을 의미하는 보편주의적 가치**라고 논하고 있다. 이러한 가능성을 **원효의 화쟁사상에서 발견할 수 있다**고 논함.

(2) "2-(2) 논문들"

연번	논문제목	내용
11	자아의 정체성과 도덕적 선의 관련성 문제 - 찰스 테일러의 견해를 중심으로 -	찰스 테일러의 『자아의 원천들』중 **'자아의 정체성과 도덕적 선'의 관련성 문제**를 고찰하는 논문이다. 문화간의 대립과 갈등은 '좋음(선)에 대한 옳음(도덕원칙)의 우선성 원칙'이 도덕철학의 전반을 지배하게 될 때만 해소할 수 있다고 논함. **다른 문화 간의 이해는 바로 이러한 올바름의 원칙을 통해서 이루어져야함**을 논하고 있다.
12	레비나스 / 제일철학으로서의 윤리학	제일철학은 존재론이 아니라 윤리학 이어야 한다는 레비나스의 사상을 해명하면서 **'다름' 혹은 '차이'에 대한 상호존중 타자에 대한 존중이 모든 윤리적인 준칙이 되어야 함**을 논하고 있다. 즉 나의

연번	논문제목	내용
		정체성은 곧 나와 대립하는 너의 정체성을 전제할 때 가능한 것이기에 서로는 서로에게 정체성의 빛을 지고 있으며, 그러기에 **타자에 대한 절대적인 존중이라는 도덕적 원칙**이 발생하는 것이다. 이러한 원칙은 **다문화 사회의 보편적인 도덕원칙이 될 수 있다.**
13	찰스 테일러와 헤겔에 있어서 자아정체성 및 공동체의 형성에 관한 연구	**공동체가 파괴되고 이기적이 되어가는 현대사회의 문제**를 '헤겔과 테일러'의 사상을 비교하면서 '**문제의 원인**'을 '**자아정체성과 공동체 사이의 관계**'에서 발견하고자 한다. 그리고 그 해결점을 '**승인의 정치**'와 '**차이의 정치**'라는 개념을 통해 발견하고자 논하고 있다.
14	삶의 해석으로서 타자 철학의 초월적 가능성	레비나스의 '**타자의 철학**'이 지니고 있는 긍정적인 **가치들을 객관적으로 평가**하고자 하는 논문. 자아실현이나 신의 계시 등 윤리 종교적인 문제들을 모두 '**타자중심**'으로 이해하고자 하는 타자의 철학이 **보편적인 가치로 인정하는 것이 가능함**을 논함.
15	토미즘에 있어서 인간 의식의 특수성과 새로운 윤리관의 전망	토마스 아퀴나스의 사상에서 **끊임없이 자신을 넘어서고자 하는 보편적인 인간의 의식을 법칙을 통해서 현대사회의 불행들을 넘어설 수 있는 새로운 윤리적 원칙을 발견**하고자 논함. 이러한 자기초월의 일상적인 실현은 '**만인의 불행에 대한 만인의 책임**' '**모든 존재하는 것에로의 윤리적 관계 정립**'이라는 보편윤리를 가능하게 함.
16	'동질윤리'를 넘어 '차이윤리'로	다문화적 사회에서 **모든 변화의 토대가 되어야 할 것은 정신적 도덕적인 변화**이다. 한국사회에 여전히 통용되고 있는 **전통적인 윤리의식이 가지는 문제점과 새로운 사회의 윤리관이 어떠해야 할 것인지를 논함. 동질의 윤리관에서 매몰되지 않고, 차이의 윤리로 나아가야** 함을 논함.
17	세계보편윤리에 대한 유가적 호응	세계화시대에 진입하면서 **세계시민으로서 준수해야 할 도덕적 규범**이 요구되는데, 이러한 세계윤리는 특정한 문화에서 벗어나 범문화적 도덕규범의 정립을 목적으로 하고 있다. '**조화**'와 '**중용**'을 주장하는 유교문화는 이러한 보편윤리의 발전에

연번	논문제목	내용
		공헌할 수 있음을 논함.
18	동서종교사상의 화합과 회통	**모든 종교는 사상과 세계관의 다름에도 불구하고 서로 소통하고 화합할 수 있다고 논함.** 모든 종교가 과정 중에 있으며 각자가 긍정적이고 발전된 좋은 점을 지니고 있으며, 이러한 **장점들을 수용하고 배우려는 열린 자세만이 이를 가능하게 함을** 논함.
19	사회 문화적 진화와 진보 - 켄 윌버의 관점에서	**사회문화적 진보를 비관하는 다양한 현대사상에 대항하여 켄 윌버의 사회문화적 진화이론을 재구성하여 제시하고 있음.** 켄 윌버의 형이상학이 기독교적, 관념론적 색채를 지니고 있다는 것과 진보의 변증법이 진보주의자들의 반론에 대한 충분한 답변은 되지 못하고 있음을 논함.
20	헤겔의 법철학과 공동체주의	사구사회에 활발하게 논의 되었던 **'자유주의'**와 **'공동체주의'에 대한 논의를 '헤겔'의 법철학의 관점에서 한국사회의 정치 현실에 어떻게 적용될 수 있는가를 논함.** 한국사회의 민주주의 미성숙함은 이러한 논의들을 무의미하게 하기에 **인륜성 및 도덕성의 성숙이 가장 급선무임을** 논함.
21	세계화 시대 민족 정체성 교육의 방향 - 다문화적 접근과 관련하여 -	**세계화 시대에 민족정체성을 어떻게 형성해 갈 것인가에** 대한 고찰하며 3가지 가능성을 제시하고 있다. **복수로서의 다중심 자아정체성, 세계시민으로서의 확고한 민족정체성, 보편적 세계시민으로서의 정체성** 등을 제시하고 이를 위한 교육적 방법론을 논하고 있다.
22	서울지역 초등학생의 세계시민의식 실태분석 - 가치와 태도를 중심으로	세계화시대에 요구되는 **세계시민 의식의 함양이 초등하교에서부터 이루어져야 한다는** 교육적 결과를 통해서 현재 한국의 초등학생들의 **세계시민 의식과 가치관에 대한 설문조사와 이를 통한 미래의 교육방향에 대한 제시.**
23	다문화사회에 대한 한국인의 태도와 인종적	한국사회의 다문화 정책과 실천에 대한 고찰을 통해서 그 **문제점의 근본원인들을 한국인들이 가**

연번	논문제목	내용
	배제주의	진 타민족 다른 문화에 대한 배척의 경향성을 지적하고 실천적인 정책의 효율성을 강조함.
24	인권사상의 발전과 실천과제	인권에 대한 요구는 인류가 보편적으로 지향하는 가치 개념이며, **자유주의적 인권개념과 사회주의적 인권개념**은 서로 대립하기도 했지만, **상호보완과 양립관계**에 있어야한다. 세계화시대에 있어서 문화적, 정치적, 종교적으로 **다양한 인권개념의 차이는 상호인정과 대화를 통해 극복해야만 하는 과제임**을 논함.
25	소수자 정치로서의 다문화주의	**'소수자'로서의 다문화인에 대한 개념을 비판**하면서 '소수자'라는 개념을 산출한 '국가주의' '보편주의' 등에 대한 허구를 밝히고자 논함. **진정한 다문화주의는 '세계의 보편성'이라는 권위를 파괴하고, 세계의 다원적 현실성을 드러내어야 함**을 논함.
26	한국사회 다문화담론과 정책	**한국사회의 다문화주의가 정치권으로부터 차용됨**으로서 다문화의 원래 의미가 희석되고 여성이 주민과 그 가족을 관리하는 정책으로 변질되었음을 지적하고, 한국인들의 **'다문화 이해능력'을** 증진하고 '아래로부터의 초-국가적인 실천'을 이루어내기 위해서는 '문화다양성 협약'이 이루어 져야함을 논함.
27	홍익인간 사상의 다문화주의적 함의	한국사회가 다문화사회로의 이행이 불가피함을 논하면서, **단군신화의 기조인 홍익인간 사상이 현대 한국사회에 요구되고 있는 다문화사회의 기본원리인 포용성과 융합성의 원리가 될 수 있음**을 논함.
28	한국다문화 정책의 현황과 과제	현 한국사회의 다문화 담론이 **다문화 정책이 표상하는 핵심적인 가치는 뒤로 밀려난 채 관 주도의 정책으로 추락**하면서 지엽적이고 미시적인 정책만이 이루어질 뿐, 실질적인 다문화정책에 대한 담론이 길을 잃고 있음을 논하고 있다. **개별적 정책에 대한 상위개념인 '한국사회의 다문화'는 어**

연번	논문제목	내용
		떠한 것이어야 하는가에 대한 토의와 합의가 필요함을 논함.
29	한국인의 정체성의 다문화적 요소	한국인의 일반적인 감정과는 달리 **한국인의 정체성 속에는 다양한 문화가 포함**되어 있으며, 순혈주의와 단일민족의 신화는 점차 변화고 있다고 논하면서, 오히려 **한민족의 역사는 '차이'와 '다름'을 수용하고 포용하는 역동적인 역사였음**을 논하고 있다. 따라서 **현재한국사회의 과제는 '새로운 정체성의 창조'**라고 주장하고 있다.

2) 발표논문 내용들의 유형별 분석

이상의 요약된 논문들의 내용을 유형별로 분석하면 아래와 같다.

※ 유형 순서 : 보다 근원적인 것에서 보다 구체적인 것으로

① 다문화 혹은 다문화주의에 대해 긍정하거나 정당성에 관련된 논문	
번호	논문 주제 및 내용
N° 14	문화전반에 있어서 '타자 중심'의 철학이 보편적 가치가 될 수 있다.
N° 15	보편윤리의 가능성 = 끊임없이 자기를 초극하고자 하는 인간의식의 특수성에 의해 이루어 질 수 있다.
N° 19	켄 윌버의 진보의 변증법 : 사회문화적 진화가 여전히 가능하다.
총 3 편	

② 다문화사회의 형성 원리에 대한 논문	
번호	논문 주제 및 내용
N° 3	공동체의 원리로서의 민족주의 (테일러)
N° 9	다문화의 기본 원리가 되는 '상호의존의 개념'을 전통문화 속에서 발견할 수 있다.
총 2 편	

③ 타자 혹은 타문화와의 소통 방법 및 원리에 관한 논문	
번호	논문의 주제 및 내용
N° 1	다름의 의미와 소통의 방법 (딜타이)
N° 4	다양성을 조화롭게 일치시킬 수 있는 원리 = 인정의 원리
N° 8	유교적 이념 안에는 다문화사회에서 발생하는 다양한 문제들을 해결할 수 있는 원리가 내포 되어 있다.
N° 11	타문화에 대한 이해의 원리 = 도덕적 올바름의 원리
N° 12	차이와 다름에 대한 이해 = 동일성의 근원 = 다문화사회의 보편적 도덕 원리가 된다.
N° 18	서로 다른 모든 종교들의 소통의 가능성 = 과정 철학의 입장에서 가능하다.
총 6 편	

④ 서로 다른 혹은 대립하는 이념(사상)들 간의 대립의 해소방안에 대한 논문	
번호	논문 주제 및 내용
N° 2	다원주의와 보편주의의 대립의 문제 해결방법 (헤겔과 테일러)
N° 9	인권개념에 대한 사회주의적 개념과 자유주의적 개념의 차이에 대한 극복방안(헤겔).
총 2 편	

⑤ 한국의 전통문화에서 다문화적 덕목을 논하는 논문	
번호	논문의 주제 및 내용
N° 17	세계시민의 보편윤리는 '조화' '중용'을 정신을 가진 유가철학을 통해 가능
N° 27	홍익인간의 이념에 다문화사회의 덕목인 '포용'과 '융합'의 정신이 내포되어 있다.
N° 29	단일민족 단일문화라는 일반적인 정서와는 달리 한민족의 역사는 '다름'과 '차이'를 수용하고 포용하는 역동적인 역사였다.
N° 10	원효의 화쟁사상에서 다양성에 대한 포용의 정신을 발견할 수 있다.
총 4 편	

⑥ (한국의) 다문화사회의 지향점 혹은 방향성에 대해 논하는 논문	
번호	논문의 주제 및 내용
N° 16	다문화사회의 정신적 도덕적 변화 = 동질의 윤리에서 차이의 윤리로 나아가야.
N° 25	진정한 다문화란 보편성의 개념을 극복하고 다원주의로 나아가야 한다.
N° 21	세계화 시대에 있어서 민족의 정체성은 어떠해야 하는가? 3가지 가능성 제시
총 3 편	

⑦ 다문화 혹은 다문화정책의 다양한 문제점 및 해결방안에 관한 논문	
번호	논문의 주제 및 내용
N° 6	다문화주의의 논쟁점 = 문화적 권리를 어디까지 관용해야 하는가?
N° 7	다원주의의 문제점 = 차이인정은 여성차별의 또 다른 기재가 될 수 있다 = 차이에 대한 담론은 신중해야 한다.
N° 13	자아정체성과 공동체의 문제 = 승인의 정치와 차이의 정치를 통해 극복가능하다.
N° 23	한국사회의 타문화에 대한 배타성을 논하며 정책적 필요성 강조.
N° 26	한국사회의 다문화주의의 문제점 = 문화다양성에 대한 협약 없이 정치 적인 접근이 앞선다.
N° 28	한국사회의 다문화의 문제는 '한국적 다문화사회'에 대한 상위개념이 배제된 채 관주도의 지엽적 미시적 관점에서 이루어지고 있다.
N° 20	다문화정책의 다양한 문제점 및 해결방안 : 한국사회에서 가장 시급한 것(헤겔의 법철학의 관점)은 국민들의 인륜성과 도덕성의 성숙이다.
총 7 편	

⑧ 다문화관련 교육의 방향성에 관한 논문	
번호	논문 주제 및 내용
N° 5	다문화주의의 올바른 교육 = 정체성의 인정과 문화적 권리의 보호
N° 22	세계시민 의식에 대한 현 한국의 초등학생들의 사고와 교육방향 전망
총 2 편	

이상의 유형들을 분석해보면 비록 양적으로는 적은 숫자이지만 다양한 종류의 내용들의 논문이 발표되었음을 알 수 있는데, 이러한 내용의 범주들은 다문화에 관한 철학적 담론의 범주가 어떠한 것인지를 가늠하게 해주는 계기가 된다. 그리고 어떠한 범주들이 보완되어야 하는 것인지 그리고 각각의 범주에서 문제점이나 보완점들이 무엇인지를 밝혀주는 지표가 되고 있다.

4. 한국식 다문화사회 형성을 위한 철학의 과제

1) 다문화에 대한 철학적 담론의 제 범주들, 그 문제점과 과제들

이상의 조사 자료에 의하면 다문화에 대한 철학적 담론의 범주들은 다음의 8개 분야로 나누어지고 있음을 알 수 있다.

① 다문화 혹은 다문화주의에 대해 긍정하거나 정당성에 관련된 논문
② 다문화사회의 형성 원리에 대한 논문
③ 타자 혹은 타문화와의 소통 방법 및 원리에 관한 논문
④ 서로 다른 혹은 대립하는 이념(사상)들 간의 대립의 해소방안에 대한 논문
⑤ 한국의 전통문화에서 다문화적 덕목을 논하는 논문
⑥ (한국의) 다문화사회의 지향점 혹은 방향성에 대해 논하는 논문
⑦ 다문화 혹은 다문화정책의 다양한 문제점 및 해결방안에 관한 논문
⑧ 다문화관련 교육의 방향성에 관한 논문

위 8개 분야의 주제들 중 7번과 8번을 제외하면 다루어지고 있는 주제들이 모두가 여타의 다른 주제를 가진 철학적 논문들에서 전형적으로 볼 수 있는 것들이며, 7번과 8번의 경우는 '응용철학' 즉 '정치철학'이

나 '교육철학'의 차원에서 다루어지고 있는 주제들이다.

우선 각 범주별로 그 주제를 고찰해보면 ①의 경우 논의되고 있는 사안이 '왜 중요한 것인지' 혹은 '왜 해야만 하는 것인지'에 대한 **정당성을 문제 삼고 있는 것**이다. 이러한 정당성의 문제는 논란이 되고 있는 모든 사회적 사안들에 대해서 가장 우선적으로 논의되어야 할 문제로서 그 만큼 중요성이 큰 주제라고 할 수 있다. 왜냐하면 국가 기관의 공무원들이든 일선의 실무담당자 이든 아니면 일반대중이든 우리사회의 미래의 향방을 정할 중요한 사회적 사안에 대해서 '그것이 올바른 것인지' '잘못된 것인지' '왜 해야만 하는지' '왜 그렇게 하지 않으면 안 되는 것인지' 혹은 나아가 '그러한 일들이 우리사회에 어떠한 영향을 미칠 것인지', '불행을 가져올 것인지 행복을 가져올 것인지' 등에 대해 알지 못하고 모호하게 남아 있다면 자신이 하는 일에 대한 '확신'이 없이 '마지못해' 하는 수밖에 없을 것이다. 그리고 확신이 없는 일은 결코 지속적으로 실행될 수도 성공적으로 수행될 수도 없을 것이기 때문이다. 하지만 이러한 다문화의 정당성과 관련된 한국철학계의 논문들의 주제는 '타자중심의 철학의 가능성' '보편주의 윤리의 가능성' '새로운 사회진보의 가능성' 등 한국사회의 개별적 상황과는 무관한 보편적인 인간적 삶의 차원에서 만 다루어지고 있다. 즉 '한국사회가 다문화사회로의 이행이 가능한 것인가?' 혹은 '왜 한국사회가 다문화적 사회로 변모하지 않으면 안 되는 것인가?'하는 구체적인 **한국사회의 다문화'에 대한 정당성을 논하는 논문은 아직 발견되고 있지 않는 것**이다. 따라서 이러한 질문들은 <한국적 다문화사회>를 위해 한국철학계가 던져야할 가장 우선적이고 중요한 <다문화에 대한 철학적 담론의 과제>라고 할 수 있을 것이다. 첫 단추가 잘못 끼워지면 결코 옷을 제대로 입을 수가 없듯이, 가장 우선적인 것에 대한 질문을 던지지 않고서는 결코 성공적으로 다른 여타의 담론으로 이어질 수가 없을 것이기 때문이다. 이러한 <구체적인 한국사회의 상황 안에서의 다문화에 대한 정당성>에 관한 논문이

지금까지 단 한편의 논문도 발견되고 있지 않다는 것은 그만큼 '민족주의' 혹은 '민족성'이 그 어떤 나라보다 크고 깊은 한국사회의 한 단면을 보여주고 있는 것이며, 나아가 이러한 일반적인 한국국민들의 '국민적 정서'를 쉽게 극복하지 못하는 한국 철학계의 현실을 대변해 주고 있다 할 것이다.

'다문화사회의 형성 원리'에 대해 다루고 있는 주제 ②의 경우, 반드시 정당성의 문제 다음으로 논의 되어야 할 주제라고 할 수는 없겠지만 빼놓을 없는 근본적인 철학적 담론의 주제라고 할 수 있다. 다양한 문화적인 차이나 다름을 하나의 사회적 틀 안에서 수렴하기 위해서 다양성을 통합하거나 융합할 수 있는 어떤 원리를 가정한다는 것은 당연한 것이다. 이는 '무엇을 통해서' 즉 어떤 '개념이나 가치' 혹은 '이념' 등을 통해서 이러한 융화와 통합이 가능할 것인가를 질문하는 것이다. 이 경우 개별적인 다양한 문화를 하나로 수렴하게 하는 상위개념을 가정하거나 (가령, 개별 민족문화에 대한 인류의 보편문화 혹은 세계시민 개념 등), 혹은 개별문화에 공통되는 공동의 가치(가령, 공동선의 개념, 변증법적 인류사회 발전) 등을 산출하는 것이다. 아마도 진정한 철학이라면 그 어떤 철학에서도 이를 가능하게 하는 원리들을 발견할 수 있을 것이다. 예를 들어 '칸트의 세계시민 개념'이나, 그리스도교의 '범지구적 형제애', 도교의 '무아의 자연주의', 불교의 '무소유를 통한 자비' 혹은 공리주의자들의 '최대다수의 최대 행복'개념 등을 통해서도 가능할 것이다. 이러한 다양한 원리들은 선택의 문제가 아니라, 이러한 다양한 원리들이 다문화형성의 과정 속에서 부단히 서로 소통하고 가치를 공유하며 협력하여야 할 것이다. 하지만 위에서 고찰한 한국철학계의 논문 중 이러한 주제와 관련된 논문은 '공동체의 원리로서의 민족주의'에 관한 것과 '전통문화 속의 상호의존의 개념'에 관한 것 단 두 편뿐이었다. 이는 양적으로도 미흡한 것이기도 하거니와 철학적 보편성의 차원에서도 매우 미흡한 것이다. 따라서 **'다문화사회의 형성원리들'에 대한 철학적 담**

론은 **빼놓을 수 없는 중요한 과제임**에도 아직 제대로 시작되지 않았다고 할 수 있다. 앞으로 다양한 철학분야에서 다양한 원리들이 도출되고 이러한 원리들이 서로 소통하면서 보다 보편적이고 열린 원리들이 창출되어야 할 것이다.

타자 혹은 **타문화와의 소통 방법 및 원리에 관하여 다루고 있는 ③의 주제**는 ②의 주제보다 하위적인 주제라고 할 수 있는데, 이는 문화 간의 융합이나 조화를 문제 삼고 있는 것이 아니라, '본질적으로 서로 다른 세계관, 가치관 그리고 다른 개념들을 내포하고 있는 다른 문화들이 어떻게 소통할 수 있는가'를 '소통의 방법'을 문제 삼고 있기 때문이다. 이러한 주제는 비단 '다문화'의 주제라기보다는 본질적으로 언어를 통한 소통의 삶을 살아가는 인간으로서의 보편적인 문제라고 할 것이다. 하지만 '다문화에 관한 담론'에서 이러한 '소통'의 문제가 중요한 주제로 부각되는 것은 '차이'와 '다름'이 만나고 부딪히는 가운데서 이 차이와 다름의 문제를 초월하여 어떻게 무리 없이 소통할 수 있는가 하는 것이 다문화의 본질적인 문제이기 때문이다. 이 주제는 다른 주제들보다 비교적 양적으로도 주제 면에서도 양호한 편이긴 하지만 여전히 다문화사회로 접어들고 있는 **한국사회의 구체적인 상황에 대한 인식**[3]**과**

---

3) '다문화 사회로의 진입'이라는 한국사회의 '구체적인 현 상황'을 그 중요성에서부터 언급하자면, '결혼이주 여성들'과 그 '2세들의 문제' 그리고 '외국인 노동자들' '탈북이주민을 의미하는 새터민 사람들' 나아가 '외국인 유학생들' 등의 문제들이라고 할 수 있다. 이러한 사람들이 한국사회에서 어떠한 문제점들을 지니고 있으며, 그 문제가 다문화를 지향하는 한국사회에 어떠한 사회적 문제를 야기하고 있는지 여기서 일일이 언급할 수는 없겠지만, 단 하나의 예를 들자면, 어머니가 외국인인 '결혼 이주여성 자녀들'의 학교 진학률을 보면 초등학교진학은 전체의 84%, 중학교 진학률은 60%, 그리고 고등학교 진학률은 30%로 아주 저조한 편이다. 고교교육을 받지 못하는 70%의 2세들 역시 여전히 한국의 국적을 가진 한국국민이라는 것을 감안해 볼 때, 결혼이주 여성들의 2세들이 처한 한국사회의 특수성은 참으로 독특하며 여기서 발생하는 소통의 문제는 심각하다고 할 수 있다. 이러한 구체적인 한국

이를 해결할 수 있는 실천적인 방안으로서의 소통 방법들에 대한 고찰
이 아니어서 아쉬움이 남는다고 하겠다.

　'서로 다른 혹은 대립하는 이념(사상)들 간의 대립의 해소방안'에 대
해 논하고 있는 ④의 논문들은 '소통의 방법'을 논하고 있는 ③의 논문
과 거의 맥락을 같이 하고 있지만, 보다 더 세부적이고 개별적인 범주라
고 할 수 있는데, 이는 차이와 다름이 만나고 소통하는 가운데 발생하는
'대립과 갈등을 해소하는 방편'에 대한 논의이기 때문이다. 이 네 번째
주제의 논문들 역시 양적으로 수적으로 매우 미흡한 편인데, 대립하고
있는 구체적인 두 이념들 즉 '다원주의와 보편주의의 대립'에 관한 1편
의 논문과 서로 다른 개념으로 대립하는 두 이념 즉 '인권개념에 대한
사회주의적 개념과 자유주의적 개념의 차이에 대한 극복방안'에 대한 1
편이 전부이다. 이러한 정치 이념간의 대립이나, 이념들이 지닌 개념들
사이의 차이나 대립은 '다문화의 형성과정' 속에서 다양한 차원에서 발
생할 수 있으며, 그 극복의 방안도 다양한 방식으로 주어질 수 있음에도
단지 '테일러와 헤겔'이라는 두 철학자의 정치철학적 대립에 대해서만
논하고 있다는 것은 퍽 아쉬운 일이라 하겠다. **이러한 주제들은 '휴머니
즘에 관한 무신론적 실존주의와 유신론적 실존주의의 대립' '유·불교적
세계관과 그리스도교적 세계관의 대립' '자본주의적 가치관과 사회주의
적 가치관의 대립' '과학적 세계관과 종교적 세계관의 대립'등 다양하게
논의될 수 있고 또 되어야할 과제라고 할 수 있을 것이다.**

　**다섯 번째 주제의 논문들은 <한국의 전통문화에서 다문화적 덕목>에
대해서 논하는 논문'**들인데, 총 4편의 논문 가운데, 1편은 <단일민족 단
일문화라는 일반적인 정서와는 달리 한민족의 역사는 '다름'과 '차이'를
수용하고 포용하는 역동적인 역사였음>을 논하는 논문으로 <한국사회

　　사회의 특수성에 대한 진단과 이해가 없는 '소통에 대한' 철학적 담론은 현
　　한국사회의 다문화에 있어서 전혀 실천적 실효성이 없는 공허한 담론이 될
　　수 있다.

의 역사인식>을 다문화적 사회에 초점을 맞추어 긍정적인 인식을 유발하고자 하는 논문이라고 볼 수 있으며, 다른 세 편은 <다문화사회>를 형성하는데 요인 혹은 기본 덕목이 '한국의 전통사상(유가철학, 홍익인간의 정신, 원효의 화쟁사상)'에서 발견될 수 있다는 것을 논하는 논문들이다. 이 논문들은 사실상 ②의 주제들과 동일한 주제이기는 하지만, 한국의 전통문화를 강조하며, 다문화형성에 있어서 전통문화가 가진 장점을 부각시키는데 초점을 두고 있다는데 있어서 차이점이 있다. 이러한 논문들은 한편으로는 한국사회의 구성원들로 하여금 다문화에 대한 긍정적인 인식을 유발하는 것이며, 다른 한편으로는 다문화 형성의 다양한 원리들을 발굴할 수 있는 전통문화 고유의 장점을 부각시키는 것이기도 하다. 하지만 이러한 논문들은 '다양한 가치관이나 세계관이 서로 소통 융합하는 다문화의 본질적인 특성'에 비추어 보았을 때, 여전히 자문화 중심주의라는 오류를 범할 수 있으며, 자칫 다문화사회의 형성에 오히려 걸림돌을 유발할 수도 있을 것이다. <수용과 융합의 역사>는 대부분의 민족들이 가진 역사의 특징이기도 하며, 또한 '조화와 포용'이라는 가치들 역시 대부분의 철학사상들 안에서 발견될 수 있는 것들임에도 이러한 논의들은 자칫 다문화형성을 위한 원리로서 한국의 '전통문화의 원리로 충분한 것'이라는 결론을 도출할 수도 있기 때문이다. ②의 주제에 대해 언급하면서 언급하였다 시피 이러한 다문화 형성의 원리들이나 가치들은 다양한 철학사상에서 발견될 수 있는 것으로 어느 것이 중심이 될 것인가의 선택의 문제가 아니라, **다양한 사상들이 서로 교류 소통하면서 모두가 존중할 있는 보다 보편적인 가치, 공동의 개념 등을 이끌어내고 나아가 범시민적 합의를 이끌어내어야만 하는 문제**[4]

---

4) "다수와 소수 지배적 가치와 소수자의 가치, 전통과 현대의 다양한 사고와 삶의 방식들이 인정되고 존중하며 상호 존중할 수 있을 때 사회는 아름답고 도덕적이며 더욱 잘 통합될 수 있다. 다양성을 전제로 한 발전만이 진정한 창조적 능력을 발휘한다." 홍기원, 「한국다문화 정책의 현황과 과제」, 『다문

인 것이다. 이러한 것은 곧 철학 내부에서의 '철학들 간의 대화' '종교 간의 대화' '학제적 연구' 등에 대한 과제를 부과하는 것이라 할 것이다.

한국적 다문화사회의 지향점 혹은 방향성에 대해 논하고 있는 ⑥의 논문들은 사실상 순수한 철학적인 주제가 아니라, 정치철학적인 주제이 거나 혹은 여타 사회적 정치적인 분야들과의 학제 간의 연구주제라 해 야 할 것이다. 왜냐하면 한국사회의 미래의 향방을 모색하는 이러한 문 제는 철학적 정당성이나 윤리적 올바름의 문제로만 결정할 수 있는 것 이 아니라, 이와 더불어 구체적인 한국사회의 사회문화적, 경제적, 국제 적 상황 그리고 일반적인 국민감정 등 다양한 특수사항들을 고려한 전 체 국민들의 합의에 의해서 결정되어야 할 문제이기 때문이다. 그럼에 도 불구하고 발표된 논문들은 이러한 복합적인 차원을 고려한 담론과 연구에 기초한 것이 아니라, 가장 원론적인 차원의 담론 혹은 개별적 관 점의 견해 혹은 주장을 제시하는 차원에서 그치고 있다. 예를 들어 3편 중 2편은 원론적 차원의 논문이라고 할 수 있는데, 그 중 1편은 '다문화 사회에서의 정신적 도덕적 변화를 <동질의 윤리>에서 <차이의 윤리>로 나아가는 것'이라고 논하고 있으며, 다른 1편은 '세계화 시대에 있어서 민족의 정체성은 어떠해야 하는가?'를 질문하면서 '3가지 가능성 제시' 하고 있는데 이러한 담론들은 모두 한국사회의 개별적 특수성을 감안한 '담론'이 아니라, 지극히 원론적인 차원의 담론인 것이다. 마찬가지로 다른 1편은 '진정한 다문화란 보편성의 개념을 극복하고 다원주의로 나 아가야 함'을 논하고 있는데 '다원주의'라는 정치형태의 가치가 한국적 상황 속에서 충분히 실현가능한 것인지, 그리고 구체적으로 어떠한 모 습이 '한국적 다원주의'라고 할 수 있는지에 대해서는 논의되고 있지 않 다. <한국적 다문화주의> 혹은 <한국적 다문화 사회>의 방향성이나 지 향성에 대한 진정한 철학적 담론의 시작은 이러한 방향성에 대한 자신의 견해를 논하기 이전에 **이러한 방향성에 대한 담론이 구체적인 한국 사회에 있어서 어떠한 조건 속에서 가능한 것인지 혹은 의미를 가질 수 있는 것인지를 질문하지 않을 수 없을 것이다.**

'한국사회의 다문화정책의 다양한 문제점 및 해결방안'에 대해서 논하고 있는 ⑦**의 논문**들은 총 7편으로 비록 미흡하지만 수적으로도 질적으로도 가장 다양한 논문이 발표되었다. 그 내용을 보면 한국적 다문화주의에 있어서 '문화적 권리의 관용의 한계에 대한 문제', '차이에 대한 인정이 오히려 여성 차별의 기재가 될 수 있음의 문제', '공동체의 정체성과 개인의 정체성의 문제', '한국사회의 배타성을 극복할 수 있는 정책의 필요성', '문화다양성에 대한 협약 없이 정치적인 접근의 문제점', '다문화사회형성의 가장 우선적인 조건인 인륜성과 도덕성의 성숙의 필요성' 등이다. 아마도 이러한 지적들은 이상 위에서 살펴본 철학적 과제들을 요청하게 되는 논문들이라고 할 수 있다. 이러한 논문들은 앞으로도 계속 다루어져야할 담론들이라고 하겠지만 사실상 이러한 개별적 사안들의 비판들은 앞서 살펴본 바 있듯이 **우선적으로 제대로 된 다문화의 담론이나 다문화 사회를 위한 실천이 이루어지지 않는다면 이러한 비판들은 공허한 것이 되어버릴 수 있는 것이다.** 즉 다문화사회 형성을 위한 올바르고 정상적인 이론적 고찰과 실천적 실행이 우선하지 않고, 근시안적이고 산발적이며 편중된 실행 이후에 주어지는 비판적 행위로 근본적인 문제의 해결보다는 '사후 약방문 격'인 노력에 그치고 마는 것이다.

마지막으로 '다문화관련 **교육의 방향성**'에 관한 ⑧의 논문들은 '응용철학'의 한 일환으로 볼 수 있겠는데, 1편은 '정체성의 인정과 문화적 권리의 보호'라는 다문화주의의 올바른 교육에 관하여 논하고 있으며, 다른 1편은 '세계시민 의식에 대한 현 한국의 초등학생들의 사고와 교육방향'에 대해서 논하고 있다. 이러한 구체적인 교육의 방향에 대한 논문들은 실용적이고 실천적인 지혜를 주는 논문들이지만 여전히 <한국

적 다문화사회에 대한 기본적인 틀>이 규정되지 않는 가운데서 다루어진 논문들이라는 점에서 다분히 원론적인 차원의 논문이라고 볼 수 있으며, 또한 **전체 국민의 정서나 일반 시민들의 의식의 합의를 전제하지 않는 일부지역의 '초등학생들의 다문화 교육의 방향성'에 관한 담론은 성급한 것**이라고 해야 할 것이다. 따라서 이러한 담론들이 다양한 지역 다양한 계층의 학생들을 상대로 한 지속적인 연구가 이어지고 이로서 전체적인 합의를 도출한다는 것이 차후의 숙제라고 할 수 있을 것이다.

2) 다문화에 대한 철학적 담론의 과제들과 역할

이상의 8개 분야의 철학적 담론의 영역들에 대한 문제점 및 과제에 대해 간략히 요약하면 다음과 같다.

첫째, 가장 우선적으로 다문화사회에 대한 국민적 합의를 이끌어낼 수 있는 **'한국사회의 다문화'에 대한 정당성을 논하는 철학적 담론**이 주어져야 한다는 것이다.

둘째, 한국사회의 다문화사회로의 이행이 불가피한 것이라면 어떠한 원리들을 통해서 이상적이고 건전한 <한국적 다문화사회>를 형성할 것인가 하는 **'다문화사회의 형성원리들'에 대한 철학적 담론**이 있어야 한다.

셋째, <한국적 다문화사회형성>에 있어서 **한국사회의 구체적인 상황에 대한 인식 안에서 통찰되는 불소통과 갈등상황 등을 통찰하고 이를 해결할 수 있는 실천적인 방안으로서의 소통 방법들**에 대한 철학적 고찰이 필요하다.

넷째, 다문화사회 형성에서 발생할 수 있는 **'서로 다른 혹은 대립하는 이념(사상)들 간의 대립의 해소방안'**에 대한 철학적 연구가 이루어져야 할 것인데, 가령 **'휴머니즘에 관한 무신론적 유신론적 대립' '불교적 세계관과 그리스도교적 세계관의 대립' '유교적 인생관과 자본주의적 인**

생관의 대립' '진보주의와 보수주의의 대립' 등 다양하게 논의될 수 있고 또 되어야할 과제 들이다.

　다섯째, 다문화사회에서 존중되어야할 **다문화사회의 중요한 덕목들에 대한 논의**역시 철학적 담론의 중요한 과제들이다. 다만 이러한 논의들은 개별적 사상이나 이념의 장점을 강조할 것이 아니라, **범시민적 합의를 이끌어낼 수 있는 보편적인 가치, 공동의 개념이어야 할 것이다.** 이러한 과제는 곧 철학 내부에서의 '**철학들 간의 대화**' '**종교 간의 대화**' '**학제적 연구**' 등에 대한 과제를 부과하는 것들이다.

　여섯째, **한국적 다문화사회의 지향점 혹은 방향성**에 대한 논의인데 이러한 지향점이나 방향성에 대해서 개별 철학적 사상이나 철학자의 이념에 기초한 개별적인 주장을 성급하게 제시할 것이 아니라, **우선적으로 어떠한 조건 속에서 이러한 방향성에 대한 논의가 가능한 것이며, 의미를 가질 수 있는 것인지 혹은 실효성을 가질 수 있는 것인지 논해야 할 것이다.**

　일곱째, 한국사회의 **다문화정책의 다양한 문제점들에 대한 비판 작업** 역시도 철학적 담론의 한 과제이다. 이러한 비판적 작업들은 **우선적으로 제대로 된 다문화사회를 위한 철학적 담론이 전제하여야 함**을 인지해야한다는 것이다.

　여덟째, 한국의 미래사회를 이끌어갈 청소년들을 위한 '다문화관련 **교육의 방향성**'에 대한 담론 역시 철학(교육철학)의 과제라고 할 수 있다. 하지만 이러한 청소년들의 교육의 방향성은 **전체 국민의 정서나 일반 시민들의 의식의 합의를 전제하지 않고서는 기초 없는 성급한 담론**으로 전락할 수 있음을 인지해야한다.

5. 결론 한국적 다문화사회 형성을 위한 철학자의 사명과 요청

이상 살펴본 다문화사회 형성을 위한 철학적 과제들은 사실상 철학자들의 문제가 아니라, 다문화에 대해 연구하는 모든 분야의 연구자들이 고민하고 해결점을 탐구해야할 모두의 과제라고 해야 할 것이다. 그럼에도 불구하고 "한국사회에서 다문화에 대한 '철학적 담론'이 부재한다"는 말이 공공연한 사실처럼 여겨지는 것은 그만큼 이러한 과제들이 철학의 범주에서 우선적으로 제기되고 논의되어야할 삶의 근원적인 문제들과 맞닿아 있기 때문일 것이다. 그리고 제법 많은 철학적 논문들이 발표되고 있으면서도 '철학적 담론의 부재'라고 하는 것은 이러한 주제가 본질적으로 다양한 분야 간의 학제간의 연구를 통한 통합적인 연구임에도 불구하고5) 개별적인 관점에 편중된 연구, 단계적이고 체계적인 연구가 되지 못한 산발적인 연구에 그치고 있기 때문일 것이다.6) 따라서 건전한 다문화사회를 위한 철학자들의 가장 우선적인 사명은 한국적 다문화 사회에 대한 담론이 개별철학자들의 개별적인 연구가 아니라, 전체 구성원들의 공동의 관심사를 통한 체계적인 공동의 연구가 가능할 수 있는 조건의 조성 즉 학제간의 연구가 가능한 조건의 형성에 있다고 할 수 있을 것이다. 이러한 조건들을 마련한다는 것은 결국 "다문화에

---

5) "다문화정책은 사회정책의 구성요소로서의 기존의 문화, 전통, 민족, 인종, 종교의 범주에 대한 전반적인 재검토를 필요로 한다." 홍기원, 「한국다문화정책의 현황과 과제」,『다문화와 평화』3집 1호, 성결대학교 다문화평화연구소, 2009, 28쪽.
6) "한국사회의 다문화화의 특징을 요약하면 '급변성'과 '편중성'이라고 할 수 있다." 최문형, 「홍익인간 사상의 다문화주의적 함의」,『다문화와 평화』3집 1호, 성결대학교 다문화평화연구소, 2009, 62쪽.

대한 질문들이 나에게 어떠한 의미가 있는 것인가? 혹은 나의 행복에 어떤 상관이 있는가?"라는 여타 다른 학문분야의 전공자들의 그리고 한국사회의 일반시민들의 질문에 답할 수 있는 공동의 의미를 창출한다는 것이다. 즉 <다문화사회 형성에 대한 보편적 정당성 및 공감형성>과, "어떻게 다문화에 대한 진지한 의식을 가진 연구자의 의식에 질문하는 자의 의식을 위치시킬 수 있을 것인가?"하는 방법론적인 고민 즉 <학제간의 연구를 위한 조건에 대한 고민>이 있어야 할 것이다. 이러한 가장 기초적인 담론이 이루어지지 않는 여타의 담론들은 마치 모래위에 성을 쌓는 것처럼 기초 없는 담론들이 되고 말 것이다.

마찬가지로 다문화담론이 본질적으로 '학제간의 담론'이라는 것을 전제할 때 철학자들의 노력에 전제되어야 할 것은 여타 다른 분야나 정책 실무자들의 철학적 사명과 과제에 대한 인정에 있다. 즉 이러한 기초적인 철학적 담론이 다른 모든 정책적인 과제에 우선한다는 것 ―아니면 최소한 다른 실천적인 정책과 동시에 이루어 져야 한다는 것 ― 을 인정하는 것이다. 이미 위에서 살펴보았듯이 한국사회의 다문화의 문제는 '한국적 다문화사회'에 대한 상위개념이 배재된 채 관주도의 지엽적이고 미시적 관점에서 이루어지고 있다는 것이었다. 이는 우선순위에 있어서 정치적이고 정책적인 접근이 우선이었고, 철학적 담론은 이후에 이루어진 과제였다는 것을 의미한다. 진정한 다문화사회를 위한 고민은 이러한 우선순위의 역전 상황을 바로잡는 것에서 시작되어야 한다. 즉 기초적이고 당연히 있어야할 철학적 담론들이 우선적인 과제이며, 이러한 담론의 결과로 산출된 '한국적 다문화주의에 대한 전체구성원들의 협약'에 따라서 그에 적합한 정책적인 과제가 주어져야한다는 것이다. 이러한 철학적 사명에 대한 우선순위가 인정되지 않는다면, 다문화에 대한 철학적 과제들은 결코 진지하게 수행될 수 없을 것이며, 건전한 다문화사회의 형성에 실효성 있는 성과를 산출할 수는 없을 것이다.

참고문헌

1. 연구재단 등재학술지-철학논문집

고려대학교 철학연구소 논문집, 『철학연구』, 제25권, 제32권, 2002, 2006.
대한철학회 논문집, 『철학연구』, 제100집, 제103집, 제106집, 제107집, 제
    117집, 2006~2011.
범한철학회 논문집, 『범한철학』, 제25집, 제36집, 제44집, 2002~2007.
새한철학회 논문집, 『철학논총』, 제54집·4권, 제59집·1권, 제60집·2권,
    2008~2010.
한국동서철학회 논문집, 『동서철학연구』, 제26호, 제56호, 2002, 2010.
  ※ 철학논문집에서 참고 된 개별 논문의 저자와 제목은 본문 2장의 도표참조
    바람.

2. 국내일반 학술지 및 기타 발표회 논문들

성결대 다문화평화연구소 논문집, 『다문화와 평화』, 제3집 1호, 제4집 2호,
    2009, 2010.
2008년 제주인권회, 『한국에서의 다문화주의』, 발표논문(오경석, 김현미), 2008.
황정미, 「다문화사회에 대한 한국인의 태도와 인종적 배제주의」, <한국여
    성정책연구원> 주최 세미나 발표문, 『다민족·다문화 사회를 위한
    한국사회의 도전과 전망』, 2007.

3. 다문화관련 철학적 학위 논문들

최석환, 「세계화 시대 민족 정체성 교육의 방향 -다문화적 접근과 관련하여-」,
    서울교육대 석사학위 논문, 2003.
신혜영, 「서울지역 초등학생의 세계시민의식 실태분석-가치와 태도를 중
    심으로-」, 서울교육대 석사학위 논문, 2006.

한국적 다문화 연구에 대한 새로운 방향모색*

김 태 원**

1. 서론

1941년에 미국의 "헤럴드 트리뷴(Herald Tribune) 7월호의 서평에 "다문화적 생활양식(a multicultural way of life)"이란 표현이 처음 등장하였다. 그리고 그 이후 다문화(Multiculture)라는 용어는 일반적인 용어로 사용되기 시작하였다(조병준, 2010). 이렇게 본다면 다문화라는 용어는 이제 사용되기 시작한 지 거의 70년이 되었다고 볼 수 있다.[1] 다문화개념의 등장 이후에 서구사회는 문화의 동질성으로 결속되어 있는 민족국가로부터 탈피하여 이질적 문화가 공존해야하는 시대적 상황에 봉착하게 되고, 다문화는 오늘날 정체성과 가치관의 영역을 포함하는 사회·문화적 측면에서 뿐만 아니라 사회통합을 실현하기 위한 정치적 목적에서도 매우 중요시되는 용어로 자리하게 되었다.

이러한 흐름 속에서 한국사회에서는 1990년대에 들어서면서 다문화

---

  * 이 논문은 대구가톨릭대학교 인문과학연구 제16집에 게재된 것임.
 ** 대구가톨릭 대학교 다문화 연구소 연구교수.
 1) '다문화적'이라는 개념은 미국에 이주한 독일 유태인 출신의 Horace Meyer Kallen(1882. 8. 11.~1974. 2. 16)에 의해 1차 세계대전 이후에 만들어 일반화되었다고 한다(허영식, 2009).

에 대한 논의가 본격적으로 이루어지기 시작하였고, 이 시기에 종교, 음악, 문학, 예술 등 교육적 차원의 다문화에 대한 연구가 이루어졌으며, 2000년대에 들어서는 다문화교육을 논점으로 한 다문화주의(김남국, 2005a; 2005b; 문경희, 2006; 심보선, 2006; 엄한진, 이선미, 2006)와 다문화사회(김혜선 외, 2005)에 대한 담론적 논의가 시작되고, 2008년에 다문화가족지원법이 제정되면서 이에 대한 논의(이영주, 2008)나, 이주민과 이민에 대한 담론(엄한진, 2008a; 2008b), 다문화정책 및 다양성에 대한 연구가 수행되었다. 2010년에 들어서서 최근에는 다문화 가족이 늘어남에 따라 이에 따른 밀집현상이나 이민자의 사회통합, 다문화 가족 자녀들의 사회적응에 관한 문제, 중도입국 청소년 문제에 이르기까지, 과거에는 볼 수 없었던 사회문제현상들에 대한 논의들이 활성화되고 있다. 하지만 이러한 다문화연구의 확산에도 불구하고 '한국적 다문화'가 무엇인가에 대한 논의는 2010년에 이르러서야 겨우 논의의 대상이 되기 시작하였다(윤인진, 2010).

2010년은 유럽의 다문화주의에 있어서 매우 의미있는 한 해였다. 유럽에서 대표적으로 다문화주의를 표방했던 독일, 영국, 프랑스가 다문화주의의 실패를 선언하고 나섰기 때문이다. 이들 국가가 다문화주의의 실패를 선언한 것은 곧 문화적 공존이 사회통합에 적절하지 못하며, 이전의 동화정책으로의 회귀를 의미한다고도 할 수 있다. 이들 국가는 자국의 가치를 이주민이 받아들이고 자신들의 국가적 정체성을 획득해야 할 뿐만 아니라, 그들의 공동체 안으로 이주민이 들어와야 한다고 생각한다. 이러한 시점에서 사실상 동화주의 정책의 관점보다는 다문화주의를 표방하고 있는 한국사회는 어떤 대안을 가지고 있는 것인가를 고민해 볼 필요가 있다. 실제로 캐나다, 호주, 미국과 같은 이민국가에 더 적절한 다문화주의가 한국에서 사회문화적으로 수용될 수 있는 지에 대한 더 많은 논의가 필요한 시점이지만 이에 대한 연구와 논의는 활발하지 못하다.[2] 더구나 한국정부는 부처별로 다문화라는 개념을 각기 다르게

이해하고 있어 용어 자체도 통일화시키지 못했을 뿐 아니라, 동일한 다
문화업무의 처리에 있어서도 그 업무를 다문화라고 용어를 지칭하여 사
용하는 비율을 보면 이주노동자가정이나 결혼이주자가정 관련업무를
가장 많이 관장하는 노동부가 19.5%로 가장 높고, 법무부가 9.7%로 가
장 낮아 부서간의 편차가 심하다(서종남, 2010). 이로 보아서도 한국사
회에서 다문화에 관련된 논의는 사회·경제적으로 시급한 현상을 해결하
고자 하는 차원의 성격이 강하며, 정부주도하에서 시행되는 제도적 차
원에 대한 일관성 있는 연구는 미흡한 실정이다.

오늘날 한국사회의 다문화에 대한 연구는 패러다임의 변화를 요구받
고 있다. 이주민은 한 사회로부터 또 다른 한 사회로 공간적 이동을 하
는 개인을 뜻한다. 이들의 이동은 여행과 같은 단기간의 이동이 아니고
이들 중에는 장기적 방문객, 노동이주, 교육과 같은 장기 이주자와 결혼
이주자처럼 영구적 이주자도 포함된다. 이들의 특징은 오늘 와서 내일
떠나는 것이 아니라, 공간적 이동과 더불어 문화적 적응에 대한 요구를
받는 문화적 담지자라는 점이다. 이들의 정착은 자신의 문화를 옮기며,
새로운 사회에 적응(adaptation)하거나, 동화(assimilation)되거나, 편입
(incorporation)되면서 새로운 사회로 통합(integration)되는 과정을 거친
다. 이 과정에서 이들은 문화화(acculturation)라는 가치의 내면화를 겪게
되는데, 이 과정은 곧 새로운 생활세계로의 전이과정이라고 할 수 있다.
이 과정에서 공동체나 사회는 자발적인 문화혼용 과정을 거치게 되며,
이 현상은 다문화라는 개별문화의 다수적 공존과는 다른 새로운 일상세
계의 문화양상을 띠게 된다. 이러한 문화현상을 "생활세계 다문화
(Multiculture of Everyday Life)"라고 부를 수 있다. 이러한 일상의 가치

---

2) 일례로 다문화용어 중에서 교육과학기술부, 보건복지부, 여성가족부, 법무부,
   출입국·외국인 정책본부, 노동부, 문화체육관광부의 정부부처가 통일적으로
   사용하고 있는 용어는 "이주여성", "이주민", "이주노동자", "외국인 근로
   자", "새터민" 정도에 불과하다(서종남, 2010, 148).

는 "생활세계 가치(Value of Everyday Life)"이며, 전지구적 현상을 고려한다면 이는 "글로컬 생활세계 가치 (Value of glocal Life-World)"라고 할 수 있다. "생활세계 다문화"에 대한 연구는 한국 다문화 연구에서 분리된 문화집단과의 관계를 통합하기 위해 서로의 차이를 인정하고 관용을 주장하는 다문화주의나, 세계사회의 비전을 통한 초구조적, 초문화적 세계문화를 지향하는 초문화적(transcultural)인 논의가 아니라, 이주민과 본국인을 하나의 문화 속에서 경계와 접촉이 서로 겹치는 부분이나 상호의존, 상호침투에 관심을 기울이는 상호문화적(intercultural) 논의에 관심을 기울이자는 것이다. 그러므로 다문화연구를 위해서는 "둘 또는 그 이상의 사이에 놓여 있는 것", "문화의 경계에서 일어나는 상호문화적 간섭을 통한 문화적 소통", 이들의 접촉과 혼용에 의해 생겨나는 제3의 공간에 대한 연구가 필요한 것이다. 이에 본고에서는 한국의 다문화 연구의 동향을 살펴보고, "생활세계 다문화"에 대한 다문화 연구의 새로운 패러다임을 모색해 보고자 한다.

2. 한국 다문화에 대한 연구 동향

한국사회에서 다문화에 대한 연구는 1990년대 초부터 등장하기 시작하였는데 초기의 다문화연구는 오늘날과 같이 다문화현상에 대해 주목하는 연구가 아니라 주로 문화적 다양성이나 교육학과 관련된 연구가 주를 이루었다.[3] 2000년대에 들어오면서는 다문화 논의가 시작된 1990년대의 영향 탓인 지 다문화 관련 논문이 쏟아져 나오기 시작한다. 이 시기(2000년~2009년)에 주요 논문을 검색해 보면 양적으로 500편 이상

---

3) 예를 들어 다음과 같은 논문을 찾을 수 있다 : 박혜정, 「다문화교육의 이해 및 그 적용」, 1992; 정상준, 「문화적 다양성과 다문화주의」, 1995; 김혜숙, 「다문화 속의 여성철학」, 1998 등을 들 수 있다.

이 되며, 2010년 상반기에만 170편 이상이 검색되고 있다. 이 시기에는 김선미(2000)가 다문화 교육, 박남수(2000)가 다문화 사회, 윤인진(2001)이 사회통합, 이유선(2001)이 문화적 정체성을, 이지영(2002)은 "다문화교육 중 세계사학습의 현장사례 연구", 강정인(2003)은 "지구화·정보화시대 동아문명의 문화정체성"에 대한 논문을 발표한다. 구건서(2003)의 경우는 "다문화주의의 이론적 체계"에 대한 연구를 통해 역사적 측면에서 다문화주의를 고찰하고, 무엇보다도 다문화주의 담론을 심도 있게 다루었다4).

한국사회에서 다문화주의에 대한 논의가 문학이나 철학 분야에서 처음 시작된 1990년대 중반에는 다문화주의의 의미는 한편으로는 세계화에 따른 다양한 외국 문화가 유입되는 상황에서 서로 다른 문화와의 공존을 어떻게 이해하고 대응할 것인가에 관한 것으로 이해되었다. 이와 같은 관심에서 문화 다원주의 및 보편주의에 대한 이론적 이해와 서구의 제국주의적 유산을 극복하기 위한 대안으로서 다문화주의의 역할에 대한 논의가 이루어졌다(김욱동, 1998; 김성곤, 2002; 박이문, 2002; 장은주, 2003; 2004; 구건서, 2003; 천선영, 2004). 다른 한편으로 다문화주의는 성적 소수자 및 양심적 소수자의 등장에 따른 한국사회 내부의 분화와 그에 따른 차이와의 공존을 강조하는 의미로도 사용되어왔다(서동진, 2001; 2005a; 이수자, 2004; 장미경, 1999; 2005). 그러나 최근 들어 가장 두드러진 다문화주의의 쓰임은 인종적 소수자의 급속한 증가에 따른 다인종·다문화 사회에서 어떻게 다수와 소수가 공존하며 문화적 차이에 따른 갈등을 해소할 수 있느냐에 관한 것이다. 이른바 인종·종교·문화를 중심으로 한 다문화주의 논의, 즉 새로운 사회적 소수의 유입 및 증가와 이를 둘러싼 다양한 사회현상을 분석하고 해석하는 논의

---

4) 구건서, 「다문화주의의 이론적 체계」, 『현상과 인식』 제27권 3호 (통권 90호) 2003.9, 31쪽.

는 크게 네 가지 분야에서 이루어져 왔다. 첫째는 사회학자나 인류학자에 의해 소수자의 증가 추이를 추적하는 통계와 이로 인한 사회변화를 관찰하고 분석하는 작업이다(김은미 외, 2007; 2008; 김현미, 2006; kim, 2007; 김혜순 외, 2007; 윤인진, 2008; Yoon, 2008; 오경석 외, 2007; Lee, 2008; 설동훈, 2006a; 2006b; 한건수, 2003; 한경구, 2008; 엄한진, 2006; 2007b; 박경태, 2005). 둘째로 정치학자들에 의해 다문화주의에 대한 이론적 이해와 다문화사회로의 이행이 갖는 정치 제도적 함의를 찾는 작업이 있었다(김비환, 1996; 2007; 김남국, 2005a; 2005b; 2005c; kim, 2007; 곽준혁, 2007; 김범수, 2008). 셋째는 여성 학자에 의해 이주노동자의 현실을 성 평등의 관점에서 접근하거나 국제결혼에 따른 여성이주자의 인권에 대한 분석 작업이 있었다(김민정 외, 2006; 김이선 외, 2006; 김혜순, 2006; 문경희, 2005).

넷째는 교육학자들에 의해 다문화 교육의 필요성에 대한 주장과 구체적인 학습 프로그램 개발 등이 있었다(이석호, 2000; 양영자, 2007; 류성환, 2007; 김선미, 2008; 안경식 외, 2008).[5]

김남국(2005)은 한국과 같이 폐쇄적인 국가주의 전통이 강한 사회에서 국가주도의 다문화주의가 아무런 제재 없이 추진된다면 공화주의적 다문화주의의 문제, 예를 들어 다수의 전제가능성과 지배적인 의견을 중심으로 한 일체감 형성을 강조함으로써 사회적 소수의견을 억압할 수 있는 문제가 발생할 수 있다고 경고한다.[6]

2008년에 들어서면서 윤인진은 "한국적 다문화주의의 전개와 특성"을 발표하였다. 윤인진은 외국인 이주노동자와 결혼이주여성의 실태를 조사한 설동훈(2004)과 오경석(2006)의 연구로부터 한국에서의 다문화

---

5) 김남국, 「한국에서 다문화주의 논의의 전개와 수용」, 『경제와 사회』 2008년 겨울호(통권 80), 2008, 343~361쪽.
6) 김남국, 「다문화 시대의 시민」, 『국제정치논총』 제45권 4호, 한국국제정치학회, 2005.12, 97~121쪽.

주의 담론의 배경과 문제점을 분석하고 있다.7)

오경석(2007)은 다문화주의를 광의적 개념과 협의적 개념으로 분류하여 규정하였다. 광의적 다문화주의는 "상이한 국적, 체류자격, 인종·문화적 배경, 성, 연령, 계층적 귀속감 등에 관계없이, 모든 인간이 인간으로서의 보편적 권리를 향유하고 각각의 특수한 삶의 방식을 존중하며 공존할 수 있는, 다원주의적인 사회·문화·제도·정서적 인프라를 만들어내기 위한 집합적인 노력"(사단법인 국경 없는 마을 리플릿, 2006; 오경석 2007)으로 상당히 포괄적이며 이상주의적인 개념 규정이 될 수 있다. 보다 협의적으로는 "자유민주주의에 대한 광범위한 합의와 지지가 선결된 조건에서 다양한 문화적 주체들의 특수한 삶의 권리에 대한 제도적 보장"(킴리카, 1995)으로 보다 제도적인 접근을 하였다.

킴리카는 다문화주의를 다양성을 가진 국가의 운영을 위한 유일한 대안이라고 보고, 국민 개개인의 문화적·인종적 이질성에 차별을 두지 않고 모든 국민에게 동등한 대우와 권리를 부여하는 것이 바람직하다고 본다(킴리카, 1995; 김이선 2007). 또한 국가 내의 이질적인 집단에 대한 동화주의적 혹은 배척주의적인 정책을 시도하는 것이 불필요하다고 보고, 역사적으로 행해진 불평등 및 차별에 대한 시정을 지속적으로 추구한다. 그는 다문화국가의 성공은 다문화 시민의 다양성에 대한 광범위한 지식으로 인하여 가능한 것이 아니며, 다른 문화와 차이를 인정하려는 국민들 사이의 관용과 그를 통한 공존이라고 지적하였다.

마르코 마르티니엘로(2002)는 다문화주의를 사회 내에서 여러 가지 종류의 다양성을 인정하는 다양한 방식으로 정의하고 그 방식이 정치적 및 제도적 장치들을 어떻게 사용하고 있는지에 따라서 '온건 다문화주의', '강경 다문화주의' 및 '시장 다문화주의'로 구분하였다. 온건 다문

---

7) 윤인진, 「한국적 다문화주의의 전개와 특성」, 『한국사회학』 제42권 2호, 72~103쪽.

화주의는 한 사회내의 생활양식 등의 '온건한(soft)' 부분에서 타 문화의 양식을 추구하고 반영하려는 것으로 이러한 온건 다문화주의는 개인적이거나 문화적인 부분에 영향을 미칠 뿐, 정치적이거나 제도적인 범주로 확대되지 않는다. 반면에 강경 다문화주의는 한 사회 내에 존재하는 다양한 문화 및 정체성에 대하여 사회적·제도적·정치적으로 인정하며 그러한 사회 변화의 중심에 다양성을 가진 사람이나 집단이 주체가 되어야 한다는 것이다. 따라서 강경 다문화주의는 사회제도적·정치적 개입이 적극적으로 일어나야 하며 그 결과적으로 다양성을 가진 주체의 불평등 및 차별 등이 시정되는 것을 목적으로 하고 있다. 한편 시장 다문화주의는 다양한 생활방식이 시장경제와 상호 영향을 주고받는 현상을 지칭하며 다문화를 수용하여 경제적 이익을 극대화 하는데 목적을 두고 있다.

김희정(2007)은 다문화주의를 소수 문화를 존중하고 이를 보존하려는 권리를 인정해 주는 국가의 정책을 지칭하기도 한다고 설명하고 다문화주의의 공식성 여부에 따라서 이를 실질적 다문화정책과 공식적 다문화정책 등 두 가지로 분류하였다. 공식적 측면에서 다문화정책은 국가의 적극적 개입에 따른 다문화정책을 의미하는 반면에 실질적 측면에서의 정책은 문화의 다양성에 대한 국가의 수동적 인정을 의미한다(김희정, 2007). 그는 한국의 다문화주의에 대한 문제점을 제기하고 있는데 이는 다문화주의가 혈통주의적인 측면에서 이루어지고 있다는 점이다. 결혼 이민자와 혼혈인 아동 등에 대해서는 적극적 정책을 펼치면서 화교, 이주노동자등에 대해서는 무관심한 편으로 한국의 다문화주의는 그 대상을 차별화하고 있다는 점을 지적하였다.

황정미 외(2007)는 한국사회가 최근 국제적 이주의 증가로 인하여 단일 민족국가에서 다문화사회로 진입하고 있다고 진단하였다. 그에 따르면 다문화주의는 '탈－국가적 이주'의 증가로 인한 국가와 사회의 민족주의적 모순을 해결하는 대안이며, 기존의 민족주의에서는 사회적으로 포용되기 어려웠던 인종적·문화적 다양성을 사회적·제도적으로 인정하여 사회통합을 이루기 위한 패러다임이라고 해석하였다. 또한 한국은 그 오랜 기간 동안의 단일민족국가로서의 경험과 민족국가의 분단이라는 역사적 특수성, 지정학적으로 삼면이 바다로 둘러싸여 이동이 쉽지 않다는 점, 한국의 가부장적 가족문화에 따른 외국인 여성결혼이민자의 증가 등 역사적, 지정학적, 문화적 특수성을 고려하여 다문화의 개념을 논의하여야 한다고 지적하였다.

3. 다문화 연구의 새로운 방향 모색

1) 외국의 다문화주의에 대한 재고

유럽 각국이 다문화정책의 실패를 선언하면서 오늘날 다문화주의를 지향하던 각국은 다문화 정책에 심한 도전을 받고 있다. 특히 독일의 다문화사회 통합정책은 외국인의 증가와 이에 따른 다문화주의의 틀 속에서 사회·정치·경제적 갈등을 해소하려는 방안모색을 위해 좋은 사례를 제공하였지만, 이제는 다문화주의적 관점보다는 가치의 동화라는 정반대의 정책으로 선회하려고 하고 있다.

독일에서는 이민자를 실업의 원인으로 보는 정서가 확산되고 있다. 한 조사에서 독일인 30% 이상이 "독일이 외국인으로 들끓고 있다"고 생각한다는 여론조사 결과가 나왔고, 앙겔라 메르켈 독일총리는 2010년 10월 16일 독일 기민당 한 집회에서 "(이민자 정착과 관련) 우리가 단순히 같이 살면서 서로 행복하면 된다는 식의 다문화적 접근을 취해왔지만 이것은 실패했다. 완전히 실패했다"고 말했다. 메르켈 총리는 "1960년대 초부터 우리는 외국인 근로자를 불러들였고 지금 그들이 독

일 땅에 살고 있다. 우리는 '그들이 계속 머물지 않고 언젠가 떠날 것'
으로 여겼지만, 스스로 기만한 것이었다. 현실은 그렇지 않다. 다문화
사회를 구축해 공존하자는 그 접근법은 실패했다. 완전히 실패했다"고
덧붙였다. 이민자들은 동화없이 혜택만 누리려 한다는 비판이 있으며
독일연방 중앙은행의 이사는 "국가에 의존해 먹고 살면서도 이 나라를
부정하고, 자녀교육에 신경 쓰지도 않으면서 끝없이 '머리에 히잡 쓰는
아이'를 낳는 사람들을 나는 결코 인정할 수 없다. 터키인들은 높은 출
산율로 독일을 점령하고 있다."라고 말하였다. 독일에서는 터키인들이
독일어를 배우거나 독일문화에 적응하려고 하지 않고 독일인이라기보
다 독일에 있는 터키인의 정체성을 갖고 살아가는 것으로 평가되고 있다.

프랑스의 니콜라 사르코지 대통령은 2011년 2월 10일 한 TV와의 인
터뷰에서 "내 대답은 분명하다. (다문화주의는) 실패했다"며 "우리는 차
이점을 존중한다. 하지만 커뮤니티들이 공존만 하는 사회를 원하지 않
는다. 프랑스에서 왔으면 다른 커뮤니티에 섞여야 한다. 그렇지 않으면
프랑스에서 환영받을 수 없다"고 말했다. 니콜라 사르코지 정부는 집시
들을 추방했다. 집시 뿐만 아니라 동유럽 출신 불법 이민자들에 대한 추
방조치를 했다. "절도와 구걸을 반복해 공공질서를 위협하는 외국인에
대한 추방을 쉽게 하겠다"며 관련법을 준비하고 있다.

데이빗 캐머런 영국총리는 2011년 2월 5일 뮌헨 안보회의에서 "영국
은 그동안 서구적 가치를 거부하는 민족적 혹은 종교적 소수 집단에 대
해 '불접촉 관용'(hands-off tolerance)정책을 써왔지만 이런 정책은 실패
했다"며 "지금은 과거 실패한 정책의 페이지를 뒤로 넘길 때"라고 밝혔
다. 2010년 이민자의 숫자를 제한하는 고강도의 정책을 발표하였는데,
이는 이민자 수를 한 해에 2만4100명으로 제한하겠다는 것이다. 영국인
배우자와 함께 살기 위해 입국하는 결혼 이민자들에게 영어 시험을 치
르도록 하였다. 2010년 파이낸셜 타임스가 여론조사기관 해리스에 의뢰
해 조사한 결과, 영국인 64%는 "현 수준의 이민자 수용이 영국을 살기

더 나쁜 나라로 만들 것"이라고 믿고 있었다. 영국인 63%는 "이민자 때문에 의료보험 서비스가 악화됐다"고, 66%는 "교육 시스템이 더 나빠졌다"고 응답했다.

이는 유럽사회에서 지금까지 유지해오던 이민자들의 종교와 문화를 존중하고 이들을 사회에 융화·통합시키려는 '다인종·다문화 중심 정책'이 사실상 폐기되는 선언이라고 할 수 있다.

다문화주의는 다양한 이민자들이 어울려 그들의 각각의 문화가 공존하는 사회이며, 이는 곧 사회정책을 결정하는 데에도 영향을 미칠 수 있는, 오늘날 대부분의 사회가 추구하고 있는 핵심가치다. 다문화주의 정책 개념을 처음 도입한 캐나다와 호주는 다른 문화적 특징을 가진 집단이 어울려 살기 위해서는 각자의 다른 문화를 인정하고 조화를 이루는 것이 사회통합에 도움이 된다고 판단했다.

문제는 유럽의 많은 유권자들이 현재의 이민정책에 불만을 표하고 있다는 점이다. 미국·유럽 협력촉진 단체인 독일마셜기금이 2011년 2월 미국과 유럽 6개국 국민 6000여명을 상대로 벌인 설문조사에 따르면 각국 정부가 이민정책과 관련해 일자리 문제에 잘못 대처하고 있다고 생각하는 미국인은 73%, 영국인은 70%로 나타났다. 이어 스페인인 61%, 프랑스인 58%, 네덜란드 54% 순이었다. 월스트리트저널은 유럽의 경우 다문화주의가 유럽연합 이외의 국가에서 온 이주민을 사회로 통합하는 데 실패했으며, 스페인과 프랑스의 경우에는 실업률이 높아지면서 이 같은 논란이 더욱 불거졌다고 분석했다.

미국은 전통적으로 주로 경제적인 측면에서 이민자 정책을 세우고, 유럽은 사회·정치적인 접근을 해왔다. 실제 마셜기금 조사에서도 미국인의 60%는 '이민자들이 미국 문화에 잘 융합되어 있다'고 생각하는 반면, 독일인은 41%만이 '이민자가 독일 사회와 통합됐다'고 생각하고 있는 것으로 밝혀졌다. 독일의 경우 이민자를 무슬림으로 특정할 경우 그 수치는 25%로 떨어졌다. 유럽 정상들의 잇단 다문화주의 정책 포기 발언은 유럽이 더욱 사회·정치적인 시각으로 이민자 정책을 받아들인다는 맥락으로 해석될 수 있다.

다문화주의 정책을 주장하는 유럽 국가 정상들의 발언 속에는 사회의 공통된 가치를 내세워 '사회의 일부가 되고 싶으면 우리의 가치를 따르라'는 의미가 숨겨져 있다. 유럽은 다문화주의보다 단일 공동체가 필요로 하는 "공동의 가치" "집단가치"가 필요한 것이다. 여기에는 정당의 정치적 관점을 배제할 수는 없지만, 새로운 동화주의적 시각이 유럽에 나타나고 있는 것이다.

한국사회는 이들보다 훨씬 더 늦은 2000년대에 들어서면서 다문화주의가 본격적으로 논의되기 시작했다. 한국에서 다문화주의에 관한 관심은 외국인 이주노동자와 결혼이주여성의 수가 급격히 늘어가는 상황을 반영하는 것으로 장기체류 외국인들의 실태를 조사하고 그들의 처지를 향상시킬 수 있는 정책적 대응을 모색하는 과정에서 검토되기 시작했다(설동훈, 2004). 이러한 시점에서 한국의 다문화가 계속 이전에 다문화주의를 추구했던 선진국 모델을 따라가야 하는 것에 대해서는 더욱 심도 있는 논의가 있어야할 것이다. 그렇다면 앞으로 한국적 다문화주의 방향은 무엇이어야 하는 것인가에 대한 물음이 던져진다.

지금까지 다문화에 대한 담론과 연구는 급격하게 늘어나는 이주민에 대한 정책적 패러다임을 찾기 위한 논의의 일환으로 진행되어온 성격이 강하다고 한다면, 이제는 다문화에 대한 연구는 사회통합적 측면에서 생활세계와 일상적 가치에 대한 연구로 관점의 변화를 시도하여야 한다. 즉, 이제 다문화에 대한 접근은 다문화사회를 다양한 문화의 수평적 결합을 통한 통합으로서가 아니라, 일상적 차원에서 가치의 변화에 대해 주목하고 연구도 이에 대해 초점을 두는 패러다임적 전환을 시도해야 한다.

2) 다문화연구의 패러다임변화 필요

실제로 한국사회의 다문화에 대한 담론은 1990년대 이래로 시작된 "이주의 지구화" 현상의 결과로 한국으로 새로운 이주자가 몰려들면서 부터이다. 인구의 자유로운 이동과 노동시장의 개방, 저출산, 고령화, '농촌총각장가보내기' 같은 것으로 부터 출발하였지만, 실제로 다문화정책은 한국사회와는 다른 이민국가들이 시행하는 서구의 모델을 빌려올 수밖에 없는 실정이었다. 캐나다의 소수민족 집단은 한 국가 내에서 자신의 문화와 전통, 언어를 사용하며 한 국가를 이룬 것처럼 살아간다. 하지만 한국의 경우 대부분 노동이주자와 결혼이주자로 소수자 민족집단이 아니라, 소수자집단이며, 문화적 유사성을 지닌 이민자들끼리 결합되는 문화집단이다. 이들은 소수자로서 어떤 정책을 시행하더라도 한국문화에 동화되거나, 동화되지 않거나를 선택할 확률이 높다. 그러므로 다문화주의 정책이나 사회통합정책, 특히 서구의 정책을 모델로 하는 것은 한계가 있을 것이다. 앞으로 한국의 다문화는 문화적 융합이나 정체성의 융합과 같은 부분에 더 많은 관심을 기울여야 할 것이고, 이러한 연구의 결과로 인해 새로운 생활세계와 그에 알맞은 새로운 가치를 발견할 수 있을 것이다.

현실적으로 이미 한국사회는 이러한 문화적 융합의 형태가 점차적으로 고착되는 과정이지만, 우리는 아직도 그것을 다문화라는 개별문화로서 분석대상인 '분리된 어떤 것'이라는 전제하에서 통합하려는 ─ 하지만 이미 그 단계가 지났을지도 모른다 ─ '정책의 대상으로서의 어떤 것', 즉 다문화라고 부르고 있을 뿐인지도 모른다. 한국사회의 다문화 연구와 정책은 이제 이미 1세대의 결혼이주자들보다는 2세대 다문화가족 아동에게로 그 중심이 옮겨가고 있다. 앞으로는 실제로 이들이 한국사회의 구성원이 될 것이고 이주자의 대부분을 차지하는 노동이민자의 경우는 잠재적인 거주자로 간주되기 때문이다. 하지만 이주노동자들이 설령 잠재적 이주자이고 다시 자신의 나라로 되돌아간다고 해도 이들의 행위는 한국사회에 머무는 동안 자신과 한국문화에 의해 이루어지기 때문에 정책적으로 배제되었다고 하더라도 연구의 대상에서는 주의 깊게 살펴보아야할 대상인 것이다. 여기서 우리는 혼용된 문화와 정체성을 지닌 새로운 유형의 사회구성원들을 발견할 수 있게 되고, 이러한 문화의 정착 과정은 새로운 가치와 문화패턴을 한국사회에 일반화시키고 있다. 그러므로 이러한 관점에서 본다면 이주민들의 정착과정에서 일어나는 가치 변화와 가치의 일반화 과정에 대한 새로운 다문화 연구의 패러다임 변화가 필요한 시점인 것이다.

3) 생활세계와 제3의 공간으로서의 다문화적 공간

(1) Hybridity의 개념

Hybridity는 라틴어 "hybrida"에서 유래하며, 원뜻은 half-beast를 뜻한다. Hybrid는 어떤 것이 혼합된 것이며, Hybridity는 단순히 혼합물이다. "혼종성(Hybridity)"은 탈식민주의 담론에서 중심적인 자리를 차지하는 개념들 가운데 하나이며, 역사적인 배경을 거슬러 올라가 보면, 흔히 사람들로 하여금 그 개념의 사용을 문제성이 있는 것으로, 혹은 사실상 귀에 거슬리는 것으로 생각하도록 해왔다. "혼종성"은 잡혼(雜婚), 이종교배 등의 결과로 생겨나는 산물들을 비하하는 용어이다. 그리고 그것은 19세기 우생학적, 과학적-인종차별적 사고 안으로 편입되었다. 슛츠(Alfred Schütz, 1899~1959)는 『인종 혹은 잡종』(Race or Mongrel, 1908)에서 혼종을 바람직하지 않은 것으로 간주하는데, 그의 이론에 따르면, 고대 인종들, 특히 로마의 성쇠와 관련하여 고대 국가들의 몰락은 이방의 혈통들과 결혼한 것에 기인하며, 따라서 한 국가의 부강은 인종의 순수성에서 비롯된다. 그러나 이러한 맥락에서 누적된 논쟁의 역사적 과거에도 불구하고, 탈식민주의 담론에서는 오히려 그러한 소위 부정적 용어들이 가질 수 있는 해방의 잠재력이 이 "혼종성"의 개념에 포함되어 있음을 발견하게 된다.

탈식민주의 담론의 출현 단계에서 특히 문화제국주의에 대한 탈식민주의 비판과 관련되어 있는 "혼종성" 개념과 관련하여, 그 주된 논의들은 혼성(mixture)이 정체성과 문화에 미치는 결과들에 집중되는 문학과 이론에 의해 특징지어진다. 이 분야의 핵심 이론가들은 호미 바바(Homi K. Bhabha, 1949~)와 스피박(Gayatri Chakravorty Spivak, 1942~ 외에도 헐(Stuart Hall, 1932~) 등 인데 그들의 작업은 그 시기적 특성을 고려할 때 특히 1990년 대 초에 들어오면서부터 증가해 온 다문화적 인식에 대한 반응이라고 할 수 있다. 그 가운데 현대 문화담론에 있어서 주도적 인물인 바바는 가장 최근에 이르러 "혼종성" 개념과 깊이 관련되었으며, 문화적 차이에 대한 그의 이론을 통해 탈식민주의적인 개념적 어휘인 "혼종성(Hybridity)"과 "제3의 공간(Third Space)" 등을 명료하게 밝히고 있다.

(2) 제3의 공간

바바는 식민 주체와 피식민 주체의 상호의존성을 강조한다. 바바에 따르면, 모든 문화적 체계들과 진술들은 그가 "명확하고 체계적인 진술의 제3의 공간(Third Space of Enunciation)"이라 부르는 것에서 구성된다.

이 주장을 받아들이게 되면 문화는 원래 순수성과 독창성(inherent purity and originality)을 지닌 것이 아니라 혼종을 통해 생산된다는 것을 알게 된다. 바바는 문화의 순수한 독창성보다는 '제3의 공간'을 통해 형성되는 문화의 혼종성에 더 관심을 가진다. 그리고 이 제3의 공간을 연구함으로써 우리는 문화의 혼종화된 본질을 이해할 수 있고, 지금까지 문화에 대해 가지고 있던 고정 관념들인 이항대립주의들(binarisms)

로 부터 벗어 날 수 있다는 것이다. 즉 문명과 야만, 본국인과 이주민, 자아와 타자 등의 이항적 대립요소에서 벗어날 수 있는 것이다.[8] 그러므로 바바에게 있어서 쉬지 못하고(restless), 불안하며(uneasy), 빈틈을 이루는(interstitial) 혼종성은 급진적 이질성(heterogeneity), 불연속성, 형식의 영구적인 혁명(형식의 파괴와 비형식성)을 의미하는데, 이것은 곧 문화적인 명확한 설명을 위한 것으로서 차이를 넘어서 있는 제3의 공간을 가리킨다. 바바가 주장하는 것은 "혼종성" 개념을 통해 권위적인 서구의 근대적 원본보다도 오히려 그 원본을 엉망으로 만든 제3세계의 혼종성에서 오히려 해방의 전망이 나타난다는 것이다. 왜냐하면 서구의 원본에는 이질적인 타자, 예를 들어, 식민지인을 억압하고 배제해서 자기 자신과 똑같이 만들려는 권력이 작용하지만, 그와 달리 제3세계의 혼종성은 서구를 수용하면서 제3세계의 독자적인 관점에서 그 외래문화를 변형시키기 때문이다. 말하자면 제3세계의 혼종성의 위치에서는 제3세계의 타자라고 할 수 있는 서구에 대한 배타적인 관점이 없으면서도, 자기 자신의 주체적인 문화를 창조해낼 수 있는 가능성이 잠재되어 있는 것이다.

요약하면, 바바에게 있어서 "혼종성"은 동질적 정체성에 대한 서구적 환상일 뿐만 아니라 토착적 환상들을 넘어 "제3의 공간"을 열고자 시도하는, 그리고 지배적인 문화로의 순수동화의 가능성을 근본적으로 거절하고자 시도하는 탈식민주의 이론가들에게 결정적으로 중요한 개념이다(이승갑, 2008). 이처럼 "혼종성"은 사물들을 서구나 아시아, 여기 또

---

8) 짐멜(Georg Simmel)에게 있어서는 제3의 것(Das Dritte, The Third)과 동일한 맥락에 서있다. 수스만(M. Susman)의 견해로는 이는 다음과 같이 이해될 수 있다. 주체와 객체, 삶과 죽음, 존재와 당위, 현실과 관념은 제3의, 아직은 발견되지 않은 정신과 삶의 형식과 조정되어야 한다. 절대적인 것의 표현으로 나타나는 제3의 것은 형이상학적 형식 내에 뿐 아니라 신비적인 것의 형식 내에도, 게다가 종교적인 것에도, 짐멜의 상대주의적 사고에 의해서도 항상 최후의 대상으로 남아 있었다.

는 저기 등과 같은 이원적 대립들로 보는 사고의 틀을 불안정하게 만들 뿐만 아니라, 새로운 사고의 틀을 생성시키는 원동력이 되기도 한다. 그 것은 경계들을 해체하고, 중심에 치우친 구조를 해체하며, 틈새(interstitial) 의 형식을 구조화 시킨다. 이와 같이 "혼종성"과 "제3의 공간"은 여러 차 이의 경계들을 해체하고 경계지우면서, 그 차이로부터 형성되는 새로운 틀을 가능하게 하는 토대를 마련해 주고 있는 것이다.

또한 이주민은 두 문화의 변경에서 경계를 오고가는 여행자와 같다. 이들은 두 문화의 경계에서 머물거나 한 문화 속에 통합될 가능성이 높 다. 아니면 이들은 두 문화적 공간을 넘어 비록 그것이 기존의 사회적 공간 일지라도, 새로운 사회공간을 형성할 수 있다. 우리는 이처럼 이주 민과 주류사회의 구성원 사이에서 일어나는 생활세계의 상호작용을 통 해 형성된 새로운 사회공간을 제3의 공간이라고 명명할 수 있다.

(3) 생활세계로서의 다문화와 제3공간

사회과학에서 Hybridity는 문화가 겹치는 상황에서 생기게 된다. 다시 말해 부분적으로 다양한 문화와 사회, 종교로 이루어진 생활세계에서 유래하는 서로 대립되는 사상과 논리는 새로운 행위와 사고유형을 만들 어내게 된다는 것이다. 다양한 문화는 개인의 행위유형을 이전과는 다 른 방식으로 변화시키고, 이는 곧 사고의 패턴으로부터 유래하기 마련 이다. 바바의 탈식민지에 대한 개념으로부터 시작된 Hybridity의 개념은 사회과학에서 새로운 문화의 생성에 대한 개념의 전환을 통해 유럽사회 의 다문화 연구에 적용되고 있다. 그 예를 들면 독일 훔볼트 대학에서 시작되어 현재 하이델베르크 대학교에서 진행되고 있는 프로젝트 "Heymat"[9]를 들 수 있다. 이 프로젝트는 독일 내에 거주하는 이슬람 이

---

9) 여기에서 프로젝트명이 "Heymat"인 것에 주목해 볼 필요가 있는 데, 독일어
   로 고향이라는 단어는 "Heymat"가 아니라 "Heimat"이다. 원래는 Heimat라는
   단어를 Heymat라는 같은 발음의 단어로 사용한 것은 Hybridity의 언어적 적

민자들, 특히 터키 이주민들의 정체성 형성에 관한 프로젝트로 2009년 2월 1일 시작되었다. 이 프로젝트의 주 내용은 독일 내의 혼종 정체성에 관한 연구이며, 그 한 예로 독일 내에 거주하는 이슬람 이민자들에 관한 연구이다. 이러한 혼종의 정체성은 이슬람 이주자들이 이주국의 생활세계의 한 부분을 형성하고 있다는 가정을 그 배후에 담고 있다. 이러한 문화혼종은 문화가 중첩되는 곳에서 생겨나는데, 부분적으로는 사고체계가 상반되거나, 다른 사회, 문화, 종교를 가진 생활세계로부터 새로운 행위와 사고의 틀이 생기게 된다.

생활세계는 일상이 자연세계와는 다른 의미로 구성된 세계이다. 여기에서 의미로 구성된 세계란 끊임없이 의미가 형성되고 해석되는 세계이다. 슈츠가 규정하는 일상의 '생활세계(everyday life-world)'는 의미의 세계로, 여기에서의 의미는 일상적인 생활 속에서 행해지는 인간행위의 산물이다. 인간의 행위는 생활세계를 구성하는 의미의 근원이며, 인간의 행위에 근거하지 않고는 생활세계에서 생산되는 문화적 산물의 의미는 이해될 수 없다. 제도, 도구, 상징, 언어, 예술작품 등 일체의 문화적 산물은 인간의 주관적 행위에 의해 생산된 의미의 산물이기 때문이다. 이처럼 개개인은 자신의 목적에 따라 행위하고, 이 행위에 의해 스스로의 삶의 공간이 구성되며, 구성된 공간의 교차점에 우리들이 매일 매일 경험하는 생활세계가 펼쳐진다. 이러한 일상적 생활세계는 개개인의 사고와 실존, 행위가 침착된 의미의 세계이자 문화의 세계이다. 이 문화의 세계는 개인의 사적인 세계라기보다는 타인과 더불어 시간과 공간을 함

용을 통해 프로젝트의 이름을 정한 것이라는 생각이 든다. 예를 들어 한글을 "오늘은 좋은 날"을 "오늘은 조은날"이라고 표기하거나 "모든 것을 다가져라"를 "모든것을 多가져라"로 표기하는 것 등은 그 예라고 할 수 있다. 오늘날 한국사회에서 전반적으로 사용되고 있는 이러한 언어의 혼용은 한국사회가 이미 기존의 문화틀에서 새로운 제3의 문화틀로의 이동이 이루어지고 있음을 암시하는 것이다. 생활세계를 이루는 의미의 공간적 이동이 시작되고 있는 것이다.

께 경험하며 공통의 의미를 공유하는 상호주관적 세계이다. 그러므로 생활세계는 개인의 자아의 산물이기보다는 사회화의 결과로 생겨나는 것이다. 지식과 경험은 일부분만이 개인적 소산일 뿐 대부분은 다른 사회구성원들로부터 학습된다. 이러한 학습된 지식을 통하여 세계를 정의하는 법을 배우고 사물의 유형을 구성하게 된다. 이러한 측면에서 볼 때 지식은 사회화의 산물이며 생활세계는 이러한 일반적 지식으로 이루어져 있다.

이러한 생활세계로 어느 날인가부터 그 사회의 구성원들이 경험해보지 못한 새로운 문화요소들이 채워지고 있다고 상상해 보자. 그 사회의 구성원들은 때로 자신의 의도와는 상관없이 이 새로운 문화적 구성물에 관심을 가지게 되고, 새로운 문화요소들은 점차적으로 기존의 문화와 점차적으로 혼용되어가며, 이 혼용된 문화를 그 사회의 구성원들은 다시 행위를 구성하는 요소로서 받아들이게 된다. 이 세계가 생활세계이고, 다문화사회라고 부르는 오늘날 한국사회의 모습이다. 이러한 현상은 다문화라는 이름을 붙이지 않더라도, 예를 들어 바바의 연구처럼 식민지사회에서 일어나는 사회변동을 살펴보아도 쉽게 알 수 있다. 단지 오늘날 한국사회는 다양한 문화권의 이질적 문화가 빠른 속도로 한국의 주류문화 속으로 들어오고 있는 현상을 경험하고 있는 것이다. 이러한 이질적 문화를 한국사회로 들여오는 문화의 담지자들은 주로 한국사회에 이주해온 결혼이주자와 이주노동자들로 이루어져 있다. 이들은 장기적 체류자이거나, 이민자이기 때문에 한국사회의 문화지층을 변화시킬 수 있는 잠재적 문화의 파괴자일 수도 있고, 잠재적 문화생산자이자 매개자일 수도 있다.

이주자들에게는 본국의 생활공간이 제1공간에 해당하고 이주국(한국)에서의 생활공간은 제2의 공간에 해당된다. 이들의 생활은 이처럼 공간적 전이를 통해서 새로운 생활세계를 경험하게 된다. 이러한 경험은 제3의 공간에서 상호주관적 영역을 구성하며, 이 공간은 상징이 융합되는

곳이자, 타자들 사이의 동일시 영역이 된다. 이러한 제3의 공간에서 개
인은 자신의 개인적 경험과 타인의 경험 그리고 사회적 제도와 도덕, 윤
리와 같은 행위의 지침을 수용하게 된다. 그러므로 제3의 공간은 동질
성의 통합이 불가능한 별개의 공간이라기보다 상징적 공간이자, 생산적
이며, 실천적 영역이고, 현실적으로는 의미의 재구성이 이루어지는 새로
운 탄생의 공간이다. 이는 또한 새로운 정책이 시행되는 공간이 되기도
하고 사회구성원들의 행위가 조절되고 구성되는 공간이다. 또한 이주자
들에게는 그들의 행위의 타당성을 점검하고 확신을 얻게 하는 공간이다.

〈그림 1 : 제3의 공간 형성〉

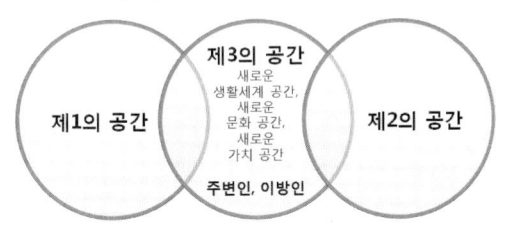

이런 측면에서 본다면 동화(assimilation)는 문화적 동질성이 겹쳐지는
공간이 아니라, 다른 문화로부터 동질성을 획득하는 공간이 될 수 있다.
이 공간을 제3의 공간이라 한다면 동화는 이동적 성격을 띤 공간이 된
다. 하지만 이 경우는 지배적 문화는 우월적 존재로서 지배력을 행사하
게 된다. 이에 비해 통합(integration)은 동질성이 중첩되거나, 등가적 속
성을 지니는 곳이라 할 수 있다. 이 공간에서는 지배적 문화의 우월성이
배제되고 동질성의 혼용이 생길 수 있다. 그러므로 우리는 이들을 배척
하거나, 분리하거나, 심지어 동화나 통합이라는 개념적 이데올로기의 관
점에서만 볼 것이 아니라, 일상의 공간 속에 새로운 변화를 가져다주는
종합적 문화의 매개자이자 실천자로 보아야 하며, 다문화연구의 패러다
임 변화의 단초로 삼아야할 것이다.

4. 결론

한국 사회에 다문화라는 유령이 출몰한 지가 20년이 지났다. 유행적 담론과 정책추진, 미디어에 이르기까지 이제 다문화는 사회적 화두가 되고 있다. 다문화 담론에 휩싸여 있는 동안, 한편에서는 단일민족, 단일문화에 대한 반성과 성토가 이어지고 있다. 한국사회의 다문화연구는 다른 나라와는 다르게, 사회현상으로서의 다문화연구로부터 시작되었다 기보다는 1990년 대 중반 노동이주가 본격화되면서 주로 그 기능과 복지에 대한 담론과 소수자 인권이 주를 이룬다(정유성, 2008). 노동이주의 문제는 한국사회에 인권에 대한 반성을 불러오고, 이후 결혼이주자에 대한 담론은 한국의 가부장적 질서에 대한 새로운 논의를 불러일으키고 있다. 이제 한국사회에서 다문화에 대한 논의는 다문화 영역에만 그치는 것이 아니라, 한국적 사고에 대한 정면적인 도전으로 확대되고 있다. 단일민족이라는 이데올로기와 한국적 가치는 도전받고 있다. 전통적 가치관의 혼란은 빈번한 사회문제로 나타나고 있다. 한국사회 다문화에 대한 연구는 좀 더 사회현상 중심적이고 가치 중심적 연구에 집중되어야 한다. 정책지향적이고, '관주도 다문화주의'나 '시민주도 다문화주의'(윤인진, 2008)에 대한 논의에서 부터 벗어나, 생활세계 차원의 가치에 대해 관심을 가져야 한다.

생활세계는 그 일상이 자연세계와는 다른 의미로 구성된 세계이다. 여기에서 의미로 구성된 세계란 끊임없이 의미가 형성되고 재해석되는 세계이다. 다문화적 생활세계는 문화적 혼종에 의해 의미가 재생산되는 세계이다. 이 영역에서 사회구성원들은 상호 갈등과 합의를 통해, 기존의 가치경계를 확대해 나가는 상호문화적(intercultural) 세계를 구성할수 있다. 테일러(C. Taylor)가 타자의 문화와 그 권리를 인정하자고 주장한 다문화주의나 서로 다른 여러 문화, 민족, 인종의 사람들이 서로를 자유롭고 평등한 행위의 주체로 인정한 공통점에 초점을 둔 초문화주의적 세계가 아니라, 사람들 사이의 세계, 사이에 놓여 있으면서 아직 미지의 영역으로 남아 있는 간성(間性, Interität)의 영역으로서 상호문화적 변동이 일어나는, 생활세계에 관심을 가져야 한다. 이곳은 구성원간의 합의가 일어나는 세계이며, 행위의 지침이 변화되는 글로컬 생활세계의 영역이다. 이곳에서는 다문화적 가치의 혼재가 존재하고 새로운 가치생산이 가능할 뿐만 아니라, 제도와 사회의 변화를 거쳐 일상세계에서 필요한 규범과 도덕, 법적원리가 현실적으로 드러나게 된다. 그러므로 이 영역은 폐쇄된 공간이 아니라 항상 열려진 공간인 것이다.

한국적 다문화 연구를 위해서는 이러한 열려진 공간이면서 그 공간 속에 혼재되어, 새로운 사회적 가치를 생산해내는 과정과 가치의 일반화에 대한 연구가 필요한 시점이다. 지금까지의 부분적 다문화 현상에 대한 집중으로부터 연구의 영역을 가치지향적 다문화연구로 전환시켜, 다문화 현상을 전체사회의 문화적 맥락에서 다루어야 할 필요가 절실한 시점이다.

참고문헌

강휘원, 「한국의 다문화사회 형성과 지방정부」, 『한국 행정학회』 4권, 2007, 77~96쪽.

고숙희, 「한국 다문화사회에서의 문화제안」, 『서울행정학회』 18권, 2007, pp. 123~144쪽.

구견서, 「다문화주의의 이론적 체계」, 『한국인문사회과학회』 27권 3호, 2003, 29~53쪽.

권영설, 「이주와 국적의 법과 다문화주의」, 『미국헌법학회』 20권 2호, 2009, 1~57쪽.

김남국, 「다문화 시대의 시민 - 한국사회에 대한 시론」, 『한국국제정치학회』 45권 4호, 2005, 97~121쪽.

김남국, 「심의 다문화주의 - 문화적 권리와 문화적 생존」, 『한국정치학회』 39권 1호, 2005, 87~107쪽.

김남국, 「한국에서 다문화주의 논의의 전개와 수용」, 『비판사회학회』 80호, 343~361쪽.

김선미, 「다문화 교육의 개념과 사회과 적용에 따른 문제」, 『한국사회과교육연구학회』 4호, 2000, 63~81쪽.

김세훈, 「다문화사회의 문화정책」, 『한국거버넌스학회』 1-24권, 2006, 461~470쪽.

김영옥, 「새로운 '시민들'의 등장과 다문화주의 논의」, 『숙명여자대학교 아시아여성연구소』 46권 2호, 2007, 129~159쪽.

김은미 외, 「다인종·다민족 사회의 형성과 사회 조직」, 『한국사회학회』 42권 2호 2008, 1~35쪽.

김은중, 「세계화, 정체성, 다문화주의」, 『한국라틴아메리카학회』 18권 1호, 2005, 137~179쪽.

김혜순, 「서론 : 국내 체류 외국인 증가와 '다문화' 시대」, 『한국사회학회』, 2006, 1~12쪽.

김혜순, 「정부주도 다문화'의 명암」, 『한국사회학회』, 2009, 611~625쪽.

김헌민 외, 「다문화 사회의 정책적 이슈에 대한 고찰」, 『한국행정학회』 3권, 2008, 601~622쪽.

김희자, 「외국인에 대한 청소년의 사회적 거리감」, 『고려대학교 한국사회 연구소』 9권 1호, 2008, 255~282쪽.

문경희, 「한국에서 다문화주의(multiculturalism) 모색」, 『한국국제정치학회』 12, 2006, 594~624쪽.

박경동, 「다문화가족 형성과 갈등에 대한 연구」, 『한국사회학회』, 2007, 1131~1152쪽.

박남수, 「다문화 사회에 있어 시민적 자질의 육성 – 사회과를 통한 다문화교육의 모색 –」, 『한국사회과교육연구학회』 33호, 2000, 101~117쪽.

박병섭, 「다문화적 소수자 문제에서 한국의 특수성」, 『사회와 연구철학회』 12호, 2006, 99~126쪽.

박병섭, 「다문화주의에 관한 철학적 연구」, 『사회와 철학연구회』 18호, 2009, 291~356쪽.

박천웅, 「5장. 한국적 다문화 운동의 실천」, 『한국사회학회』, 2007, 181~217쪽.

박행모 외, 「농촌지역 국제결혼 이주 여성들의 사회생활 적응 교육을 위한 실태 분석」, 『한국농업교육학회』 40권 2호, 2008, 69~91쪽.

서동진, 「다문화주의라는 사유의 궁핍」, 문학과 지성사, 2009.

서연주, 「한국문화에 나타난 다문화 인식 양상 고찰」, 『국어문학회』 47권, 2009, 213~234쪽.

설규주, 「세계시민사회의 대두와 다문화주의적 시민교육의 방향」, 『한국사회과교육연구학회』 43권 4호, 2004, 31~54쪽.

설한, 「킴리카(Kymlicka)의 자유주의적 다문화주의에 대한 비판적 고찰」, 『한국정치학회』 44권 1호, 2010, 59~84쪽.

알브레히트 후버, 「독일의 문화 전통」, 『한국서양문학사학회』 15권, 2006, 181~192쪽.

엄한진 외, 「전지구적 맥락에서 본 한국의 다문화주의 이민논의」, 『한국사회학회』 2006, 111~113쪽.

엄한진, 「1장. 세계화시대 이민과 한국적 다문화사회의 과제」, 『한국사회학회』2007, 39~69쪽.

엄한진, 「다문화를 통해 본 한국사회 - 이주민에 대한 관용의 성격과 사회
　　　적 배경 - 」, 『한국사회학회』 2008, 37~45쪽.

오미영, 「혼혈인에 대한 낙인 연구」, 『한국사회복지학회』 61권 2호, 2009,
　　　215~246쪽.

우평균, 「다문화 공생사회에서의 국적 개념의 의의와 각국의 정책」, 『한국
　　　국제정치학회』 2008, 201~215쪽.

원숙연, 「다문화주의시대 소수자 정책의 차별적 포섭과 배제」, 『한국행정
　　　학회』 42권 3호, 2008, 29~49쪽.

윤선오 외, 「이주노동자 현황 및 개선방안」, 『한국복지행정학회』 15권 2호,
　　　2005, 221~260쪽.

윤인진, 「7장. 국가주도 다문화주의와 시민주도 다문화주의」, 『한국사회학
　　　회』, 2007, 251~291쪽.

윤인진, 「한국적 다문화주의의 전개와 특성」, 『한국사회학회』 42권 2호,
　　　2008, 72~103쪽.

이순형, 「농촌 다문화가족의 현황과 적응문제」, 『한국지역사회생활과학회』,
　　　2007, 13~27쪽.

이승갑, 「한국의 다문화화 사회 현실과 문화민족주의에 대한 한 신학적 성
　　　찰 - 호미 바바(Homi K. Bhabha)의 혼종성(Hybridity) 개념을 중심
　　　으로」, 『한국조직신학회』 21권, 2008, 163~193쪽.

이시형, 「북한이탈주민에 대한 지방자치단체의 역할」, 『경희대학교 인류사
　　　회재건연구원』 23권 1호, 2008, 187~222쪽.

이영주, 「다문화가족지원법에 관한 고찰」, 『한국법학회』 31권, 2008, 209~236쪽.

이정용, 「주변성 - 다문화적이고 다인종적인 상황 하에서 가능한 신학적 방
　　　법」, 『한국기독교연구소』, 1992, 99~112쪽.

이혜경, 「6장. 이민 정책과 다문화주의」, 『한국사회학회』, 2007, 219~250쪽.

정유성, 「한국 사회의 다문화 담론」, 환경과 생명, 2009, 118~128쪽.

조병준, 「다문화주의 정체성 담론 분석」, 『한국프랑스학회』 72권, 2010,
　　　591~617쪽.

조상균 외, 「다문화가정 지원 법제의 현황과 과제」, 『전남대학교5.18연구소』

8권 1호, 2008, 147~174쪽.

주효진, 「아시아의 다문화정책에 대한 비교 연구」, 『한국행정학회』 5권, 2008, 89~104쪽.

진은영, 「다문화주의와 급진적 인권」, 『학국철학회』 95권, 2008, 255~283쪽.

최운선, 「국제결혼 이주여성의 사회문화 적응에 관한 연구」, 『숙명여자대학교 아시아여성연구소』 46권 1호, 2007, 141~181쪽.

한경구 외, 「다문화사회의 개념과 한국 사회 다문화 담론에 대한 성찰」, 『한국사회학회』, 2007, 20~36쪽.

한경구 외, 「2장. 한국적 다문화 사회의 이상과 현실」, 『한국사회학회』, 2007, 67~87쪽.

한승준, 「우리나라 다문화정책의 거버넌스 분석」, 『한국행정학회』 5권, 2008, 67~87쪽.

허영식 외, 「다문화사회에서 간문화교육의 현장착근방안」, 『한국사회과학회』 19권 3호, 2009, 31~58쪽.

홍기원, 「다문화사회의 정책과제와 방향」, 『한국행정학회』, 2007, 909~928쪽.

홍기원, 「한국 다문화정책의 문제점과 개선 방향」, 『한국공공관리학회』 23권 3호, 2009, 169~189쪽.

Bhabha Homi K., The Location of Culture, Routledge, 2004.

Kymlicka, Will, Multicultural Citizenship, Oxford, New York, Oxford University Press, 1995.

Martiniello, Marco, 현대사회와 다문화주의 : 다르게, 평등하게 살기 [Sortir des ghettos culturels]. 윤진 역, 한울, 2002.

한국 다문화주의의 담론지형에 관한 소고*

이 용 승**

1. 서론

지금 한국사회에는 거의 도전받지 않는 하나의 이념과 정책이 통용되고 있다. 다문화주의와 다문화정책은 그 자체가 매우 논쟁적이면서 실천적인 개념임에도 불구하고, 우리 사회에서 유의미한 도전을 거의 받고 있지 않다. 객관적으로 아직 한국은 다인종, 다민족, 다종족 사회를 의미하는 다문화사회에 진입했다고 할 수 없지만 다문화주의 및 정책은 이미 규범적 위치를 차지하고 있는 것으로 보인다. 그러나 한국에서의 다문화주의의 규범성은 사회적 논쟁의 과정을 거쳐 도달했다기보다는 그 과정이 생략된 채 이 분야에 관심을 갖고 있는 학계의 연구나 정부 정책의 형태로 이루어진 일방적인 세례에 가깝다. 다시 말해서 한국의 다문화주의는 '유사 규범'으로서 유통되고 있음에도 견고한 철학적, 이론적 지지가 부재하다고 평가할 수 있다.

보통의 경우 정치적, 이념적 기획이 비판을 허용하지 않는 보편적 규

* 이 글은 2011년 5월 27일 대구가톨릭대학교 다문화연구소 주최 국내학술대회에서 발표된 것을 수정·보완하여 대구가톨릭대학교 인문과학연구 제16집에 게재한 것임.
** 대구가톨릭대학교 다문화연구소 연구교수.

범성을 보유하는 것은 위험하다. 그러한 위험성에 대한 인식은 개인과 인간성을 고려하지 않은 현존 사회주의가 낳은 커다란 인류사적 비극을 떠올려 보는 것만으로도 충분하다. 유사 규범성은 규범성 자체가 일반적으로 갖는 폐해로부터 자유롭지 못하고, 또한 철학적 지도의 부재로 인해 역진에도 취약하다. 꽤 오랫동안 이 문제에 천착해온 서구사회에서 조차도 특정한 계기가 있을 때마다 다문화주의에 대한 무수한 비판이 있었다는 점은 주지의 사실이다.1) 아직까지 한국사회에는 다문화주의를 둘러싼 근본적인 문제제기와 비판이 부재하지만, 이는 우리 사회가 머지않은 미래에 감당해야 할 몫이다.

한국 사회에서 다문화담론이 유통되는 다소 비정상적이고, 기형적인 현실은 다문화주의의 이론적 정식화와 정당화의 필요성을 크게 한다. 이글은 이러한 문제의식을 반영하여 한국적 다문화주의의 이론화를 위한 사전 작업으로서 한국에서 다문화 담론의 지형도를 그려보고자 한다.

그러한 과제를 수행하기 위해 동원할 수 있는 방법은 연구자의 의도에 따라 여러 가지가 있을 수 있지만, 여기에서는 먼저 이론적 논의가 부족한 현실을 보여주기 위해 그간 이루어진 다문화주의에 관한 이론적 논의를 검토해 보고자 한다. 검토를 위해서는 이론적 연구와 정부정책을 주 텍스트로 삼았다. 미디어가 다문화 담론을 다루는 방식에 대한 연구는 보다 심층적인 연구가 필요한 주제이기에 여기에 포함시키지 못했다.

이 연구는 향후 한국적 다문화주의의 모색을 위한 시론적 연구로서의 위상을 갖는다. 한국의 다문화 담론에 대한 분석은 연구과제의 도출로 이어질 수 있을 것으로 기대한다. 이어지는 2장에서는 다문화주의에 관

---

1) 유럽에서 극우정당이나 극우집단의 득세는 이러한 예의 극단적인 경우라고 할수 있다. 극단적인 경우는 아닐 지라도 2010년 10월 독일의 메르켈(Angela Merkel) 총리는 다문화 사회를 건설하고자 하는 시도는 "궁극적으로 실패"했다고 선언한 바 있으며, 영국의 캐머런(David Cameron) 총리도 "국가 다문화주의는 재앙적 결과를 낳았다"고 선언하기도 했다(Batistella 2011, 16).

한 이론적 연구를 몇 가지의 범주로 나누어 분석하였고, 3장에서는 정부정책을 검토하였다. 4장에서는 이러한 분석을 토대로 한국의 다문화 담론 현황에서 대해 서술하였다. 5장은 결론부로서 한국적 다문화주의 모색을 위해서는 이론적, 철학적 연구가 추가적으로 필요함을 강조하였다.

2. 다문화주의에 관한 이론적 연구에 관한 비판적 독해

이 장에서는 현재까지 다문화주의에 관한 이론적 연구를 중심으로 이를 비판적으로 검토하고 있다. 담론으로서 다문화주의에 관한 연구는 철학적 논의가 부족한 가운데, 현실 정책과 연관된 다양한 연구가 진행되고 있다고 정리할 수 있다. 철학적 논의가 부족하다는 인식은 관련 분야 연구자들이 대체적으로 공유하고 있는 문제의식이며, 이를 극복하기 위한 개별적이고 분산적인 시도가 이루어지고 있다. 그럼에도 아직까지 이론적 논의가 풍부하게 전개되고 있다고 평가할 수는 없다. 아래에서는 기존에 다문화주의 이론 내지는 정책적 패러다임에 대해 진행된 연구를 검토하고, 그것의 한계를 지적하고자 한다.2)

1) 다문화주의의 이론적 체계에 관한 연구

2000년대 들어 다문화주의와 관련된 이론적 체계에 대한 연구를 시도한 글로는 구견서의 논문이 있다. 그는 다문화주의를 국민국가의 통

---

2) 이 글의 리뷰는 개별 연구들에 주목하면서도 그간 한국에서 이루어진 다문화주의에 관한 이론적 연구 가운데 대표적인 텍스트를 리뷰의 대상으로 삼고 있다. 따라서 이 글이 검토하고 있는 연구는 개별적인 연구로서 의미를 보유하는 동시에 그 전체가 하나의 텍스트로 간주된다.

합이론으로서, 국제사회의 갈등해소이론으로서 위상을 설정하고 다문화주의의 '이론적 체계'를 검토하고 있다. 그러나 이 연구는 다문화주의 자체에 대한 연구라기보다는 다문화주의가 낳을 수 있는 '효과'와 그것의 목적, 유형, 정책적 실천 등을 중심으로 서술하고 있는 한계가 있다. 국가 내부에서 다문화주의에 대한 논쟁의 가능성, 인종 및 계급과의 관계 등 다문화주의가 가질 수 있는 후과와 다문화주의 정책의 목적과 실천방안에 주목하는 것은 다문화주의가 촉발시킬 수 있는 논쟁을 일목요연하게 보여주고 규범적 측면을 한 번 더 강조하는 것일 수는 있지만 철학적, 이론적 통찰로 이어지기는 어렵다. 다문화주의의 유형 분류 또한 몇 몇 연구 성과를 정리하는 정도에 머물고 있다.3) 결론적으로 구건서의 연구는 다문화주의에 관한 규범적 필요성을 부각시키는 데는 일정정도 성공을 거두고 있으나, 다문화주의의 이론적 체계를 검토하는 단계에는 이르지 못하고 있다고 평가할 수 있다.

다문화주의와 관련되어 국내에서 드문 철학적, 이론적 접근을 하고 있는 김남국(2005a)은 철학적 사조를 공유함에도 불구하고 다문화주의에 대해 상반된 입장을 보이는 학자들의 주장을 검토하고, 자신의 주장을 개진한다. 김남국은 홀(S. Hall)과 파레크(B. Parekh)를 통해 소수자 권리 옹호의 이론적 근거 분석과 찬반 논의를 이끌어 내고 이에 기초하여 공화주의의 테일러(C. Taylor)와 배리(B. Barry), 자유주의의 킴릭카(W. Kymlicka)와 굿만(A. Gutmann), 자유방임주의의 라즈(J. Raz)와 케이텝(G. Kateb)을 각각 찬반의 준거로 삼아 검토한다. 그는 문화적 배제가 가져올 수 있는 대표의 위기와 연대의 위기에 주목하여, 문화의 도구적 역할을 긍정하는 것을 통해 심의 다문화주의를 제안하는 것으로 논의를 이끌고 있다. 문화의 도구적 역할을 인정하는 것은 결사의 자유를

---

3) 그는 다문화주의 유형분류에서 '다원주의'를 다문화주의와 혼용하고 있는데, 엄밀한 의미에서 양자는 동일어가 아니므로 혼용될 수 없다.

옹호하는 맥락에서 문화집단의 존재는 인정하지만, 문화 자체의 본질적, 도덕적 가치를 부정하는 자유주의와 사유를 공유한다. 논의의 연장선에서 그는 그러한 다문화주의가 낳을 수 있는 현실적 문제, 즉 집단선택의 자의성, 소수집단 내 개인의 권리문제, 국가 공동체를 유지하기 위한 공통의 정체성의 문제를 지적하고 있다. 이러한 문제를 해결하기 위한 타협의 수단으로 그는 상호존중, 합리적 대화, 정치적 권리를 핵심으로 하는 심의 다문화주의를 제시한다.4) 이는 다문화사회가 직면하고 있는 문제에 타협하기 위한 "최소한의 절차적 규정"이므로 논박의 여지는 크지 않다. 또한 그의 연구는 다문화주의를 둘러싼 서구의 논쟁을 소개하고 이를 통해 자신의 논지를 제시하고 있다는 측면에서 평가할 만하다. 다만 어떠한 근거에서 한국이 다문화주의를 수용해야 하는지와 그것이 궁극적으로 어떠한 사회상을 상상하고 있는지에 대한 논의가 생략되었다는 점이 한계로 지적될 수 있다.

2) 다문화주의의 정당성 논의

다문화주의가 중심적으로 사유하는 문화 정체성이란 것이 결국은 근대 국가단위 사회의 경계와 그 내의 동질성을 확인하고 강화하는 역할을 수행하고 있다는 천선영의 주장은 다문화주의가 탈근대적 기획일 수 있다는 일부의 주장(이용승, 2010a, 43)5)과 배치된다. 천선영은 다문화

---

4) 합의에 이르는 절차를 중시한다는 측면에서도 그는 자유주의 전통에 서 있다고 평가할 수 있다. 다만 자유주의는 상호존중 등의 주체가 개인인 반면 김남국은 그것의 주체가 집단일 수 있는 가능성을 열어두고 있다는 차이가 있기는 하다. 그러나 가능성이 열려 있을 뿐 그것이 구체적으로 현실에서 집단의 덕성 혹은 권리인지 아니면 개인의 그것인지 불명확하다.

5) 신승환은 탈근대적 문화이해의 방식으로서 다원주의 문화론, 문화 다원성을 말하고 있고, 다문화주의의 대두를 사회 - 정치 질서를 조직하는 원리로서 근대의 단일 합리성 개념에 대한 근본적 도전으로 이해한 김비환(2005, 66~71)

주의가 표면적으로 표방하는 바와는 달리 결국은 근대의 국민국가 경계
획정과 강화의 기초가 되었던 공동체 간 문화의 차이가 다문화주의 논
리에도 그대로 투영되어 있다고 보는 것이다. 그의 논의는 다문화주의
가 결과적으로 근대 국민국가의 강화로 귀결된 것인지, 아니면 국가를
가로지르는 '정의'의 확산으로 이어질 것인지에 관한 중요한 논점을 제
공한다. 이는 다문화주의에 관한 찬반논의로 연결될 수도 있는 주제라
고 할 수 있다.

　다문화주의의 정당성에 대한 논의로서 주목할 만한 내용을 담고 있는
것이 오경석의 글이다. 다문화주의 부상의 지구적 맥락, 다문화주의의
논쟁적 성격, 국내 다문화사회 논의의 문제점, 다문화 환경에 대한 유형
화 및 한국의 다문화 환경의 특수성, 한국 다문화 논의의 맥락(context),
'국경 없는 마을'의 실험과 한계 등을 다룬 이후, '어떤 다문화주의인가'
라는 문제제기로 이어지는 그의 논의는 한국적 다문화주의를 모색하는
과정에서 고려되어야 할 방대한 내용을 포함하고 있다. "논쟁적인 다문
화주의를 진지하고 세밀하게 논의할 만한 논의 기반 자체가 아주 척박"
한데, "그러한 논의 기반 자체를 혁신하려는 문제의식을 생략한 채 조
급하게 다문화사회에 관한 담론들이 생산·유통"(오경석, 52)되고 있다
는 그의 지적은 한국의 다문화주의 현실을 적확하게 묘사하고 있는 것으
로 보인다. 오경석의 연구는 한국적 다문화주의를 찾아가는 과정에서 중
요하게 고려되어야 할 부분들을 제시하고 있다는 점에서 의의가 있다.

3) 다문화시대의 정치 원리

비교적 이른 시점6)에 다문화주의와 관련된 이론적, 철학적 검토를 시

_____

　도 다문화주의의 탈근대적 성격을 언급하고 있는 것으로 이해될 수 있다.
　6) 한국 사회에서 다문화주의 담론이 본격적으로 발현된 것이 2000년대 초중반

도한 연구로 김비환(1996)의 글이 있다. 그는 서구에서 다문화주의의 대두를 근대 '계몽주의적 기획'의 해체와 연관시켜 조망하고 있는데, 다문화적 현실에 적합한 정치원리를 찾으려는 서구의 시도에 대한 비판적 검토를 한 이후 실용-신중주의적(pragmatic-prudential) 보편주의를 제시한다. 그에 따르면 다문화주의는 근대의 과학적 합리성에 대한 신념, 즉 정치, 경제, 사회질서는 하나의 단일한 보편적, 절대적 원리에 의해 합리적으로 조직되어야 한다는 신념에 대한 도전이다.

그가 이 연구에서 다문화 시대에 가능한 정치원리로서 검토하고 있는 바는 롤즈(J. Rawls)의 정치적 자유주의, 킴릭카의 문화다원주의, 로티(R. Rorty)의 포스트모던 부르주아 자유주의, 샌델(M. Sandel)의 공동체주의 등이다. 롤즈의 정치적 자유주의는 역사주의를 선택하고 있음에도 결과적으로 정치적 보편주의로 귀결되고 있다고 비판받는다. 롤즈와 달리 소수문화집단의 권리보호를 자유주의적 관점에서 옹호하고 있는 킴릭카 또한 개인의 자유 내지는 자율성이라는 보편합리적 단일 원칙에 경도되고 있기 때문에 다문화주의 사회의 적절한 정치원리가 될 수 없는 것으로 기각된다. 연대감을 통해 '우리'의 확장을 주장하는 로티에 대해서는 '우리'에 포함된 하위문화집단이 관례의 부당성을 지적할 경우, 즉 '우리'를 구성하는 문제에 대한 정당성의 문제가 제기될 경우 이에 대한 대답을 갖고 있지 못하다고 지적된다. 샌델이 대표하는 공동체주의 또한 개인의 권리중심 정치를 부인하고 공동선의 정치에 집중함으로써 집단의 권리를 필요로 하는 다문화적 현실의 도전에 적절한 대답을 제공하지 못하는 한계가 있다고 비판된다. 이러한 비판의 끝에 그는 실천이성의 실용적 고려에 따른 잠정적(modus vivendi) 보편주의와 회피해야 할 공동의 악을 확인하는 신중성을 기초로 한 실용·신중적 보편주의를 다문화 시대의 정치원리로서 제시한다.

이므로 그에 비추어 보았을 때 그렇다는 의미이다.

김비환의 연구는 당시까지만 해도 한국에서 다문화주의가 공론화되기 전이었다는 측면에서 선도적인 연구라고 평가할 수 있다. 그러나 해당 분야에서 독보적인 논의를 전개한 학자들을 중심으로 다문화의 현실에 적용 가능한 정치원리를 찾고자하는 시도는 유의미한 측면이 있지만 이들이 모두 다문화적 현실 변화를 염두에 두고 자신의 주장을 전개했다고 할 수는 없다. 다시 말해 김비환은 그들이 해명하고자 의도하지 않은 주제를 잣대로 이들을 평가하고 있는 것이다.7) 또한 그의 논의는 한국 사회의 인종구성의 다양화와 그에 따른 문화집단의 수적 증대를 예측하고 서술된 것이 아니라 여성, 성적 소수자 등 우리 사회에서 소수자의 목소리가 고양될 것을 예비하여 서술된 것으로서 2000년대 이후 한국의 급속한 다문화화를 염두에 두고 있지 않은 한계가 있다. 이것이 그의 연구가 다문화주의에 관한 앞선 연구임에도 불구하고, 이론적 논의에 거의 기여하지 못한 이유인 것으로 보인다.

김비환(2007)은 또 다른 연구를 통해 국적과 구분되는 시민권의 관점에서 다문화주의를 검토하고, 한국적 다문화주의의 정식화가 필요함을 역설한다. 그는 자유주의적 시민권에 부합하는 자유주의적 다문화모델은 '자유주의 문화'를 전제하고 있으므로 한국 사회가 받아들이기 어렵고, 공화주의적 시민권과 조응하는 공화주의적 동화정책 또한 다문화 시대에 부적절한 것으로 평가 절하한다. 이러한 비판을 통해 그는 한국의 문화적 소수자들에게 주어질 수 있는 시민적 권리로서 최소한 인간다운 생활을 위한 기본적 권리, 미국 류의 특혜조치(Affirmative Action), 다문화교육, 노동권, 제한적 참정권, 대의권의 인정, 다문화주의적 심의

---

7) 김비환이 비판적으로 리뷰하고 있는 학자들의 이념은 방대한 내용과 맥락을 포함하고 있고, 이에 대한 그 평가의 옳고 그름을 논하는 것은 이 글의 주제 범위를 벗어날 뿐만 아니라 필자의 능력을 넘어서는 주제이다. 다만 그가 자신의 논지 전개를 위해 리뷰의 대상을 과도하게 단순화시켰고, 그 과정에서 각 이념의 수많은 '합리적 핵심'이 생략되었다는 점은 분명해 보인다.

제도수립 등을 제시한다. 시민권의 개념적 분류를 통해 어떠한 권리를 소수자에게 부여할 것인가를 논의한 그의 연구는 평가할 부분이 있지만, 마셜(T. H Marshall)이후 '시민권'에 대한 다양한 논의를 포괄하고 있지 못할 뿐만 아니라 자유주의적, 공화주의적 시민권에 대한 개념도 지나치게 단순화시켜 접근하고 있다.8) 그로 인해 권리의 주체로서 평등하고 동등한 '개인'을 가정하는 시민권과 문화'집단' 간의 차이를 강조하는 다문화주의 사이에 본원적으로 내재하는 불일치를 보지 못하는 한계 또한 노정하고 있다. 따라서 시민권의 관점에서 다문화주의를 검토하는 단계에는 이르지 못하고 있다. 다만 그의 논의는 스스로도 지적하듯, 다문화되어 가는 한국에서 시민권 개념을 검토할 필요가 있다는 점을 제기한 것에서 의미를 찾을 수 있다.

3. 정부의 다문화정책9)

1) 정부 및 관련 기관의 연구용역

한국 정부는 2000년대 중반 이후 인구구성의 변화, 특히 결혼이주민과 그 자녀의 급증에 직면하여 각종 다문화 관련 정책을 시행하고 있다. 결혼 이주민 및 재한 외국인에 대한 정책은 점차 제도화의 단계에 들어서고 있는 것으로 판단된다. 제도와 더불어 정부는 다양한 분야에 대한

---

8) 양자의 시민권에 대한 심도 있는 논의는 히터(D. Heater, 1999) 참조.
9) 이 절에서는 정부정책을 규제하는 다문화주의 관련 법제도가 갖는 의미, 정부출연기관 및 정부기관의 용역자료 등을 중심으로 검토를 하였다. 정부와 정부관련 기관의 연구 또한 개별 연구로서 위상을 갖기에 2장에서 다루어도 무방하지만, 관련 연구는 정부의 정책의지와 깊게 연관되기 때문에 따로 서술하였다.

연구용역을 발주함으로써 다문화주의의 이론화에 일정 정도 기여하고 있다. 여기에 정부 부처 간 경쟁도 다문화 담론을 양산하는 한 원인으로 지목될 수 있다.

먼저 다문화정책의 이론화를 위해 정부가 발주한 규모 있는 연구로는 동북아시대위원회의 용역의뢰에 의해 작성된 한국사회학회의 연구가 있다. 김혜순(2007)이 대표 집필한 상기 연구는 2006년 같은 위원회에서 진행된 연구의 후속 연구로서 2006년의 연구가 현실에 존재하는 다양한 소수자의 실태와 관련 정책을 다루고 있기 때문에 실천적 측면에 대한 검토에 이은 이론적 탐구라는 측면에서 그 의의를 평가할 수 있다. 연구에는 세계화시대 이민현상, 한국의 다문화 환경에 대한 논의, 국가와 NGO의 역할 분석, 한국의 다문화정책, 외국인 정책, NGO의 실천, 다인종화의 지역적 전개 등이 포함되어 있다. 논문은 전체적으로 이론적 논의가 부족하다는 전제 하에 향후 이론적 논의를 전개하고, 그 과정에서 한국적 다문화주의를 이론화하는데 있어 고려해야 할 지점을 서술하는데 많은 노력을 할애한다. 시민단체의 실천적 경험에 대한 서술과 정부정책에 대한 연구 또한 이론적 논의를 풍부하게 하기 위한 사례로서 기능적으로 배치되어 있다. 결과적으로 김혜순 외의 연구는 한국적 다문화주의의 이론화에 미치지는 못했지만 이론적 논의의 풍부화에 기여했다고 평가할 수 있다. 특히 김혜순(16)이 해당 연구의 결과물 가운데 하나로서 강조하고 있는 다문화주의 및 정책에 대한 유보적 태도는 다문화주의의 규범화에 대한 경계로서 의미를 찾을 수 있다.

"다민족, 다문화사회로의 이행을 위한 정책 패러다임 구축"이라는 대주제로 한국여성정책연구원은 일련의 다문화주의 이론과 관련된 연구를 내놓았다. 장미혜 등(2008, 6)은 "한국의 다문화정책은 다문화주의를 둘러싼 이론적 논쟁이나 충분한 사회적 논의를 통해 모색된 것이 아니라, 그때그때의 정책적 요구와 문제에 대응하여 수립되었다"는 인식에 따라 다문화정책의 패러다임 구축을 모색하고 있다. 논문은 다문화주의의 정의, 서구의 정책 도입 배경, 이론적 쟁점, 한국 다문화 논의 및 문제점, 외국사례 등을 서술하고, 이어 실천적인 정책적 과제를 도출한다. 다문화주의와 관련된 이론적 논의만을 본다면 장미혜 등의 연구는 한국의 다문화 현실에 대한 적절한 문제의식에서 출발하고 있음에도 제한적으로 이론적 쟁점을 정식화하는데 머물고 있는 것으로 보인다. 다문화주의의 정의나 이론적 쟁점, 한국 다문화논의 문제점 등이 대체적으로 몇몇 제한된 연구들을 인용하거나 소개하는 것에 그치고 있기 때문에 연구 자체의 독자성과 완결성에 이르지 못하고 있다.

같은 연구원에서 진행한 동일한 프로젝트의 일환이지만 보다 이론적 접근을 시도하고 있는 것은 최종렬 외의 연구이다. 한국의 다문화정책은 다문화정책의 이름으로 배제와 동화를 실천하고 있다는 비교적 정확한 지적에서 출발하여, 연구는 서구 다문화주의 담론에 대한 논쟁 고찰, 문화개념의 수정에 기초한 다문화주의의 다차원적 요소 제시, 타국 사례 연구, 정책 제언 등의 방대한 내용을 담고 있다. 먼저 그들은 계몽주의적 진보관에 기초한 자유주의적 다문화주의와 대항계몽주의에 기반한 공동체주의적 다문화주의를 구분하고 전자에 대해서는 프레이저(N. Fraser)와 킴릭카, 후자에 대해서는 테일러와 호네트(A. Honneth)를 대당시킨다. 글은 이들이 다른 것 같으면서도 결과적으로 양자 모두 총체적이고 일원론적 문화개념 하에 문화를 물화(reify)시킨다고 비판하고, 지구화 시대 문화는 본질적으로 이동적(탈영토화)이라는 전제 하에 스위들러(A. Swidler)의 문화 개념, 즉 상식차원, 이데올로기 차원, 전통 차원의 문화개념을 차용하여 각각의 다문화주의 도출하고 있다.

최종렬 외의 연구는 '어떤 다문화주의인가'에 대한 질문을 했다는 면에서 긍정적으로 평가할 수 있다. 그러나 다른 연구들과 마찬가지로 '왜 다문화주의인가'에 대한 응답은 생략되어 있다. 논지전개의 측면에서 서구의 다문화주의가 문화를 물화시킨다고 비판하고 있지만 그에 대한 설득력 있는 설명을 결여하고 있다는 것도 지적될 필요가 있다.[10] 만약 이것이 적절하게 해명되지 않으면 그들의 '이론적 패러다임' 도출 자체가 의미를 상실해 버린다. 검토되고 있는 학자들의 연구물이 매우 협소하다는 것도 이러한 회의를 부추긴다. 마지막으로 다문화주의의 유형 구분이 해외의 사례연구에 거의 활용되지 않고 있으며, 한국에의 함의를 도출하는 과정에서도 크게 기여하지 못하고 있다는 한계가 있다. 이러한 문제점은 그들이 다문화주의의 이론적 패러다임 구축이라는 연구의 목적을 달성하는 데까지 도달하지 못했다는 점을 보여주고 있다.

2) 정부정책으로서의 다문화정책

이론적 논의와 별도로 정책적 측면에서 통용되는 다문화담론 또한 살펴볼 필요가 있다. 정부는 2000년대 중반부터 당시 급증하고 있던 결혼이주민에 대한 정책적 대응의 필요성에 따라 다문화정책의 이름으로 다양한 실천을 전개하고 있다. 그 이전의 이주민 관련 정책은 노동력으로서의 관리·통제 전략에 맞추어져 있었고, 이민정책이라고 분류할 수 있는 내용적 면모를 갖추고 있지 못했다. 물론 지금도 결혼이주민을 제외하고는 이민정책으로 규정할 수 있는 정책은 없다. 그럼에도 정부는 인구구성의 다양화가 현실화될 것을 예상하고 법·제도의 정비와 관련 정책 수행을 지속적으로 확대하고 있다.

이러한 노력의 일환으로 정부는 2006년 5월 '외국인정책 기본방향 및 추진체계'를 발표하였고, 2007년에는 법무부 주도하에 '재한외국인처우

---

10) 사실 킴릭카나 테일러 등이 문화를 물화시키고 있다는 지적에는 동의하기 어려운 측면이 있다. 예로 스스로를 '자유주의적 문화주의자'(liberal culturalist)로 규정하는 킴릭카(2004)는 문화를 개인의 행위를 명령하는 생래적인 전통의 집합이 아니라 우리에게 일련의 선택지를 제공하는 환경이자 그 선택에 의미를 부여하는 평가적 범주를 제공하는 것이라고 말한다. 즉 그가 보기에 문화란 '선택의 맥락'(context of choice)이다. 이러한 그의 문화정의를 과연 물화된 것이라고 평가할 수 있을지 의문이다.

기본법'을, 이어 2008년에는 결혼이주민과 그 자녀를 주 지원대상으로 하는 '다문화가족지원법'을 제정하였다. 각 각의 법률의 규정에 따라 정부는 2008년 '제1차 외국인정책 기본계획'과 2010년 '다문화가족지원정책 기본계획'을 5년 단위로 수립, 시행하고 있다. 이 외에도 각 지방자치체는 관련 조례를 제정하여 관할 구역 내 다문화가족지원을 담당하고 있다. 여기에서는 정부주도 다문화정책의 주요 내용을 담고 있는 두 개의 기본계획을 살펴보고자 한다.

먼저 외국인정책 기본계획(8)은 과거 정부의 외국인 관련 정책에 대해 "통제 관리 중심의 정책 기조, 새로운 정책문제에 대한 적시성 있는 대응 미흡, 중장기적 종합적 대응 미흡"이라는 평가를 내리고, 외국 인적자원의 전략적 활용을 위해 '전략적 개방'이 필요함을 역설하고 있다. 또한 "체류외국인 증가로 인해 종래 경험하지 못한 새로운 유형의 정책문제가 발생"하고 있으며, 이에 선제적으로 대응하기 위해 기본계획을 수립하였음을 밝히고 있다. 마지막으로 "부처별로 단기적 필요성에 따라 개별 정책을 추진함으로 인해 외국인에 대한 온정주의 접근 또는 산업수요에 대해 임시방편적으로 대응하였음을 인정하고 중장기적, 종합적 접근이 필요"함을 언급하고 있다. 관련 중점사업은 적극적 개방을 통한 국가경쟁력 강화, 질 높은 사회통합, 질서 있는 이민행정 구현, 외국인 인권옹호 등이다. 이 가운데 다문화정책의 범주로 묶을 수 있는 사업은 질 높은 사회통합과 외국인 인권옹호 부분이다.

외국인정책 기본계획은 방대한 내용을 포함하고 있음에도 위의 언급을 통해 정부의 외국인정책 추진 배경을 비교적 명료하게 인식할 수 있다. 우선 정부의 외국인 정책의 기본 방향은 '외국 인적 자원의 활용'이라는 방편적 의미에서 추진되고 있으며, 인구구성의 다양화에 따른 문제 발생을 미연에 관리하고자 하는 의지를 담고 있다. 다시 말해 정부의 외국인 정책은 우리 사회의 다문화화에 따른 정책환경 변화에 직면하여, 어디로 한국 사회를 이끌고 갈 것인가에 대한 총적인 방향성은 누락한 채, 수단적 의미에서 접근하고 있다고 평가할 수 있다. 또한 예상되는 문제를 예측하고 이에 선제적으로 대응하고자 하는 바는 정부로서 당연한 태도이나, 여기에서 그치고 있는 것은 비판의 여지가 있다. 문제 해결의 방안을 도출하는 것을 기본으로 삼되 그와 동시에 현실변화에 능동적으로 대처할 수 있는 비전을 세우고 그에 걸맞은 정책을 추진해야 하는 것도 정부의 역할이다. 그러나 정부의 정책은 전자에만 매몰되어 있을 뿐, 지구화 시대에 부합하는 국가적 방향과 비전을 설정하고, 실천하는 행위자로서의 위상을 정립하고 있지는 못하다.

다음으로 다문화가족지원 기본계획(1)에서는 "국격제고 및 안정적인 사회통합 차원에서, 기존의 양적 지원에서 벗어나 서비스의 질적 수준을 제고하는 방향으로 다문화가족정책을 체계적으로 재정비"함을 목적으로 ①다문화가족지원정책 추진체계정비, ②국제결혼중개관리 및 입국전 검증시스템 강화, ③결혼이민자 정착지원 및 자립지원강화, ④다문화가족 자녀의 건강한 성장환경 조성, ⑤다문화에 대한 사회적 이해 제고 등의 5대 사업을 기본 축으로 다양한 정책 사업을 시행하고 있다. 기본계획(8-9)은 다문화가족의 급격한 증가를 정책환경의 변화로 내세우는 동시에 언어·문화 차이, 저소득 등으로 가족 내 통합과 사회적 소외 및 자녀의 언어·학습능력 발달 및 사회통합의 어려움, 사회의 글로벌화 확산, 저출산·고령화, 세계화 및 결혼연령인구의 성비 불균형 등으로 다문화가족의 증가추세 지속, 다문화가족의 증가는 저출산·고령화를 억제하고 생산가능인구 증가, 지식기반사회에 필수적인 다양성과 창의성 증가로 국가경쟁력 제고에 기여할 수 있으나, 다문화가족의 사회통합이 지연될 경우 인구의 빈곤화와 인종·계층 간 갈등에 따른 사회경제적 비용 증가가 우려된다고 진단하고 이를 정책 추진 배경으로 제시하고 있다.

다문화가족지원정책 기본계획의 내용을 통해 확인할 수 있는 바는 외국인정책 기본계획과 마찬가지로 저출산·고령화, 생산가능 인구 감소에 대비하고, 성비 불균형 해소 등을 목적으로 하는 수단적 접근방식, 사회통합의 지체에 따른 갈등 비용 증가 우려 등이 정부의 다문화가족 정책의 근간을 이루고 있다는 점이다. 같은 의미에서 다문화가족지원 정책의 한계 또한 위에서 언급한 바와 유사하다고 하겠다.

전반적으로 정부의 다문화정책은 인구와 관련된 한국적 문제의 해결방안으로서 장래 우려되는 사회적 갈등 요소의 관리를 위한 목적에 편중되어 있다. 또한 한국 사회의 소수집단 가운데 특정 부문만을 정책 대상으로 간주하고 있으며, 그로 인해 이들의 빠른 한국사회로의 적응과 통합을 주요 정책 목표로 상정하고 있다. 따라서 이주민들의 차별받지 않을 권리, 동등한 대우를 받을 권리, 문화적 권리, 시민적 권리 등에 대한 고려가 누락되어 있을 뿐만 아니라 소수집단의 문화와 정체성의 존중, 차이 간의 소통과 대화 및 교류를 통한 새로운 정체성 지향 등 다문화주의가 추구하는 가치가 차지할 수 있는 공간은 매우 협소하다.

4. 담론 지형 분석

지금까지의 국내의 다문화 관련 연구와 정부정책 등에 대한 검토를 통해 국내 다문화 담론은 몇 가지로 정식화할 수 있을 듯하다. 다문화 담론이 유통되고 소비되는 지형은 몇몇 이론적 연구에 대한 검토나 정부정책의 특징적인 모습으로 갈음할 수는 없다. 그 외에도 다양한 학문분과에서 다문화에 대한 연구 및 접근방식, 한국인의 다문화 인식, 소수문화집단의 평가 및 인식, 국외자의 시각 등 보다 확대된 분석의 준거가 있어야 할 것이다. 그러나 이 모든 것을 하나의 연구에 담는다는 것은 불가능하며, 또 반드시 모든 요소들을 고려해야만 현실에 대한 정확한 평가가 가능하다고 할 수도 없다. 비록 담론 지형 분석을 위해 고려할

수 있는 전체를 검토한 것은 아니지만 아래에 제시된 한국의 담론 지형
은 불완전하게나마 다문화 담론의 현실을 보여주고 있다.

1) 철학의 빈곤과 담론의 과잉

한국적 다문화주의를 모색하기 위한 시도가 다양한 분야에서 이루어
지고는 있으나 여전히 우리 사회의 다문화주의 담론 지형은 이론적, 철
학적 논의가 빈곤한 가운데, 관련 연구와 정책이 쏟아지고 있는 일종의
'담론 과잉'의 불균형을 보이고 있다. 정부가 다문화정책을 본격적으로
추진한 이래 관련 연구의 양적 급증은 물론 정부 부처의 사업 또한 중
복이 문제가 될 정도로 광범위한 정책이 시행되고 있다.

먼저 한국의 다문화주의는 '왜 다문화주의인가'라는 철학적이고 성찰
적인 고민이 현저히 부족한 상태에 머물러 있다고 평가할 수 있다. 물론
위에서 제시한 대로 정부는 다문화정책의 추진배경에 대해 이러 저러한
근거를 제시하고 있기는 하다. 즉 한국 사회의 인구구성의 다변화, 소수
집단의 사회통합 지체, 저출산·고령화에 따른 생산가능인구 감소, 성비
불균형에 따른 사회적 문제 등이 정부의 정책 추진 배경으로 제시되고
있다. 그러나 이는 즉자적인 문제 해결을 위한 고민을 담고 있을 뿐, 견
고한 단일민족의식을 지니고 있는 한국 사회에 대한 근본적인 성찰과는
거리가 멀다. 또한 정부정책의 부족한 부분을 채워줄 수 있는 다문화주
의에 관한 이론적 연구도 상당히 부족한 현실이다.

철학적 논의가 많지 않은 이유는 현재 정부가 수행 중인 다문화정책
이 정책의 이론적 기반을 크게 필요로 하지 않기 때문인 것으로 보인다.
정부를 비롯한 한국 사회는 우리 사회가 인구 다양성을 강제하는 많은
요인이 있고 인구 구성의 다양성이 가까운 시일 내에 서구에서와 같은
심각한 사회갈등 요소로 대두될 수 있음을 우려하고 있다. 이러한 걱정

에 대한 대응으로서 '다문화정책'을 시행하고는 있으나 실은 결혼이주민의 한국 사회로의 동화와 통합에 정책 목표를 두고 있기 때문에 정책을 추진하는 과정에서 이론적 토대의 필요성은 그만큼 낮아진다. 동화정책 자체의 정당성과 실효성에 대한 문제의식을 갖지 않는다면 동화정책을 정당화하는 논리를 따로 제시할 필요는 없다.

또한 정부는 다문화정책의 유일한 대상인 결혼이주민 가족에 대한 시혜성 정책의 정당성을 그들이 사회적 약자이자 사회적 돌봄이 필요한 계층으로 표상함으로써 구가하고 있다. 사회적 취약 계층을 지원하는 온정적 시혜정책에 대한 추가적인 정당성 주장은 큰 의미를 가질 수 없다. 이러한 이유로 현 한국의 다문화정책은 사회적 비판과 논쟁의 대상이 되지 못하고 있으며 일종의 규범과도 같은 위상을 차지하고 있다.

한국의 다문화정책이 논쟁의 대상이 되지 않는 또 다른 이유는 그것이 표방하는 바와는 달리 동화정책을 주 내용으로 하고 있기 때문이다.[11] 달리 말해 정부가 주도하고 있는 다문화정책은 우리 사회의 단일민족 정서에 본격적인 도전을 제기하지 않고 있다는 의미와 같다. 만일 정부의 다문화정책이 한국민의 단일민족 정서에 위협을 가할 정도의 수준에 이른다면 다문화정책 자체가 심각한 논쟁의 대상으로 부각될 가능성을 배제할 수 없지만 현재까지는 그러한 가능성이 낮아 보인다.

결론적으로 한국의 다문화정책은 인구구성의 다양화와 이로부터 발생할 수 있는 문제에 대한 우려에 따라 즉자적으로 도출된 정책이며, '왜 다문화주의인가,' '어떤 다문화주의인가'라는 질문이 생략된 채로 과도할 정도로 다양한 정책이 산출되고 있는 상황으로 규정할 수 있다.

'왜'라는 질문은 다문화화가 급속히 확산되고 있는 현실에 대한 대응으로서 다문화주의를 채택하는 정당성에 대한 물음이다. 여기에는 우리 사회가 다문화주의를 왜 선택해야 하는지, 그를 통해 어떠한 사회를 지

---

11) 이에 대해서는 다음 절에서 보다 상세히 다루었다.

향하는지, 기존의 단일민족의식은 왜 수정되어야 하며, 수정을 통해 궁극적으로 어떤 사회에 도달할 것인지에 대한 질문이 포함된다. '어떤'에 대한 물음은 수많은 형태의 다문화주의 가운데 어떠한 다문화주의를 선택할 것인지에 대한 질문에 다름 아니다. 이는 우리 사회가 다문화주의가 지향하는 문화적 차이의 공존과 인정, 타자에 대한 관용 및 문화적·시민적 권리의 허용, 문화적 차이와 다양성을 인정하면서도 역동적인 통합력의 유지를 위해 어떠한 다문화정책을 구현할 것인가에 대한 대답을 요구한다. 그러나 한국 정부의 다문화정책은 이러한 근본적인 철학적 물음에 대답할 준비가 되어 있지 않다. 철학적 근거에 대한 경시는 역설적으로 한국의 다문화정책과 담론이 과잉으로 흐를 수 있는 조건을 형성한다. 왜냐하면 정책의 정당성과 궁극적인 지향이 모호하다면 이주민과 관련된 그 어떤 정책도 다문화주의의 이름으로 시행할 수 있기 때문이다.

학계에서의 다문화주의에 관한 이론적 연구는 한국적 다문화주의 모색을 목적으로 여러모로 시도되고는 있으나 여전히 양적, 질적으로 부족할 뿐만 아니라 정부의 정책수요에 부응하기 위한 정책논문이 다수를 차지하고 있다. 이러한 의미에서 아카데미의 다문화주의 연구 또한 '철학의 빈곤과 담론의 과잉'이라는 비판으로부터 자유롭지 못하다.

2) '수사'로서의 다문화정책

한국의 다문화정책은 본 뜻 그대로의 다문화정책이라기보다는 동화정책을 달리 표현하는 수사에 불과하다. 이렇게 보는 이유에 대해서는 먼저 다문화정책의 근간이 되는 관련법을 살펴봄으로서 확인할 수 있다. 정부가 추진하는 다문화정책의 총아라고 할 수 있는 다문화가족지원법은 법의 목적과 지향이 동화정책의 그것과 크게 다르지 않다(이용승

2010b, 128). 2008년 2월 국회 여성가족위원장을 제안자로 한 다문화가
족지원법안은 법안의 제안이유로 "다문화가족의 구성원이 우리 사회의
구성원으로서 순조롭게 통합되고 안정적인 가족생활을 영위할 수 있도
록 다문화가족에 대한 지원정책의 제도적인 틀을 마련"하기 위한 것으
로 제시하고 있다. 다문화가족지원법의 목적 또한 "다문화가족 구성원
이 안정적인 가족생활을 영위할 수 있도록 함으로써 이들의 삶의 질 향
상과 사회통합에 이바지함을 목적으로 한다."[12]고 규정하고 있다. 법안
의 제안이유와 목적 등을 볼 때, 동 법은 국제결혼을 원인으로 한 이주
민과 그 자녀에 대한 한국 사회로의 통합을 지향하고 있고, 이는 동화정
책이 지향하는 목표와 일치한다.

　법률안을 통해 읽을 수 있는 또 다른 측면은 다문화정책의 대상을 한
국 사회를 구성하는 소수자 가운데 일부만을 포괄하고 있기에 결과적으
로 정부가 표방하는 다문화정책이 동화정책으로 귀결되는 효과를 낳는
다는 점이다. 이선옥은 정부 주도의 다문화주의가 여성결혼이민자와 그
자녀만을 대상으로 할 뿐, 이주노동자와 그 자녀는 배제하고 있는 현실
을 지적하면서 "관주도형 다문화주의가 문화를 표방하고 있으나 결국은
이주민의 관리·동원·통합·배제의 수단이라는 점에서 반문화에 가깝다"
(이선옥, 2007, 101)고 비판한다. 한걸음 더 나아가 김현미(2008, 58~59)
는 "이주자들에게 '한국식'으로의 동화 또는 무권력, 침묵 이외에는 선
택할 것이 주어지지 않은" 상황에서 "다문화주의의 이상이 정부에 의해
'차용'됨으로써 다문화주의가 여성결혼이민자와 그의 가족을 '관리'하는
정책으로 변질되었다"고 지적한다. 설동훈 또한 서류미비 노동자, 유학
생, 북한 이탈주민 등을 정책대상으로 하지 않는 "다문화는 수사에 불
과하다"라고 비판하고 있다. 이선옥과 김현미의 논의를 인용하면서 최
종렬(2010, 262) 또한 "한국정부의 다문화정책은 실제로는 순혈주의적

---

12) 출처 : 다문화가족지원법 제10534호 2011. 04. 04 일부개정.

이고 가부장적인 동화정책"이라고 규정하고 있다. 이러한 비판은 대개 정부의 다문화정책이 합법적 결혼이주민과 그 자녀를 주요한 대상으로 하고 있는 것에서 그 원인을 찾을 수 있다.

정부의 다문화정책을 동화정책과 유사하다고 지적하는 것은 두 가지 비판에 직면할 수 있다. 첫째는 과연 정부의 다문화정책을 동화정책으로 규정할 수 있는가하는 점이다. 동화정책이라고 명명하기 위해서는 정책의 대상자들에게 한민족의 고유한 문화를 습득하도록 권장하고, 주류에 동화되도록 요구해야 하는데 정부가 그것을 지향하고 있는가에 대한 물음이다. 두 번째는 동화정책이 그 자체로 잘못된 정책이라고 할 수 있는가하는 점이다.

첫 번째 제기될 수 있는 비판에 대해서는 위에서 언급한 많은 연구자들이 이미 지적한 바 있고, 정부 간행 문서(박종보·조용만 2006)로서도 확인할 수 있다.13) 해당 글은 "우리 실정에서는 전면적 다문화주의 정책을 실시하는 것은 너무 성급한 조치이고, 동화주의 정책을 기본으로 하되 다문화주의의 요소를 가미하는 것이 필요하다"(13)고 언급하고 있으며, 이 원칙은 모든 법조문을 만드는 과정에서 반복적으로 언급되고 있다. 또한 정부가 실천하고 있는 다문화정책 내용의 대다수가 협소화된 정책 대상을 한국사회로 적응 및 통합시키는 것을 주요한 목표로 제시하고 있다는 점은 긴 설명을 요하지 않는다.

두 번째 비판, 즉 동화정책이 선험적으로 문제적인가에 대한 비판은 동화정책이 이주민 통합정책으로서 유의미성을 가질 수 있다는 전제를 가진다. 그러나 과거 이민국을 비롯한 이주민을 다수 포함한 국가들에서 동화정책은 그 효용의 한계를 드러내었고, 다문화주의의 등장 자체

---

13) 박종보·조용만의 연구는 비록 정부의 연구용역 과제였으나, 당시 여성가족부가 다문화가족지원법을 만들기 위한 목적으로 발주한 연구용역으로서, 내용의 상당부분이 법조문에 반영되었고, 여성가족부의 명의로 발표되었으므로 정부의 입장을 담은 문서로 보아도 무리가 없다.

가 그러한 현실을 지시한다. 동화정책이 애초 목표한 바와 달리 소수문화의 생명력은 동화정책의 실효성에 의문을 제기하는 계기가 되었고, 시민권 개념의 확대를 가져 온 민주주의의 심화는 더 이상 동화정책이 과거와 같은 방식으로 지속될 수 없도록 하였다. 동화정책은 "근래 지성적 죄악(intellectual sins)으로 간주된다"(Alba & Nee 1997, 827)는 언급이나, "동화와 배제를 축으로 하는 과거 모델은 죽었다"(Kymlicka, 2003, 8)라는 지적은 한국이 다문화정책의 외피를 두르고 동화정책을 추진하는 현실을 왜 수정할 필요가 있는지에 대한 대답이라고 할 수 있다.

결론적으로 한국의 다문화주의는 이주민을 우리 사회를 구성하는 한 주체로 인정하기보다는 관리와 배제의 대상으로 간주하고 관리의 대상에 대해서는 다문화정책이라는 전도된 수사를 동원하여 동화정책을 수행하고 있다.14) 다문화주의가 가정하는 이주민의 구성원권, 차이의 권리, 평등의 권리, 문화를 향유할 수 있는 권리, 시민적 권리 등에 대한 깊은 성찰과 다양성의 고양과 차이에 대한 인정에 대한 고려는 찾아보기 어렵고, 단지 통합의 지체에 대한 우려에 따른 문제 해결적 관점만이 통용되고 있는 것이 한국의 다문화주의 담론 지형이라고 평가할 수 있겠다.

5. 결론

한국의 다문화 담론 지형을 변화시키기 위해서는 먼저 이론적 연구15)가 활성화될 필요가 있다. 첫 번째로 들 수 있는 이론적 연구의 주

---

14) 많은 비판에도 불구하고 정부가 이러한 지적에 크게 개의치 않는 태도를 보이는 것은 아마도 정부도 이러한 한계를 잘 알고 있기 때문인 것으로 추측된다.
15) 이론적 연구는 서구에서 다문화주의를 둘러싼 이론 진영 간 논쟁, 한국맥락에의 적용 가능성 모색, 다문화정책 도입국에서의 그것의 진퇴, 그에 대한 현실적, 이론적 배경, 다문화국가에서 다문화를 둘러싼 담론 투쟁, 다문화주의

제로는 우리보다 앞선 경험을 가진 서구의 다문화주의와 정책에 대한 분석이다. 다만 서구의 경험에 관한 연구는 한국의 '맥락적 특수성'을 염두에 두고 진행될 필요가 있다. 지구화시대 인구의 이동에 따른 문제는 전 세계적으로 동시적인 문제이고, 어떠한 국가도 이질성의 증대에 따른 문제와 갈등을 극복하고 사회통합을 성공적으로 성취했다고 말할 수 없다. 그렇기 때문에 서구의 이론 및 경험에 대한 분석은 한국의 특수성을 고려하는 가운데 한국적 함의를 도출하는 텍스트로서 활용될 필요가 있다.

다음으로는 현재의 시점에서 비교적 안정적인 보편성과 규범성을 획득한 개인의 자유와 인권, 평등, 민주주의, 공공선 등의 견지에서 다문화주의를 논의할 필요가 있다. 이는 서구의 논의에 국한되지 않으며 앞선 경험을 연구함으로써 궁극적으로는 한국적 현실에 부합하는 다문화주의를 모색하는 데도 필수적인 과정이다.

다문화주의에 대한 이론적 탐구를 활성화하기 위해 사전적으로 연구되어야 하는 분야가 있다. 문화, 정체성 등이 개인의 자유와 자율성, 공동체의 존속과 어떤 관계를 갖는지에 대한 연구가 그것이다. 이미 문화의 정의, 문화와 정체성의 관계 등에 대한 개별적인 연구가 많이 있기는 하지만, 이를 다문화주의와 연결시킨 연구는 아직까지 거의 없다.[16]

이러한 이론적 연구의 궁극적 과제는 다문화주의란 무엇이며, 어떻게 정당화할 수 있는가에 대한 대답을 구하는 과정이다. 좁커(C. Joppke 2004, 239~240)의 말대로 다문화사회로의 진전이 곧 다문화주의를 정당화하는 것은 아니다.[17] 다시 말해 다문화주의를 주장하기 위해서는 다

에 대한 대안담론에 대한 검토 등이 중요한 주제가 될 수 있다. 덧붙여 개인의 자유와 인권, 민주주의, 공공선 등의 견지에서 다문화주의를 논의할 필요도 있다.

16) 이에 대한 시론적 연구는 천선영(2004), 이용승(2010a) 참조.

17) 좁커는 다문화적 현실에 대한 '묘사'가 곧바로 정책적 '처방'으로 연결되는 것에 대해 비판한다.

문화주의에 대한 유의미한 비판에 대해 대답을 준비해야 한다.

　이론적 연구의 과정은 또한 현실과의 피드백이 전제되어야 한다. 한국은 정책적 수요에 부응하면서 이론을 탐구해야하는 이중 과제를 안고 있다고 할 수 있다. 쉽지 않은 상황이지만 다른 시각에서 보면 이러한 현실은 이론적 연구에서 유리한 국면을 조성하기도 한다. 우리의 경우는 현실과의 상호작용을 통해 이론의 재구성이 가능할 수도 있기 때문이다. 다양한 정책적 실천과 시행착오를 검토하고, 그 내에 관철되고 있는 이념적 요소를 분석의 대상으로 삼는다면 보다 탄탄한 이론적 지반을 형성할 수 있다. 여기에 정책의 시행에 따른 각 주체의 인식변화 등을 추적할 수 있다면 그 효과는 배가될 수 있을 것이다.

　피드백의 과정은 또한 한국적 다문화주의를 모색하는 그것이기도 하다. 한국은 현재 선도적인 다문화주의를 시현하고 있는 이민국가(캐나다, 호주, 미국 등)도 아니고, 과거 식민지 경영의 경험을 가진 국가 또한 아니다. 아시아와 아프리카 등의 신생 독립국가 군에 포함되지만 민주주의의 수준, 다문화의 경험 등에서 큰 차이가 있다.[18] 킴릭카(1995, 196)에 따르면 한국은 아이슬란드와 더불어 비교적 동질적인 문화를 공유하는 국가로 분류된다. 한국이 순혈주의와 단일민족의식이 강하다는 점은 일상의 경험을 통해서도 충분히 검증되는 바다. 이는 달리 말해 다문화주의와 관련하여 한국이 전적으로 참조할 만한 국가가 존재하지 않는다는 의미이다. 현실에 대한 이론적 성찰, 이를 통한 현실의 재구성은 그래서 더욱 중요하다. 현실과 이론의 상호작용은 한국적 다문화주의를 구상하는 핵심적인 방법론이라고 할 수 있다.

　한국사회에서 다문화 담론은 두 가지 의미로 활용된다. 첫째는 우리 사회 내에 외국인 인구가 증가함으로서 인구구성 자체가 변화하는 '다문화화' 현상을 표현하는 의미로서 사용된다. 이 용법은 경험적 사실 내

---

18) 한국의 차별점에 대해서는 오경석(2007, 38~43) 참조.

지는 현실을 지칭한다. 한국은 현재 전체 인구에서 외국인이 차지하는 비율이 약 2.5%에 불과하기 때문에 현상적으로 다문화국가로 분류하기는 어렵다. 그럼에도 인구구성의 변화를 촉진하는 다양한 요인으로 인해 한국사회가 빠르게 다문화사회로 진입할 것이라는 점에서는 크게 이론이 없다. 정부의 다문화정책은 그러한 의미에서 다문화사회를 예비한 선제적 조치로 이해할 수 있는 여지가 있다.

두 번째로 다문화 담론은 다양한 인종, 종족, 종교, 문화가 혼재되어 있는 상황에서 사회적 통합을 달성하고자 하는 이념 내지는 총적 지표로서의 의미를 갖는다. 궁극적인 다문화주의 사회는 소수집단의 단위문화와 주류문화 상호 간의 이해와 존중, 대화와 신뢰를 바탕으로 전체를 관통하는 새로운 다문화적 정체성을 수립하는 것이라고 할 수 있다(이용승, 2007, 28). 두 번째 다문화담론은 수단과 목적의 양가적 측면을 모두 가지고 있다. 즉 다문화사회는 우리 사회가 미래에 이루고자 하는 바람직한 사회상태를 지칭하기도 하지만 그러한 지향을 실천하는데 있어서 다문화주의는 수단으로서의 위상 또한 갖는다.

전자는 하나의 사회적 현상을 지칭하는 개념이기 때문에 특별한 사회적 합의나 이론적 뒷받침을 필요로 하지 않는다. 그러나 두 번째 의미의 다문화 담론은 한국 사회의 지향과 밀접히 연계된 것으로써 보다 엄밀한 검토와 연구를 초청한다. 이는 한국의 '전도된 다문화' 현실을 극복하는 과제와 긴밀히 연결되어 있다. 그러나 본론에서 다룬 바와 같이 아직까지 이에 대해서는 이론적 연구가 매우 부족한 것이 현실이다.

여기서 제기될 수 있는 한 가지 의문은 과연 전도된 다문화 현실은 극복의 대상인가하는 문제제기이다. 학문 혹은 이론은 현실에 대한 객관적 관념화라고 한다면, 한국적 다문화주의를 모색하는 과제는 한국의 다문화 현실을 반영하는 것이 정당하다. 그러나 발생론적 선후관계가 반드시 이론의 틀을 엄격히 제한하는 근거일 수는 없다. 다문화주의가 한국에서 시작된 실천 또는 이론이 아닐 뿐더러, 이론이 다시 현실을 재구성하는 측면 또한 중하게 고려되어야 한다. 따라서 이론이 현실을 반영한다는 한계를 인정하면서도, 이를 극복하는 것 또한 자신의 과제로 상정되어야 할 것으로 본다. 다문화주의에 대한 '이데아'(idea)가 존재하고, 이를 보다 잘 복제할수록 진정한 의미의 다문화주의에 가까운 것이라고 주장될 수는 없다. 그러한 인식은 가치 다양성을 지향하는 다문화주의와도 양립하기 어렵다. 그럼에도 폭넓게 합의 가능한, 그러면서도 잠정적인 다문화주의의 이상을 찾고 이를 구현하기 위한 현실적 노력을 병행하는 것은 필수적인 과정이라고 하겠다.

참고문헌

구견서, 「다문화주의의 이론적 체계」, 『현상과 인식』 90권, 2003.

김남국, 「심의 다문화주의 : 문화적 권리와 문화적 생존」, 『한국정치학회보』 39권 1호.

김비환, 「포스트모던 시대에 있어 합리성, 다문화주의 그리고 정치」, 『사회과학』 35권 1호, 1996.

_____, 『포스트모던 시대의 정치와 문화』, 박영사, 2005.

_____, 「한국사회의 문화적 다양화와 사회 통합 : 다문화주의의 한국적 변용과 시민권 문제」, 『법철학연구』 10권 2호, 2007.

김현미, 「이주자와다문화주의」, 『현대사회와 문화』 26호, 2008.

김혜순, 「한국적 "다문화주의"의 모색 : 세계화 시대 이민의 보편성과 한국의 특수성」; 김혜순 외, 『다문화주의의 한국적 이론화』, 동북아시대위원회, 2007.

김혜순 외, 『다문화주의의 한국적 이론화』, 동북아시대위원회, 2007.

대한민국 국회, 「다문화가족지원법안(대안)」, 2007, http://likms.assembly.go. kr/bill/jsp/main.jsp(검색일: 2011. 10. 20).

박종보·조용만, 『다문화가족지원법 마련을 위한 연구』, 여성가족부, 2006.

설동훈, 「다문화 가족정책의 현황과 과제」, 『월간 복지동향』 138호, 참여연대사회복지위원회, 2010.

신승환, 「문화 다원성의 종교철학적 함의」, 『대동철학』 21권, 2003.

여성가족부·관계부처 합동, 『다문화가족지원정책 기본계획(2010~2012) 2011 년도 시행계획(안)』, 2011.

오경석, 「어떤 다문화주의인가? : 다문화사회 논의에 관한 비판적 조망」; 오경석 외, 『한국에서의 다문화주의』, 한울아카데미, 2007, 21~56쪽.

외국인정책위원회, 『제1차 외국인정책 기본계획(2008~2012)』, 2008.

이선옥, 「한국에서의 이주노동운동과 다문화주의」; 오경석 외, 『한국에서의 다문화주의』, 한울아카데미, 2007.

이용승, 「호주 다문화주의의 역진 (逆進)」, 『민족연구』 30권, 2007.

_____, 「다문화주의의 이론적 검토와 정당화」, 『민족연구』 41권, 2010a.

_____, 「다문화정책에 대한 비판적 검토 : 주체와 제도를 중심으로」, 『민족연구』 44권, 2010b.

장미혜·김효정·정승화, 『다민족, 다문화 사회로의 이행을 위한 정책 패러다임 구축 : 다문화역량 증진을 위한 정책, 사회적 실천현황과 발전방향』, 한국여성정책연구원, 2008.

천선영, 「'다문화사회'담론의 한계와 역설」, 『한독사회과학논총』 14권 2호, 2004.

최종렬, 「비교 관점에서 본 한국의 다문화주의정책」, 『사회이론』 37권, 2010.

최종렬·김정규·임운택·최인영, 『다문화주의의 이론적 패러다임과 국가별 유형비교』, 한국여성정책연구원, 2008.

Alba, Rechard and Victor Nee, "Rethinking assimilation theory for a new era of immigration", *International Migration Review*, Vol. 31, No. 4, 1997.

Battistella, G., "The ups and downs of multiculturalism", 대구가톨릭대학교 다문화연구소 (한·필) 국제학술회의, 경산, 2011. 3. 25.

Heater, D., *What is Citizenship?*, Polity Press., Cambridge, 1999.

Joppke, C., "The retreat of multiculturalism in the liberal state : Theory and policy", *The British Journal of Sociology*, Vol. 55, No. 2, 2004.

Kim, Andre Eungi., "Korean multiculturalism : The genealogy of the concept, shifting meanings, issues and implication", 『아세아연구』 53권 2호, 2010.

Kymlicka, W., *Multucultural Citizenship*. Oxford University Press, New York, 1995.

_____, "Canadian multiculturalism in historical and comparative perspective : Is Canadian unique?", *Constitution Forum*, Vol. 13, 2003.

_____, "Culturally Responsive Policies", Report prepared for the 2004 United Nations Human Development Report, UNDP, 2004, htttp://hdr.undp.org/en/reports/global/hdr2004/papers/hdr2004_will_kymlicka.pdf

(검색일: 2011. 10. 25).

Lee, Hye-Kyung, "International marriage and the state in South Korea : focusing on governmental policy", *Citizenship Studies*, Vol. 12, No. 1, 2008.

대법원 법률종합서비스. http://glaw.scourt.go.kr/jbsonw/jbson.do

한국사회의 다문화가족 관련법에 대한 검토*

손 영 기**

1. 서론

최근 한국사회에서는 외국인 이주의 증가와 함께 유입되는 외국인 유형이 근로자 중심에서 결혼이주여성, 유학생, 난민, 북한이탈주민(새터민) 등으로 다양해지고 있다. 2010년 말, 국내에 체류하고 있는 외국인의 수는 총 1,261,415명[1]으로 총인구 대비로 50명당 1명꼴이다. 또한 외국인과의 혼인은 3만 3천 건으로 2005년 이후 계속 감소하였으나, 총 혼인 중 차지하는 비중은 10.8%를 유지하고 있으며 2010년 말 현재, 결혼이민자가 141,654명[2]에 이르고 있는 것을 보면 우리사회도 이미 다

---

* 이 논문은 2011년 5월 27일 대구가톨릭대학교 다문화연구소 주최 국내학술대회에서 발표된 원고를 수정한 것임.
** 대구가톨릭대학교 다문화연구소 연구교수.
1) 그 중에서 한국 내에 합법적으로 체류하고 있는 외국인은 1,092,900명이고 불법으로 체류하고 있는 외국인은 168,515명이다. 상세한 내용은 출입국 외국인 정책본부(www.immigration.go.kr) 통계자료실 참조.
2) 결혼이민자는 중국(한국계중국인) 출신이 전체 이민자 수의 절반에 조금 미치지 못하나 상당 수 차지하고 있으며 베트남, 일본, 필리핀, 캄보디아, 태국, 몽골, 미국 순이다. 상세한 내용은 출입국 외국인 정책본부(www. immigration.go.kr) 통계자료실 참조.

인종·다문화사회로 나아가고 있음을 알 수 있다.

빠른 경제성장만큼 결혼이주민, 외국인근로자, 유학생 등의 수가 급속하게 증가함으로 인하여 이들에 대한 처우 문제가 사회적으로 대두됨에 따라 2000년대 이후부터는 국가, 학계 그리고 시민단체 등에서 "다문화사회"에 대한 담론이 심화 있게 논의되기 시작하였다.3) 이러한 흐름을 타고 2007년 5월 17일 "재한외국인 처우 기본법"을 제정하였고, 2008년 3월 21일 "다문화가족지원법"이 제정되었으며, 동년 9월 22일부터 시행되고 있다.4) 재한외국인 처우 기본법에서는 재한외국인에 대한 처우 등에 관한 기본적인 사항을 정함으로써 재한외국인이 대한민국 사회에 적응하여 개인의 능력을 충분히 발휘할 수 있도록 하고, 대한민국 국민과

---

3) 조상균·이승우·전진희, 「다문화가정지원법제의 현황」, 『민주주의와 인권』, 제8권 제1호, 전남대학교 5. 18연구소, 2006; 이영주, 「다문화가족지원법에 관한 고찰」, 『법학연구』 제31집, 한국법학회, 2008; 정상우, 「다문화가족 지원에 관한 법체계 개선방안 연구」, 『법학논총』 제26집 제1호, 한양대학교 법학연구소, 2009. 3; 배병호, 「재한외국인 처우 기본법상 사회통합에 관한 연구」, 『성균관법학』 제21권 제1호, 성균관대학교 비교법연구소, 2009. 4; 이승우, 「다문화 가족의 보호와 지원에 관한 법제 소고」, 『가족법연구』 제23권 3호, 한국가족법학회, 2009; 조규범, 「다문화사회를 위한 입법론적 소고」, 『미국헌법연구』 제21권 제1호, 미국헌법학회, 2010. 2; 김종세, 「다문화가족의 의의와 규범적 근거에 관한 소고」, 『법학연구』 제37집, 한국법학회, 2010; 김선택, 「다문화사회와 헌법」, 『헌법학연구』 제16권 제2호, 한국헌법학회, 2010; 이경희, 「다문화가족지원법의 문제점과 개선방향 – 다문화가족의 정의 및 범위를 중심으로」, 『법학논고』 제32집, 경북대학교 법학연구원, 2010; 장선희, 「한국의 다문화가족 관련법제의 현황과 평가」, 『민족연구』 제42집, 한국민족연구원, 2010; 서보건, 「다문화가족통합을 위한 법제 연구 – 한일비교 – 」, 『공법학연구』 제11권 제1호, 한국비교공법학회, 2010년; 양천수, 「다문화시대의 인권법정책」, 『영남법학』 제31호, 영남대학교 법학연구소, 2010.

4) 이러한 법 이외에도 출입국관리법(2011년 4월 5일 일부개정), 국적법(2010년 5월 4일 일부개정), 결혼중개업의 관리에 관한 법률(2007년 12월 14일 제정, 2008년 6월 15일 시행) 등 다문화가족 관련법을 제·개정하는 등 다문화가족의 삶의 질 향상을 위하여 정부는 부단한 노력을 하고 있다.

재한외국인이 서로를 이해하고 존중하는 사회 환경을 만들어 대한민국
의 발전과 사회통합에 이바지함을 목적으로 함과 동시에 다문화가족 구
성원이 안정적인 가족생활을 영위할 수 있도록 각종 지원 및 보호정책의
기반을 마련하였다는 점에서 상당히 의미 있는 법이라고 할 수 있다.

  그럼에도 불구하고 우리사회는 문화적 다양성에 대한 인식이 현저히
낮을 뿐만 아니라 체류하고 있는 외국인에 대한 제도적·심리적 배려가
불충분한 실정이다. 여전히 한국인 중심 사고로 한국사회에 일방적으로
동화될 것을 강요하는 등 여러 문제점을 가지고 있다. 따라서 이미 다문
화사회가 시작되고 있는 우리 사회에서 사회적 갈등의 문제 발생에 대
한 연구와 대응책 마련이 시급하다.

  이에 본 논문은 우리 사회가 보다 성숙된 다문화사회로 나아가기 위한
우선 과제로 현행 다문화가족 관련법의 내용과 문제점을 검토하고자 한다.

2. 다문화사회와 다문화가족의 의의

1) 한국의 다문화사회

다문화사회는 다문화주의의5) 정의를 포괄하는 사회이다. 다문화사회

---

5) "다문화주의(multiculturalism)"는 1970년대 전후로 사용되기 시작하였으며
   서구사회에서 급증하는 문화적 및 인종적 다양성을 다루기 위해 등장한 것
   으로 정부가 시행하는 새로운 정책이나 국민통합의 이데올로기 또는 사회운
   동의 목표를 지칭해왔다. 또한 다문화주의는 그 이념 및 정책이 국가나 인
   종·민족등의 거시적인 차원에 국한된 것이 아니라 사회내의 여성, 외국인을
   포함한 소수자가 자신의 권리를 주장하는 것에 정당성을 부여하는 중요한
   기제로 작용한다. 용어로는 다문주의 첫째, 일정사회의 인구구성의 현실이
   라는 사회학적 현상을 둘째, 다문화사회문제에 대한 대응으로서의 국가의
   정책을 셋째, 지향해야 할 이념이나 일련의 규범을 가리킨다고 한다(김선택,

는 사회구조와 제도가 다문화주의를 반영하고 구체화하여야 하며 사회
구성원들이 다양한 민족과 문화가 공존하는 사회임을 인정하는 사회라
고 할 수 있다.6) 또한 다인종사회, 다민족사회라고도 일컫는다. 인구비
율상 몇 %로 정도이어야 다문화사회다 라는 정설은 없으나, 현재 한국
사회에 체류하고 있는 외국인 비율이 2%를 초과하고 그 증가 추세를
보았을 때 이미 우리사회는 다문화사회가 시작되었다는 것이 일반적인
견해이다. 따라서 사회학 등 다른 학문영역에서는 단순한 사회적 현상
이 아니라 일정하게 지향해야할 가치를 담고 있는 용어로서 다문화사회
가 주목을 받고 있다.

사회학 등 다른 학문에서는 다문화사회에 대한 개념의 정의가 매우
다양한데 이들을 종합하면 대체로 "시민 또는 국민으로서 누릴 수 있는
사회·경제·정치·문화적 권리를 취득하고 향유하는데 개인의 인종과 민
족이 차별의 근거가 되지 않는 사회"라고 규정한다. 이러한 개념 규정
을 통해 이주 배경을 가진 사람들이 국적이나 인종, 민족에 관계없이 협
의의 의미에서 문화적 향유권, 광의의 의미에서 인권 전반을 향유하게
되는 권리이다. 이러한 내용을 토대로 다문화사회의 개념을 규범적으로
발전시킨다면 "국적·민족·인종 등이 다른 사람들이 서로의 문화적 차이
를 인정하고 상호존중의 관계를 구축하면서 사회의 구성원으로 더불어
살아가는 사회"로 규정할 수 있을 것이다.7) 따라서 규범적 차원에서 다
문화사회는 사회공동체의 일정한 공감대 형성을 필요로 하며 서로간의
문화적 차이를 어떻게 또는 어느 정도까지 인정할 것인지 국가 정책적
측면에 있어서 국민적 합의가 필요한 부분도 있다.8)

「다문화사회와 헌법」, 『헌법학연구』 제16권 제2호, 한국헌법학회, 2010, 각
   주 2) 참조).
6) 조규범, 「다문화사회를 위한 입법론적 소고」, 『미국헌법연구』 제21권 제1호,
   미국헌법학회, 2010, 349쪽.
7) 정상우, 「다문화가족 지원에 관한 법체계 개선방안 연구」, 『법학논총』 제26
   집 제1호, 한양대학교 법학연구소, 2009, 486쪽.

이에 따라 2000년대 초반 이후부터 사회 각 영역에서 이주민의 증가와 가시화가 본격화되면서 국가, 학계, 언론매체 등을 중심으로 한국사회에서 다문화사회로의 이행에 관한 담론과 연구가 다양한 방향으로 전개되고 있다. 최근의 비교적 짧은 시간에 불어 닥친 "다문화열풍"에 대하여 비판적 견해가 있지만, 향후 우리 사회의 다문화사회로의 진입속도가 가속화될 것을 고려하여 적절한 대비책을 강구하지 않을 경우 사회적 통합에 큰 장애물이 등장할 우려가 있는 것 또한 주지의 사실이다.

한편 우리나라의 경우 "다문화사회"보다 "다문화가족"이라는 용어가 활발하게 사용된 것은 국가의 정책목표와 정책대상이 명확하게 드러나기 때문으로 보인다. 그간 시민단체의 노력으로 이러한 주제에 대해서는 상당히 부각되어 왔고 일정 영역에 있어서는 법률 제정으로 이어지기도 하였다.9)

용어와 관련하여서 법무부에서는 흔히 외국인 정책이라는 용어를 사용하고 있지만, 실제 학술적 용어로는 이주 정책(immigration policy)이라는 표현으로 많이 사용하고 있다. 이러한 사실은 외국인 정책이 본질적으로는 이민정책과 관련이 깊다는 것을 나타내주고 있다. 그럼에도 불구하고 보건복지가족부(2010년 여성가족부로 개편)에서는 다문화가족이라는 개념을 사용하고 있지만, 이것 또한 단지 정책적 대상을 의미할 뿐 다문화사회 일반의 성격을 나타낼 수는 없다고 보여진다.10)

---

 8) 김종세, 「다문화가족의 의의와 규범적 근거에 관한 소고」, 『법학연구』 제37집, 한국법학회, 2010, 4쪽.
 9) 정상우, 「다문화가족 지원에 관한 법체계 개선방안 연구」, 『법학논총』 제26집 제1호, 한양대학교 법학연구소, 2009, 486쪽.
10) 김종세, 「다문화가족의 의의와 규범적 근거에 관한 소고」, 『법학연구』 제37집, 한국법학회, 2010, 4쪽.

2) 현행 다문화가족 관련법에서의 다문화가족의 개념

현행 다문화가족지원법상 다문화가족의 개념은 첫째, 다문화가족은 "재한외국인 처우 기본법 제2조 제3호의 결혼이민자와 국적법 제2조 규정에 따라 출생 시부터 대한민국 국적을 취득한 자로 이루어진 가족" 둘째, "국적법 제4조에 따라 귀화허가를 받은 자와 동법 제2조에 따라 출생 시부터 대한민국 국적을 취득한 자로 이루어진 가족"을 말한다. 즉 우리 국민과 혼인한 적이 있거나 혼인관계에 있는 재한외국인과 출생 시부터 우리 국적을 취득한 자로 구성된 가족, 그리고 귀화허가를 받은 자와 출생 시부터 우리 국적을 취득한 자로 구성된 가족을 말한다. 다문화가족지원법상의 규정내용을 살펴보면 다문화가족에 대한 지원과 배려가 이 법의 제정 목적이되, 대상 "가족"을 제한적으로 규율하는 태도를 보이고 있는 것을 알 수 있다.[11]

한국 사회에서 "다문화가족"이라는 용어를 사용하게 된 계기는 외국인근로자, 국제결혼이주여성, 유학생 그리고 북한이탈주민(새터민) 등 우리 사회에 새롭게 이주한 가족들을 그 이주경위나 동기여하에 관계없이 폭넓게 수용하고 차별적 관념을 야기 시키지 않도록 하기 위함에도 불구하고, 특별하게 제정된 이 법에서조차 다문화가족에 대한 개념의 범위를 한정하여 정의한 것은 다문화가족지원법 제정취지의 목적에 벗어난 것이라고밖에 볼 수 없다.

따라서 이러한 다문화가족을 지원하기 위한 입법이라면 결혼이주민, 외국인근로자, 새터민, 유학생 등을 포함하여야 하고, 나아가 이주민가족 및 재외동포까지 확대될 수 있도록 그 대상의 범위를 넓혀야 한다는 견해도 있다.[12]

---

11) 장선희, 「한국의 다문화가족 관련법제의 현황과 평가」, 『민족연구』 제42집, 한국민족연구원, 2010, 86쪽.

3. 한국사회의 다문화가족 관련법제의 현황과 검토

1) 헌법적 근거

현행 헌법은 기본권 보장이라는 측면에서 외국인에 대한 명확한 인식을 하고 있다고 보기 어렵다. 기본권에 관한 표제에서부터 "제2장 국민의 권리와 의무"라는 표제를 갖고 있을 뿐만 아니라 개별적 기본권 조항에서도 기본권의 주체를 "국민"으로 명시하고 있다.

그러나 국내에 정주하고 있는 외국인에게 일정한 범위의 기본권에 대하여 기본권의 주체가 되어야 한다는 것이 다수의 견해이다. 또한 헌법이 추구하고자 하는 가치는 그 성질상 인간의 권리와 국민의 권리로 분류되며 인간의 권리에 속하는 기본권은 외국인에게도 보장되어야 한다거나, 외국인도 한국 사회에 동화시키는데 필요한 범위 안에서 기본권의 주체가 될 수 있는 점에서 근거한다.13) 예컨대, 외국인이 국내에 입국하여 우리 사회에서 정주하고 있는 이상 한국 법의 적용을 받기 때문에 기본권 중에 국적과 관련성이 없는 인간의 권리는 외국인에게 인정되어야 한다고 보아야 할 것이다. 헌법재판소 또한 "국민과 유사한 지위에 있는 외국인은 원칙적으로 기본권의 주체가 될 수 있다. 청구인들이 침해되었다고 주장하는 인간의 존엄과 가치, 행복추구권은 대체로 인간의 권리로서 외국인도 주체가 될 수 있다고 보아야 하고, 평등권도 인간의 권리로서 참정권 등에 대한 성질상의 제한 및 상호주의에 따른 제한이 있을 수 있을 뿐이다."라고 판시한 바 있다.14)

---

12) 이경희, 「다문화가족지원법의 문제점과 개선방향 ─ 다문화가족의 정의 및 범위를 중심으로」, 『법학논고』 제32집, 경북대학교 법학연구원, 2010, 512쪽.

13) 정상우, 「다문화가족 지원에 관한 법체계 개선방안 연구」, 『법학논총』 제26집 제1호, 한양대학교 법학연구소, 2009, 490쪽.

다만 외국인의 경우 우리나라의 국익과 관련하여 내국인보다 더 많은
제한을 가할 수 있다.[15] 반면에 헌법상 기본권은 아니라 하더라도 법률
에 의해서 입법정책적으로 특정한 권리를 인정할 수도 있다.[16]

우리 헌법은 제36조 제1항에서 "혼인과 가족생활은 개인의 존엄과
양성의 평등을 기초로 성립되고 유지되어야하며, 국가는 이를 보장한
다."라고 규정하고 있다. 이는 개인의 존엄과 양성의 평등을 기초로 성
립되고 유지되는 문명사회의 혼인제도와 가족제도를 보장하고 있을 뿐
만 아니라, 혼인의 성립 유지 및 가족의 형성·유지와 관련된 자유와 권
리를 보장하는 것이기도 하다.[17] 헌법재판소 판결에서는 "헌법 제36조
제1항은 혼인과 가족에 관련된 공법 및 사법의 모든 영역에 영향을 미
치는 헌법원리 내지 원칙규범으로서의 성격도 가지는데, 이는 적극적으
로는 적절한 조치를 통해서 혼인과 가족을 지원하고 제3자에 의한 침해
앞에서 혼인과 가족을 보호해야 할 국가의 과제를 포함하며, 소극적으
로는 불이익을 야기하는 제한조치를 통해서 혼인과 가족을 차별하는 것
을 금지해야 할 국가의 의무를 포함한다."라고 하였다.[18] 그러나 국가가
보장해야 하는 혼인과 가족제도 안에 다문화가족도 포함되는지가 문제
가 될 수 있으나, 점차 증가하고 있는 다문화가족의 비율과 인권적 차원
의 논의를 바탕으로 본다면, 다문화가족 또한 우리 헌법이 보호하는 테
두리 안에 있다고 보아야 할 것이다.[19]

---

14) 헌법재판소 결정 2001. 11. 29. 99헌마494 ; 헌법재판소 결정 1994. 12. 29.
   93헌마120.
15) 정상우, 「다문화가족 지원에 관한 법체계 개선방안 연구」, 『법학논총』 제
   26집 제1호, 한양대학교 법학연구소, 2009, 490쪽.
16) 정종섭, 『헌법학원론』, 박영사, 2008, 282~284쪽.
17) 정상우, 「다문화가족 지원에 관한 법체계 개선방안 연구」, 『법학논총』 제
   26집 제1호, 한양대학교 법학연구소, 2009, 490쪽.
18) 헌법재판소 판결 2002. 8. 29. 2001헌바82.
19) 장선희, 「한국의 다문화가족 관련법제의 현황과 평가」, 『민족연구』 제42집,
   한국민족연구원, 2010, 85쪽.

2) 재한외국인 처우 기본법

(1) 입법배경과 주요내용

최근 우리 사회는 세계 최저수준의 출산율 및 인구의 고령화 등으로 인한 경제활동의 감소, 이에 따른 외국노동력 수요의 증가와 현재 국제결혼 건수가 2005년 이후부터 다소 감소하였으나 총 결혼건수의 10.8%를 차지하고 있는 등 국내 체류외국인의 수가 지속적으로 증가하고, 외국인의 국내체류 유형 또한 결혼이주여성, 외국인근로자, 유학생, 새터민, 난민, 외국국적동포 등으로 다양하게 변화됨에 따라, 정책 환경의 급격한 변화에 능동적으로 대응할 필요성이 생겼다. 또한 그 동안 정부 각 부처가 개별적·단편적으로 외국인 관련 정책을 추진함에 따라 정책의 충돌·중복·부재 등의 부작용이 발생하였는데 이를 방지하기 위해서 범정부차원에서 종합적·체계적으로 외국인 정책에 관한 계획을 수립 및 추진하여야 한다는 필요성이 제기되었다. 따라서 본 법은 우리사회에 정착한 외국인의 법적 지위 및 처우 등에 관한 기본적인 사항을 정하고, 재한외국인이 우리 사회에 적응하여 행복한 삶을 유지하는데 기여하고, 대한민국 국민과 재한외국인이 서로를 이해하고 존중하는 사회 환경을 조성하여 대한민국 발전과 사회통합에 이바지하기 위함 목적으로 제정되었다는 사실만으로도 우리사회의 다문화대응에 발전적인 변화가 일어나고 있다고 볼 수 있다.[20]

본 법은 제1장 "총칙", 제2장 "외국인정책의 수립 및 추진체계", 제3장 "재한외국인 등의 처우", 제4장 "국민과 재한외국인이 더불어 살아가는 환경 조성", 제5장 "보칙"의 총 5장 23개 조문으로 구성되어 있다. 재한외국인 처우 기본법 제2조에서는 이 법의 적용대상인 재한외국인에

---

20) 장선희, 「한국의 다문화가족 관련법제의 현황과 평가」, 『민족연구』 제42집, 한국민족연구원, 2010, 92쪽.

관해서 정의하고 있고 여기에 결혼이민자를 포함하고 있으므로 결혼이
민자는 이 법의 적용을 받는다.

(2) 검토내용

① 기본적 시각의 부재

재한외국인 처우 기본법 제1조에서는 "재한외국인에 대한 처우 등에
관한 기본적인 사항을 정함으로써 재한외국인이 대한민국 사회에 적응
하여 개인의 능력을 충분히 발휘할 수 있도록 하고, 대한민국 국민과 재
한외국인이 서로를 이해하고 존중하는 사회 환경을 만들어 대한민국의
발전과 사회통합에 이바지함을 목적으로 한다."는 책임의식을 부여하고
있다. 또한 제11조에서는 "국가 및 지방자치단체는 재한외국인이 대한
민국에서 생활하는 데 필요한 기본적 소양과 지식에 관한 교육·정보제
공 및 상담 등의 지원을 할 수 있다." 따라서 이 법의 주된 시각은 "동
화"라는 점이다. 이러한 점이 개선되어야 한다고 본다. 더욱이 이 법은
재한외국인의 처우를 위한 정부의 기본방향을 정하는 기본법으로 위치
를 갖기 때문에, 향후에 제·개정될 후속법의 주된 시각을 교정하는 역
할을 담당하여야 한다는 점에서 그 기본적 시각의 정립은 중요하다 하
겠다.21)

② 적용대상

"재한외국인 처우 기본법"은 그 적용대상으로서 재한외국인을 합법
적 체류자로 한정하고 있는데 그 이유는 이를 불법체류자까지 확대할
경우 사실상 불법체류자의 정주를 공식적으로 인정하는 결과가 되어 외
국인 체류질서 문란, 사회비용 및 갈등 증가 등 심각한 사회 문제를 초

---

21) 조상균·이승우·전진희, 「다문화가정지원법제의 현황」, 『민주주의와 인권』,
　　제8권 제1호, 전남대학교 5. 18연구소, 2006, 155쪽.

래할 우려가 있기 때문인 것으로 추측된다.22)

불법체류자를 법의 보호대상으로 할 것인가의 여부는 국가정책의 중대한 사안이므로 쉽게 고려하여 결론을 낼 문제가 아니다. 이러한 점에서 동법은 국익을 고려하여 그 적용대상을 합법적 체류 외국인에 한정한 것은 일응 타당성이 있다고 할 수 있다.23) 그러나 불법체류자라고 하더라도 여기에는 여러 유형이 있는데, 불법체류 유형에 따른 특수성을 고려하지 않고 일률적으로 불법체류자를 적용대상에서 제외한 것에 대하여는 이론이 있을 수 있다.24) 불법체류자의 유형에는 불법체류 외국인 근로자, 한국인과 결혼 후 국적취득 전에 이혼하여 불법체류자가 된 결혼이민자, 불법체류자로서 한국국민과 사실혼 관계에 있는 자, 불법체류자로서 한국인과의 사이에 자녀를 두고 있는 자 등이 있는바, 적어도 이 중 한국인과의 사이에서 출생한 자녀를 혼자 양육하고 있는 경우에는 이 법의 적용대상이 되도록 하는 것이 좋을 것으로 생각한다.25)

따라서 불법체류자 중에도 특별한 보호와 지원이 필요한 대상이 있다는 점을 인정한다면, 사회적 공론화를 통하여 불법체류자에 대한 종합적 정책과 법제가 마련되기 전까지는 개별적·구체적 사안에 따라 일부 불법체류자에 대한 보호 가능성을 열어두는 것이 입법정책적으로 적절하지 않을까 생각한다.26)

---

22) 국회 법제사법위원회 수석전문위원 임인규, 「재한외국인 처우 기본법안 검토
    보고」, 2007. 2, 9쪽.
23) 다만 불법체류자의 경우도 인간으로서의 기본적인 권리는 보호되어야 하므
    로, 이점은 외국인 정책 수립시에(외국인정책의 수립 및 추진체계, 제5조 내
    지 제9조) 고려 되어야 할 것이다(국회 법제사법위원회 수석전문위원 임인
    규, 「재한외국인 처우 기본법안 검토보고」, 2007. 2, 9쪽).
24) 이승우, 「다문화 가족의 보호와 지원에 관한 법제 소고」, 『가족법연구』제23
    권 제3호, 한국가족법학회, 2009, 224쪽.
25) 이정민, 「재한외국인 처우 기본법 및 이주민가족지원법률안에 대한 검토」, 부
    산법조 제25호, 부산지방변호사회, 2008, 52~53쪽.
26) 이정민, 「재한외국인 처우 기본법 및 이주민가족지원법률안에 대한 검토」, 부

③ 주무부처

재한외국인 처우 기본법 제5조에서는 법무부장관이 외국인정책 기본 계획 수립을 총괄하도록 규정하고 있다. 즉 법무부가 외국인의 출입국 및 체류 관리, 국적 부여, 난민 인정 포괄적인 외국인업무를 수행하는 정부기관이라는 점에서 법무부 장관으로 하여금 외국인 정책의 기본방 향을 정하도록 한 것으로 보인다.[27] 그러나 법무부가 체류 외국인에 대 하여 할 수 있는 정책으로서 불법체류자에 대한 강제추방 이외에 취할 수 있는 것은 별로 없다. 장기 체류 외국인에 대한 보호 및 지원 등의 정책은 외국의 경우와 같이 이민청과 같은 별도의 기관을 두어 그곳에 서 관장케 하는 것이 바람직하다고 하겠다.[28]

④ 실효성에 대한 의문

"재한외국인 처우 기본법"의 주요 내용이라고 할 수 있는 제3장 제10 조에서 제17조까지의 규정 내용이 대부분 권고적, 선언적 규정이므로 법의 실효성이 없다고 판단될 뿐만 아니라 이외의 조항에서도 정부 및 지방자치단체의 의무에 대해서 강행규정으로서 차별적 처우의 금지를 정하고 있는 것이 아니라, "- 할 수 있다.", "- 노력하여야 한다." 등으로 규정하고 있어, 조항에 따라 정부 및 지방자치단체가 이러한 정책을 시 행하지 않더라도 아무런 책임을 추궁할 수가 없으므로 법의 실효성에 대한 의문이 제기될 수 있고, 게다가 운영 여하에 따라서는 실효성 없는 장식적 법률로 전락할 우려가 크다고 하겠다.[29]

산법조 제25호, 부산지방변호사회, 2008, 52~53쪽.

27) 이승우, 「다문화 가족의 보호와 지원에 관한 법제 소고」, 『가족법연구』 제23 권 제3호, 한국가족법학회, 2009, 225쪽.

28) 이정민, 「재한외국인 처우 기본법 및 이주민가족지원법률안에 대한 검토」, 부산법조 제25호, 부산지방변호사회, 2008, 53쪽.

29) 이승우, 「다문화 가족의 보호와 지원에 관한 법제 소고」, 『가족법연구』 제23권 제3호, 한국가족법학회, 2009, 각주 24.

⑤ 지원기간의 제한

"재한외국인 처우 기본법" 제12조에서는 국가 및 지방자치단체는 결혼이민자에 대한 국어교육, 대한민국의 제도·문화에 대한 교육, 결혼이민자의 자녀에 대한 보육 및 교육을 지원할 수 있도록 하고 있고, 제15조에서는 이러한 지원의 기간을 국적을 취득한 날부터 3년이 경과하는 날까지로 제한하고 있다. 결혼이주여성의 입장에서 보면 결혼초기에는 언어와 문화 등의 차이로 한국생활에의 적응에 많은 시간이 필요한 만큼, 국적취득 후 3년까지로 제한하고 있는 규정은 타당하지 않다고 생각된다.

3) 다문화가족지원법

(1) 입법배경과 주요내용

2008년 3월 21일 제정되고 2008년 9월 22일부터 시행된 다문화가족지원법은 제1조에서 다문화가족 구성원이 안정적인 가족생활을 영위할 수 있도록 함으로써 이들의 삶의 질 향상과 사회통합에 이바지함을 목적으로 제정되었음을 명시하고 있으며, 제2조에서는 다문화가족에 관하여 재한외국인 처우 기본법 제2조 제3호 결혼이민자와 국적법 제2조에 따라 출생시부터 대한민국 국적을 취득한 자로 이루어진 가족, 또는 국적법 제4조에 따라 귀화허가를 받은 자를 포함한 가족으로 규정하고 있다. 그리고 제3조에서는 다문화가족의 삶의 질 향상을 위한 국가의 책무 규정을 두었다. 이에 따라 제4조에서는 다문화가족 지원을 위한 정책수립에 활용하기 위하여 3년마다 실태조사를 실시하고 있으며, 제7조부터 제12조에서는 다문화가족 구성원이 안정적인 가족생활을 영위할 수 있도록 평등한 가족관계를 유지하기 위한 조치를 지며(제7조), 또한 가정폭력 피해자에 대한 보호·지원(제8조) 및 산전·산후 건강관리 지원

(제9조), 아동의 보육 및 교육(제10조) 그리고 제12조에서는 다문화가족 지원 정책의 시행을 위하여 필요한 경우에는 다문화가족지원센터를 지 정할 수 있도록 하는 등 국가 및 지방자치단체의 지원대책이 수립 되어 있다. 그리고 제14조에서는 대한민국 국민과 사실혼 관계에서 출생한 자녀를 양육하고 있는 결혼이민자 및 그 자녀에 대하여 국가 및 지방자 치단체에서는 같은 지원을 할 수 있도록 규정을 두고 있다.

(2) 검토내용

① 적용대상의 범위가 협소

"다문화가족지원법"에 의해 지원되는 대상의 범위가 매우 협소하다 는 점이다.

"다문화가족지원법"의 적용대상이 되는 자는 "재한외국인 처우 기본 법"상의 결혼이민자이다. 이 법 제2조 제3호의 "결혼이민자 등"이란 다 문화가족 구성원으로서 첫째, 재한외국인 처우 기본법 제2조 제3호의 결혼이민자, "국적법" 제4조에 따라 귀화허가를 받은 자를 말한다(다문 화가족지원법 제2조 제2호). 이러한 결혼이민자와 국적법 제2조[30])에 의 거하여 생래적으로 출생시부터 대한민국의 국적을 취득한 자가 결혼하 는 경우, 즉 외국인과 생래적 내국인이 결혼하는 경우와 아울러 국적법 제4조에 따라 귀화허가를 받은 자와 같은 법 제2조에 따라 출생시부터 대한민국 국적을 취득한 자로 이루어진 가족만이 이 법의 지원 및 보호 를 받을 수 있는 가족이라고 규정하고 있다.

따라서 외국인 근로자 부부와 그 자녀, 외국인 유학생과 그 동반가족,

---

30) 국적법 제2조(출생에 의한 국적 취득) ① 다음 각 호의 어느 하나에 해당하 는 자는 출생과 동시에 대한민국 국적을 취득한다. 1. 출생 당시에 부 또는 모가 대한민국의 국민인 자 2. 출생하기 전에 부가 사망한 경우에는 그 사망 당시에 부가 대한민국의 국민이었던 자 3. 부모가 모두 분명하지 아니한 경 우나 국적이 없는 경우에는 대한민국에서 출생한 자 ② 대한민국에서 발견 된 기아는 대한민국에서 출생한 것으로 추정한다.

새터민 가족 등은 이 법의 지원 및 보호 대상에서 제외된다는 것이다.

"다문화가족지원법"이 "다문화가족" 전체에 대한 국가적 보호와 발전을 위한 것이고, 다문화가족 구성원이 안정적인 가족생활을 영위하도록 함으로써 이들의 삶의 질을 향상시키고 사회통합에 이바지하기 위해서는 다문화가족지원법의 적용대상을 현재와 같이 협소하게 규정할 것이 아니라 좀 더 포괄적으로 규정함으로써 이 법이 다문화가족에 대한 실질적인 지원을 규정하는 기본법이 되도록 하여야 할 것이라고 생각된다.[31]

② 실효성에 대한 의문

다문화가족지원법의 법률의 내용이 지나치게 임의규정 위주로 구성되어 있다는 점이다. 즉, 이 법 제3조 제1항에서는 국가와 지방자치단체는 다문화가족 구성원이 안정적인 가족생활을 영위할 수 있도록 필요한 제도와 여건을 조성하고 이를 위한 시책을 수립·시행하여야 한다는 시책 수립 및 시행의무를 규정하고 있으며, 제4조 제1항에서는 보건복지가족부장관은 다문화가족의 현황 및 실태를 파악하고 다문화가족 지원을 위한 정책수립에 활용하기 위하여 3년마다 다문화가족에 대한 실태조사를 실시하고 그 결과를 공표하여야 한다는 실태조사의무 규정을 두고 있다.

그 외의 다문화가족지원 조항에서는 거의 모든 행위들이 "~실시할 수 있다."는 등의 입법형식으로 임의규정으로 되어있다.

이는 아마도 국가와 지방자치단체의 재정상태에 비추어 다문화가족을 지원하기 위한 행위가 충분히 이루어지지 않았을 경우 법적 책임을 염려한 입법인 듯하다. 하지만 그럼에도 불구하고 다문화가족지원법상에 규정된 다양한 국가의 행위들이 모두 임의규정으로 입법되어 있는

---

31) 권영호·지성우·강현철, 「사회통합을 위한 다문화가정 관련법에 대한 입법평가 － "다문화가족지원법"에 대한 입법평가를 중심으로 － 」, 한국법제연구원, 2009, 148쪽.

것은 타당하지 못하다. 따라서 향후 이러한 임의규정들을 되도록 강제
규정화하는 것이 필요하다고 판단된다.[32]

4) 결혼 중개업의 관리에 관한 법률[33]

(1) 입법배경과 주요내용

국제결혼 중개업체에 대한 정부의 개입이 촉구됨에 따라 김춘진 의원
이 발의한 "결혼중개업의 관리에 관한 법안"이 국회 본회의를 통과하여
2007년 12월 결혼중개업의 관리에 관한 법률이 제정되었고, 2008년 6
월부터 시행되기 시작하였다. 법률의 주요 내용을 살펴보면 국내결혼중
개업은 '신고제'로 국제결혼중개업은 '등록제'로 관할 지방자치단체가
지도·관리하도록 되어 있으며, 결혼중개업자에 대한 의무규정으로 ①
신고필증을 게시 의무(제8조) ②명의대여 금지 의무(제9조) ③계약 내
용 설명의무 및 표준계약서 작성 의무(제10조) ④외국 현지법령 준수
의무(제11조) ⑤허위·과장된 표시·광고 및 거짓 정보제공의 금지(제12
조) ⑥개인 정보 보호 의무(제13조)등을 규정하고 있다.

(2) 검토내용

국제결혼 중개업자가 한국 남성의 '지적' 장애 사실을 이주여성에게
전달하지 않아 발생하는 피해 사례가 현장에서 상담 접수되고 있다. 정
신적 장애는 눈으로 확인할 수 없는 특성으로 인하여 불충분한 통역 서
비스와 대량속성으로 이루어지는 국제결혼 중개 구조 아래에서 은폐된

---

32) 권영호·지성우·강현철, 「사회통합을 위한 다문화가정 관련법에 대한 입법평
　　가 - "다문화가족지원법"에 대한 입법평가를 중심으로 - 」, 한국법제연구원,
　　2009, 149쪽.
33) 소라미, 「결혼 이주여성의 인권 실태와 한국 법제도 현화에 대한 검토」, 『法
　　學論叢』, 제16권 제2호, 조선대학교 법학연구소, 2009, 19~20쪽.

다. 국제결혼 중개업자의 허위 정보 제공 또는 정보의 은폐로 인한 피해는 부주의하게 결혼을 결심한 이주여성의 개인의 탓으로 치부될 뿐이다. 이와 같은 국제결혼 알선업자의 상대방에 대한 거짓 정보 제공에 대하여 동법은 사후적으로 행정적인 규제 장치만을 두고 있을 뿐이다. 그러나 과연 혼인이 파탄 이후에 부가되는 '영업 등록 취소' 처분이 피해자들에게 어떠한 치유의 의미가 있을지, 그와 같은 피해가 재발하지 않도록 방지하는데 얼마나 실효가 있을지 회의적이다. 이 법의 가장 큰 맹점은 결혼중개 행위가 합법적인 상행위로 인정받기 위해 근본적으로 요구되는 "상대방에 대한 정확한 정보 제공"을 어떻게 담보할 것인지에 대하여 침묵하고 있다는 것이다. 그 문제를 보완하고자 하는 취지에서 동법 시행령 제3조 제2항에서 "민법 제816조에 따른 혼인취소의 사유에 관련된 사항 등 결혼 여부를 결정하는데 중요한 신상정보를 당사자가 이해할 수 있도록 언어로 제공하는 노력을 하여야 한다."라는 내용이 추가되었으나 기재하여야 할 신상정보의 범위가 구체적으로 명시되어 있지 않은 점, 의무조항으로 규제하고 있지 않은 점, 시행령에 규정함으로써 위반시 제재조치를 부가할 수 없다는 점은 여전히 입법적 미비라고 볼 수 있다.

5) 거주외국인 지원 표준조례안

(1) 입법배경과 주요내용

2006년 10월 31일, 행정안전부(2006년 당시 행정자치부)는 지방자치단체가 거주외국인에 대한 지원을 안정적이고 지속적으로 수행할 수 있도록 "거주외국인 지원 표준조례안"을 제정하여 각 지방자치단체에 시달하였다. 이에 따라 특별시, 광역시·도 및 시·군·구는 자체 실정에 맞게 지원 조례를 마련하여 거주외국인 대하여 체계적이고 종합적인 행정서비스 및 재정적 지원을 하고 있다.

따라서 이 조례 제3조에서는 법령이나 다른 조례 등에서 제한하지 않는 한 거주외국인도 지역주민과 동일하게 지방자치단체의 재산과 공공시설을 이용할 수 있고, 각종 행정혜택을 받을 수 있으며, 지원대상을 지방자치단체에 거주하는 외국인, 한국 국적을 새롭게 취득한 자, 그리고 기타 한국어 등 한국문화와 생활에 익숙하지 않은 자이다. 다만, 출입국관리법 등에 의해 대한민국에서 합법적으로 체류할 수 있는 법적 지위를 가지지 않은 외국인은 제외된다고 제5조에서 규정하고 있으며, 제4조 및 제6조 제2항에서는 지방자치단체의 장은 구역 내에 거주하는 외국인들이 지역사회에 빨리 정착할 수 있도록 지원하고, 거주외국인들이 지역주민과 함께 살아갈 수 있도록 적절한 시책을 추진하여야 하며, 이를 위해 거주외국이 등 실태조사를 실시하고 관련 예산을 편성하여야 한다고 규정하고 있으며. 제6조에서는 거주외국인에 대한 지원 범위는 한국어 및 기조생활 적응 교육, 고충·생활·법률·취업 등 상담, 생활편의 제공 및 응급구호, 거주외국인을 위한 문화 및 체육행사 개최 등이다. 그리고 제7조에서부터 제11조까지는 '외국인시책자문위원회'를 구성하여 운영하는 조례를 마련하였고, 지방자치단체의 장은 외국인 지원단체의 활동에 필요한 행정적·재정적 지원을 할 수 있을 뿐만 아니라 비영리민간단체 지원법에 의한 사업비를 지원할 수 있다고 제12조에 규정하였다. 그리고 제14조, 제16조 및 제17조에서는 '세계인의 날' 및 다문화주간을 설정하여 기념식 및 문화·예술·체육행사 등을 실시하고, 지방행정 또는 지역사회에 공헌한 외국인을 표창하는 한편, 명예시민으로 예우할 수 있다고 규정하고 있다.

(2) 검토내용

① 보호대상

거주외국인 지원 표준조례안은 '거주외국인'을 정의하면서 "거주기간이 90일을 초과하여야 한다.”고 규정하고 있다. 가령 90일을 초과하지 않은 상태에서 문제가 발생하면 도움을 받아야 할 외국인을 방치하는 결과를 낳게 될 것이므로 이는 바람직 않다고 생각되며, 또한 90일 초과 규정을 두고 있는 이유도 명확하지가 않다. 따라서 입법목적 및 취지에 적합하도록 90일 초과 조항을 삭제하는 것이 타당하다고 본다.34)

② 자문위원회 구성

이 조례안 제7조에서는 외국인 지원시책의 수립에 관하여 각 계 전문가의 의견을 청취하고 다문화 존중의 지역사회 구현을 위해 외국인지원시책 자문위원회 구성운영을 권고하고 있다. 그러나 그 위원의 구성을 보면 외국인지원 조례임에도 불구하고 외국인은 그 위원회의 구성에서 제외되어 있다. 이는 외국인을 단순한 보호의 대상으로만 인식하고, 이 문제를 풀어나갈 주체임을 고려하지 않은 것으로 이는 당연히 수정되어야 할 것으로 생각된다.35)

③ 지역적 특성의 반영 미흡

이 조례안은 명칭 그대로 외국인 지원과 관련한 표준적인 내용을 담고 있어, 각 시·도 및 시·군·구의 특성과 실정에 맞는 지원 조례의 제정이 요청된다. 그러나 각 지방자치단체의 실제 조례를 보면 각 지방자치단체의 현실과 특성이 거의 반영되지 아니하고 표준 조례안의 내용을 그대로 그 지방자치단체의 조례로 한 경우가 대부분이라 한다. 앞으로 각 지방자치단체의 창의적 개선 노력이 요구된다.36)

---

34) 조상균·이승우·전진희, 「다문화가정지원법제의 현황」, 『민주주의와 인권』 제8권 제1호, 전남대학교 5. 18연구소, 2006, 169쪽.

35) 조상균·이승우·전진희, 「다문화가정지원법제의 현황」, 『민주주의와 인권』 제8권 제1호, 전남대학교 5. 18연구소, 2006, 169쪽.

36) 이승우, 「다문화 가족의 보호와 지원에 관한 법제 소고」, 『가족법연구』 제

4. 결론

과거 우리 사회의 소수자·약자는 여성, 장애인 등이었으나 최근에는 결혼이주민과 그 가족 그리고 외국인 근로자 등이 여기에 포함되며, 점점 증가하여 전체 국민 대비 2%를 초과하게 되었다. 따라서 이들에 대한 국가적 지원과 관심이 요청되었고, 새롭게 제정된 "재한외국인 처우 기본법", "다문화가족지원법", "결혼중개업의 관리에 관한 법률" 그리고 "거주외국인 지원 표준조례안"은 재한외국인과 다문화가족에 대한 복지 차원에서의 지원정책을 마련하고 이들의 인권 보장이나 사회통합에 기여하고자 함을 목적으로 하였다. 그리고 이러한 다문화관련 법제도는 현실적 필요성에 부응하여 문제를 해결하는데 어느 정도 부응하고 있는 것으로 보이나, 아직까지 만족할 만한 단계에는 미치지 못하고 있다. 즉, 적용대상의 협소함, 주된 시각이 동화라는 점, 총괄부처의 부재, 국가와 지방자치단체의 역할 분담 문제, 그리고 다문화 관점의 확대 필요성은 여전히 개선이 필요한 부분으로 지적되고 있다.[37)]

무엇보다 이러한 법률과 조례는 다문화에 관한 올바른 관점이 투영되어야 하고, 그 다음에 정책 대상인 재한외국인, 결혼이주민, 외국인 근로자 등에 따른 우리 사회에 적합한 정책을 마련하면 된다. 따라서 앞으로 우리가 지향해야할 다문화사회의 모델을 규범적으로 마련해야만 진정한 사회통합도 이룰 수 있을 것이다.

23권 제3호, 한국가족법학회, 2009, 234쪽.
37) 정상우, 「다문화가족 지원에 관한 법체계 개선방안 연구」, 『법학논총』 제26집 제1호, 한양대학교 법학연구소, 2009, 505쪽.

참고문헌

김선택, 「다문화사회와 헌법」, 『헌법학연구』 제16권 제2호, 한국헌법학회, 2010, 1~41쪽.

김종세, 「다문화가족의 의의와 규범적 근거에 관한 소고」, 『법학연구』 제 37집, 한국법학회, 2010, 1~19쪽.

권영호·지성우·강현철, 「사회통합을 위한 다문화가정 관련법에 대한 입법 평가－"다문화가족지원법"에 대한 입법평가를 중심으로－」, 한국 법제연구원, 2009.

배병호, 「재한외국인 처우 기본법상 사회통합에 관한 연구」, 『성균관법학』 제21권 제1호, 성균관대학교 비교법연구소, 2009. 4, 767~784쪽.

서보건, 「다문화가족통합을 위한 법제 연구－한일비교－」, 『공법학연구』 제11권 제1호, 한국비교공법학회, 2010, 77~105쪽.

소라미, 「결혼 이주여성의 인권 실태와 한국 법제도 현화에 대한 검토」, 『法學論叢』 제16권 제2호, 조선대학교 법학연구소, 2009, 1~32쪽.

양천수, 「다문화시대의 인권법정책」, 『영남법학』 제31호, 영남대학교 법학 연구소, 2010, 1~26쪽.

이경희, 「다문화가족지원법의 문제점과 개선방향－다문화가족의 정의 및 범 위를 중심으로」, 『법학논고』 제32집, 경북대학교 법학연구원, 2010, 509~536쪽.

이승우, 「다문화 가족의 보호와 지원에 관한 법제 소고」, 『가족법연구』 제23 권 제3호, 한국가족법학회, 2009, 215~238쪽.

이영주, 「다문화가족지원법에 관한 고찰」, 『법학연구』 제31집, 한국법학회, 2008, 209~236쪽.

이정민, 「재한외국인 처우 기본법 및 이주민가족지원법률안에 대한 검토」, 부산법조 제25호, 부산지방변호사회, 2008.

장선희, 「한국의 다문화가족 관련법제의 현황과 평가」, 『민족연구』 제42집, 한국민족연구원, 2010, 83~102쪽.

정상우, 「다문화가족 지원에 관한 법체계 개선방안 연구」, 『법학논총』 제
　　　26집 제1호, 한양대학교 법학연구소, 2009. 3, 483~510쪽.
정종섭, 『헌법학원론』, 박영사, 2008.
조규범, 「다문화사회를 위한 입법론적 소고」, 『미국헌법연구』 제21권 제1
　　　호, 미국헌법학회, 2010. 2, 345~390쪽.
조상균·이승우·전진희, 「다문화가정지원법제의 현황」, 『민주주의와 인권』,
　　　제8권 제1호, 전남대학교 5·18연구소, 2006, 147~174쪽.

한국의 이주민 대상 언어정책*

이 화 숙**

1. 서론

언어는 사회 구성원 사이의 의사소통을 위한 기본적인 도구 구실을 한다. 같은 언어를 사용하는 사람들끼리는 연대의식이 형성되는 것이 일반적인데, 이러한 연대의식은 국가와 역사라는 일정한 시공간을 통해 특유의 문화를 만들어내기도 한다. 그러므로 언어를 통한 소통의 과정 은 공동체 구성원들끼리 사회적 가치를 수용하고 문화를 공유한다는 상 징적 의미를 갖게 된다.

한국 사회는 '한 국가 안에 하나의 언어'가 실현되어온 드문 경우로 비교적 언어갈등에서 자유로운 나라이다(변명섭, 2003, 205). '한국어'는 국어기본법에 명시된바, 대한민국의 유일한 국어이면서 동시에 공용어 이다.1) 최근 한국 사회에 다양한 국적을 가진 이주민이2) 급속히 증가하

---

* 이 논문은 2011년 5월 27일 대구가톨릭대학교 다문화연구소 주최 국내학술 대회에서 발표된 원고를 수정한 것임.
** 대구가톨릭 대학교 다문화 연구소 연구교수.
1) 한 국가의 국민이 사용하는 언어를 국어(national language)라 하며, 어떤 민 족 고유의 언어를 민족어(ethnic language)라 한다. 어느 사회 집단이나 국가 의 구성원이 다양한 언어를 사용할 경우 상이한 언어 사용자 간의 원활한 의

고, 국내에 거주하는 외국인 주민이 전체 주민등록 인구의 3%를 차지하면서, 이른바 다문화 사회에서의 이주민에 대한 한국어 교육과 보급이라는 새로운 언어 정책의 과제가 대두하였다.[3]

언어가 문화의 계승과 발전의 근간이 되는 만큼 사회 집단의 통합과 유지, 발전을 위해서 정책의 대상이 된다. 언어를 대상으로 하는 정책을 '언어 정책'이라 할 수 있는데, 사전적 의미로 '국가가 그 나라에서 쓰이는 말을 통일·발전시키려고 쓰는 정책'이라 정의된다.[4] 한국의 언어 정책은 표준어의 규정, 맞춤법의 확립, 글자의 통일이나 개혁, 외국어

사소통을 목적으로 공적영역에서 사용하도록 지정한 언어를 공용어(official language)라 한다. 한국의 경우, 국어와 민족어, 공용어가 모두 '한국어'인 단일언어 사용 국가이다(송기중, 1993, 4 참조).

2) 국내에 거주하는 외국인에 대한, 법무부 정책의 공식 명칭은 '외국인 정책'이다. 한국에 거주하는 외국인을 가리키는 학계의 용어는 '이주민, 이민자, 외국인 주민' 등 다양하다. 이 글에서는 한국 사회에서는 주로 가족을 단위로 하여 다른 나라로 나가는 것을 가리켜 '이민'이라고 한 관행이 있었으며, 이민이 주로 가족단위의 이동으로 이동 지역에 정착하는 것이 일반적인 점을 고려하여 한국으로 유입되는 외국인에 대해서는 이와 변별하여 '이주민'이라는 용어를 쓰기로 한다. ≪표준국어대사전≫ '이민(移民)' 항목에는 "외국으로 이민을 가다/이민을 떠나다/만주에 오는 조선 이민의 고통은 너무나 극심하여/외국에 이민한 사람들/외국으로 이민하다"와 같은 예문이 제시되어 있는데 '이민'에 대한 '해외 출국'이라는 사회적 인식을 이해하는 데 참고가 된다. 아울러 '거주' 목적 체류자의 대부분을 차지하는 국제결혼으로 한국에 입국한 여성에 대해서도 '여성 결혼 이민자, 결혼 이민 여성, 결혼 이주 여성, 국제결혼 이주 여성' 등 다양한 용어를 쓰고 있는데 이들의 이주 경로와 배경, 사회적 위치, 정주 가능성 등을 고려하여 '결혼이주여성'으로 통칭할 필요가 있다. 이에 대해서는 학계의 논의와 합의가 필요한 부분이다.

3) 출입국·외국인정책본부의 통계자료에 따르면, 2011년 3월 31일 기준으로 국내 체류외국인은 1,308,743명으로 같은 시기 행정안전부 통계자료의 주민등록 인구 50,575,130에 비하면, 약 3%의 비율을 차지하는 수치이다. 국내 체류외국인의 수는 작년 12월에 비해 47,328명이 증가한 것인데 2000년과 비교하면 210,249명에서 약 62% 이상 증가한 것이다(출입국·외국인정책본부 http://www.immigration.go.kr 와 행정안전부 http://www.mopas.go. kr 통계자료 참조).

4) ≪표준국어대사전≫ '언어정책' 항목의 뜻풀이를 참조하였다.

교육, 문맹 퇴치 등이 주요 내용이었으나 이후 해외 동포의 한국어 교육 지원과 외국인을 대상으로 하는 한국어 교육 및 보급으로 확대되어 왔다. 초기의 언어 정책은 국민의 국어사용 능력 향상과 해외 동포의 민족 정체성 함양 등 교육적 부분이 강하게 작용하였으나, 2000년대 이후 국제 사회에서 한국의 지위가 향상되면서 한국어의 세계화라는 보급의 측면이 아울러 강조되고 있다. 한편, 다문화 사회가 되면서 국내에 거주하는 이주민에 대한 한국어 교육이 언어 정책 안에 새로운 분야로 포함되었다.

이 글에서는 우리 사회에 새로운 구성원으로 편입해온 이주민에 대한, 언어 정책에 대해 고찰하고자 한다. 선행 연구를 검토를 통해 먼저 언어 정책 연구의 경향을 분석하여 한국의 이주민 대상 언어정책의 시사점을 모색할 것이다. 아울러 정부 각 부처의 이주민 관련 언어 정책이 어떤 형태로 시행되고 있는지 검토할 것이다. 이러한 검토는 현재 한국 사회에서 이루어지고 있는 이주민에 대한 언어 정책의 현주소를 진단함과 아울러 앞으로의 이주민 대상 언어 정책의 바람직한 방향을 모색하는 데 보탬이 될 것으로 판단한다.

2. 연구 경향 분석

한국에서 시행되고 있는 이주민에 대한 다문화 사회에서 다인종·다민족 구성원을 통합하는 과정에서 가장 강력한 도구가 될 수 있는 것은 교육이다. 특히 언어 교육은 이주민이 새롭게 편입해온 사회의 표준화한 의사소통 도구를 공유하게 함으로써, 균질한 정보 공유와 삶의 질 향상을 가능하게 한다. 때문에 언어 교육의 지표가 되는 언어 정책의 중요성이 강조된다.

이 글은 외국인을 대상으로 하는 언어 정책을 주제로 하는 선행 연구를 검토하여 그 경향을 분석하여 다문화 사회를 진입한 한국의 이주민에 대한 언어 정책에 시사점을 찾아보는 데 일부 목적이 있다. 이를 위해 한국교육학술정보원이 제공하는 학술연구정보서비스(http://www.riss.kr)의 검색사이트에서 검색어를 '다문화 언어정책'으로 입력하여 검색한 결과, 이주민을 대상으로 하는 언어 정책 연구로 55편의 국내학술지 논문을 분석하여 연구 경향을 살펴보았다.

한국의 다문화 시대와 다문화 교육과 언어정책 및 언어교육 등 일반적인 주제를 다룬 논문은 16편이다. 이들 논문에서는 한국 사회를 다민족·다문화 사회로 규정하거나 이후 이행할 것을 예상하고 이주민에 대한 정책이 교육 특히 한국어 교육을 통해 이루어져야 하며, 그 목적이 사회 통합에 있어야 함을 지적하였다. 아울러 이주민에 대한 언어 정책은 이주민과 가족 구성원의 안정적인 정착과 사회 경제적 향상을 기대할 수 있는 차원이어야 한다는 방향성을 제시하였다.

국내에 거주하는 이주민을 대상으로 한 언어 정책 연구 논문은 11편이며, 다문화 가정 자녀를 대상으로 한 논문은 8편이다. 이주민 언어 정책 연구의 대상은 모두 결혼 이주 여성을 대상으로 한정한 연구로, 언어 정책의 결과 결혼 이주 여성의 사회 경제적 활동과 원활한 가족 관계 형성 및 자녀 양육의 영향 관계 등을 검토하였다. 이들 논문에서는 주로 언어 정책을 통한 결혼 이주 여성의 가족 내 돌봄 서비스 강화에 대한 논의가 대부분이며, 자아실현과 사회 경제적 활동의 확대와 관련한 언어 정책의 방향성을 제시한 논문은 보이지 않는다. 다문화 가정 자녀에 대한 언어 정책 연구는 모두 이중 언어 교육 정책에 대한 논의가 전부이다.

그 밖에 20편의 논문은 스위스 케나다, 호주, 미국, 일본 등 외국의 언어 정책 사례를 연구하여 한국적 함의를 모색한 논문이다. 지금까지 단일민족의 정체성을 강하게 유지해오던 한국 사회가 급속하게 다문화

사회로 이행하면서 정책의 방향 정립과 도입을 위해 다문화 국가의 선행적인 정책 및 사례를 참고하는 과정이 필요함을 지적하였다. 이들의 논의를 통해 각 나라별로 다문화 사회가 형성되어온 과정이 다르며, 그 정책 유형도 상이함을 알 수 있다. 다문화 사회 형성은 크게 두 가지 유형으로 나누어진다(김남국, 2005). 미국과 캐나다처럼 전통적인 이민 국가로서 건국 초기부터 다양한 인종과 문화로 구성된 이민국과 독일, 프랑스처럼 비교적 동질적인 문화를 가졌던 국민국가들이 자본과 노동의 세계화에 따른 이주 노동자와 이질 문화, 종교의 유입으로 다문화 사회로 변화하고 있는 형태이다.

한국의 경우 이주 노동자와 결혼 이주민의 증가 등으로 다문화 사회로 급격히 변해가고 있는 두 번째 유형에 속한다. 외국의 언어 정책 사례를 통해 한국 사회 내에서 서로 다른 언어 간의 접촉이 발생했을 때, 구성원 모두의 소통을 이어줄 매개 언어로서 한국어를 어떻게 효율적으로 교육하고 사용하게 할 것인지에 대한 고려와 연구의 필요성이 제기된다. 아울러 이주민이 한국 사회에서 출신국의 언어를 통해 의사소통을 할 수 있도록 어떤 방식으로 모국어를 지원해 나갈 것인지에 대한 다국어 서비스에 대한 방안을 논의하는 연구도 함께 진행되어야 할 것이다.

선행 연구 검토를 통해 한국 사회의 언어 정책의 이슈는 단일 언어 국가에서 이주민에 대한 제2 언어로서의 한국어 교육에 있으므로, 다양한 인종적 배경을 가진 이민자들에 의해 형성된 여타의 이민국의 언어 정책 이슈와 성격이 다름을 알 수 있다. 국가 형성 초기부터 다민족으로 구성된 외국의 경우 공용어 문제, 두 개 이상의 공용어를 가진 국가 또는 사회에서의 이들 이중 언어 교육 등을 주요 언어 정책 내용으로 삼는 것에 비해 한국은 최근 외국인의 이주가 증가한 경우로 주로 언어 정책의 방향이 결혼 이주 여성과 다문화 가정 자녀의 한국어 교육과 '엄마 나라 말 배우기'를 주요 내용으로 하는 이중 언어 교육에 치중하고 있으며 이러한 언어 정책의 목적이 사회 통합에 있음을 알 수 있다.

선행 연구 검토를 통해 한국 사회보다 앞서 다문화 사회를 경험하고 여러 시행착오를 거치며 이주민에 대한 언어 정책을 시행해 온 외국의 사례들이 이주민에 대한 자국어 교육과 함께 출신국의 모국어 교육을 병행하는 것은 물론, 다국어 서비스를 통해 이주한 나라에서 모국어를 통한 의사소통 지원을 함께 받고 있음을 알 수 있다. 이에 비해 한국 사회에서 이주민을 대상으로 하는 언어 정책이 주로 한국어 교육에 집중하고 있어 공공 영역에서 출신국의 모국어로 의사소통을 지원하기 위한 다국어 서비스가 미흡하며 이에 대한 방안을 마련하는 것으로 언어 정책의 확대가 필요하다는 시사점을 얻을 수 있다.

언어 정책은 '국가가 정치적인 목적으로 특정한 언어와 그 사용 문제에 직간접적으로 개입하여 취하는 모든 활동'을 말한다(조태린, 2010). 언어 정책은 그 주체가 국가인데, 국가의 개입 방식·정도에 따라 '국가 개입주의 언어 정책'과 '방임주의 언어 정책'으로 유형화할 수 있다. 언어 사용에 관한 법률을 제정하거나, 언어 정책 관련 국가기관을 설립하는 등 국가가 주도하여 강력한 언어 정책을 펴는 것을 '국가 개입주의 언어 정책'이라 하며, 언어 문제에 대한 국가의 직접적인 개입을 자제하고 민간에서의 자율적인 개입을 간접적으로 지원하는 언어 정책을 '방임주의 언어 정책'이라 한다(이광석, 2006).[5)]

한국의 언어 정책은 '국가 개입주의 언어 정책'의 측면이 강하다. 한

---

5) 언어 정책의 유형을 결정하는 데는 해당 국가의 역사적 경험과 대내외적 언어 사용 환경이 영향을 미치게 된다. 국가 개입주의 언어 정책을 펴는 프랑스의 경우 근대 국민국가 형성기의 강력한 언어 통일 정책의 경험과 20세기 이후 대내외적 지위 및 위세의 약화를 겪어온 프랑스어의 현 상황으로부터 많은 영향을 받았다. 방임주의 언어 정책을 펴는 미국의 정책은 민간 차원의 영어 사전 편찬, 교육, 보급 등의 오랜 경험은 물론이고 20세기 이후 거의 모든 분야에서 실질적인 국제 공용어의 역할을 하고 있는 영어의 지위와도 큰 관련이 있다(조태린, 2010, 참조).

국 사회는 국어의6) 진흥과 발전을 위하여 2005년에 '국어기본법'을 제정하여 정책 시행의 법적 근거를 마련하였으며, 언어 정책 수행 기관으로 문화관광부와 그 소속기관인 국립국어원을 두고 있다(권재일, 2010)7).

1) 국어기본법과 다원주의 언어 정책

국어기본법은 국어의 사용을 촉진하고 국어의 발전과 보전의 기반을 마련하여 국민의 창조적 사고력의 증진을 도모함으로써 국민의 문화적 삶의 질을 향상하고 민족문화의 발전에 이바지하는 데 목적이 있다(제1조). 아울러 국가와 국민은 국어가 민족 제일의 문화유산이며 문화 창조의 원동력임을 깊이 인식하여 국어발전에 적극적으로 힘씀으로써 민족문화의 정체성을 확립하고 국어를 잘 보전하여 후세에 계승할 수 있도록 하는 것을 기본 이념으로 삼고 있다(제2조). 이를 실천하기 위하여 국어발전 기본계획을 수립(2006년 12월)하였는데, 이 계획은 언어 환경의 변화에 따른 언어 정책의 패러다임 전환의 요구를 반영한 것으로 볼 수 있다. 국어발전 기본계획의 추진 목표, 3대 중점 추진 과제, 10대 추진 과제는 다음과 같다.

> 추진 목표 : 한민족 언어에서 세계 속의 언어로
> 1) 창조 : 국민의 국어 능력 향상을 통한 문화 창조 역량 강화
> 2) 소통 : 한국어의 세계화를 통한 언어문화 권역 확대
> 3) 나눔 : 다원주의 언어정책을 통한 국가 성장 동력의 지속 창출
> 3대 중점 추진 과제

---

6) 여기에서 '국어'는 대한민국의 공용어로서 '한국어'를 가리킨다.
7) 국어기본법 제정 이전에는 국어에 관한 규정은 '한글 전용에 관한 법률'과 '문화예술진흥법' 등 여러 법률에 부분적으로 산재해 있었으며, 그 소관 부처도 문화관광부, 교육부 등으로 분산되어 있어 일관적이고 실효성 있는 국어 정책을 추진하는 데 어려움이 있었다(조항록, 2010, 287).

1) 국민의 국어 능력 향상을 위한 교육·연수 체계 정비
2) 동북아 지역 거점 기반 한국어 세계화 전략 추진
3) 다국어 지원 한국어 학습용 웹사전 편찬

10대 추진 과제
1) 올바른 국어사용을 위한 국가 언어 정책 확산
2) 남북 언어 교류 확대 및 국제 교류 협력망 구축
3) 소외 계층을 위한 언어 복지 시책 강화
4) 국어사용 환경 개선과 국민의 의사소통 증진
5) 국민의 국어 능력 증진 여건 조성
6) 언어 사용의 다양성 조사
7) 표준국어대사전의 정비 및 맞춤형 사전 편찬
8) 국어 정보망 구축과 통합 정보 시스템 운영
9) 국어 문화유산의 보전과 한글의 산업화
10) 국어 문화 확산을 위한 홍보 활동 강화

추진 목표의 하나인 '다원주의 언어정책을 통한 국가 성장 동력의 지속 창출'에서 우리나라의 언어 정책이 '다원주의(pluralism)'를 바탕으로 형성되었음을 알 수 있다. 이광석 (2006, 185~186)에 의하면 "언어 정책의 형성 과정에 소수의 국어학자나 언어학을 전공한 엘리트 및 특정 학파가 정책을 주도하고 결정하는 경우를 엘리트주의(elitism)이라 하고, 결정 과정에 다수가 참여하여 다두제(polyarchy) 형식에 의한 결정을 '다원주의'라 할 수 있는데 이 경우 국민과의 일체감과 동질성을 확보하는데 유리하다." 국어기본법은 수립 단계에서 각계의 의견을 수렴하기 위해 수차례의 공청회와 토론회 및 부처 간의 협의를 거쳐 법안이 작성되고 제정되는 과정을 거쳤다.8)

---

8) 법안 제정을 위한 초기 노력은 2002년 11월 7일에 있었던 '국어발전종합계획 시안'에 대한 공개 토론회로부터 시작되었다. 국립국어원에서 열린 이 공청회에는 학계·언론계·국어 관련 단체 인사와 일반인이 다수 참여하였는데 우리말의 보전과 발전을 위한 국가적 차원의 노력을 위해서는 법적 기반의 구축이 필요하다는 의견이 제기되었다. 이를 발단으로 2003년 1월 13일 국

2) 국어기본법과 한국어 교육

국어발전 기본계획의 추진 목표를 달성하기 위한 10대 추진 과제 중 세 번째 항목인 '소외 계층을 위한 언어 복지 시책 강화'는 정신·신체상의 장애에 의해 언어사용에 어려움을 겪고 있는 국민 및 국내 거주 외국인의 국어사용 상의 불편 해소에 대해 정부의 책임이 있음을 명시한 부분으로 이주민을 위한 한국어 교육과정과 교재를 개발하고 전문가를 양성하는 데 법적인 근거를 제시한다. 국어기본법 및 동법 시행령 안의 한국어 교육 관련 조항은 아래와 같다.

국어기본법 제3장(국어사용의 촉진 및 보급)의 제19조(국어의 보급 등)
1) 국가는 외국인과 재외동포를 위한 교육 과정 개발, 교재 개발, 전문가 육성에 필요한 사업을 시행해야함을 명시
2) 문화관광부장관이 한국어 교원의 자격을 부여할 수 있음을 명시
3) 한국어 교원 자격 제도 시행과 관련하여 필요한 사항은 대통령령으로

어기본법소위원회가 구성되어 국어기본법(안)을 작성하기 시작하였으며 2003년 2월 28일에 국어기본법 초안이 완성되었다. 그리고 이 법안에 대한 각계 의견을 수렴하기 위한 공청회가 문화관광부 주최로 2003년 4월 10일에 열렸다. 이후 문화관광부와 국립국어원은 지방을 순회하며 토론회를 열어 국어기본법 초안에 관한 의견을 수렴하였으며, 재경부, 교육부, 법제처 등 관계 부처와의 협의도 진행하였다. 이러한 절차를 거쳐 완성한 국어기본법 초안은 2004년 5월 25일에는 국무회의 의결을 거쳐 정부 입법안으로 최종 확정되었다. 이후 국어기본법안은 국회로 이송되어 2004년 12월 7일 국회 문광위, 12월 23일 국회 법사위의 의결을 거쳤고 12월 29일에 국회본회의에 상정되어 통과하였다. 이렇게 하여 국어기본법은 제정 착수 약 2년 만에 입법 절차가 마무리 되어 2005년 1월 27일 공포되었다. 국어기본법이 공포됨에 따라 후속 법령인 국어기본법시행령 제정이 착수되었고 이에 대한 의견을 수렴하기 위한 공청회가 2005년 4월 6일에 열렸으며, 이 자리에서 시행령 초안에 대한 각계의 의견이 수렴되었다. 그 이후 수차례의 전문가 토론회, 부처 간 협의와 입법예고, 규제개혁위 심사, 국무회의 의결을 거쳐 2005년 7월 28일 국어기본법시행령이 공포됨으로써 국어기본법 시대가 시작되었다(조항록, 2010, 287~288, 참조).

정할 것임을 명시

국어기본법 시행령 제13조(한국어 교원의 자격 부여 등)
1) 한국어 교원의 자격 지정과 요건을[9] 제시하고 이의 시행을 위한 한국
   어교원자격심사위원회 구성을 명시
국어기본법 시행령 부칙 제2조
1) 한국어 교원 자격 부여에 과한 경과조치 제시
국어기본법 시행령의 발표1
1) 한국어 교원 자격 취득에 필요한 영역 별 필수 이수학점, 이수시간 제시

국어기본법 시행령의 발표1
1) 한국어교육능력검정시험 영역 및 검정방법 제시

국어기본법은 국가가 주체가 되어 외국인과 재외동포를 위한 교육과
정과 교재를 개발하고 전문가를 육성할 책임이 있음을 명시하고 있다.
이는 언어 정책의 차원에서 이주민에 대한 한국어 교육을 표준화하고
한국어를 가르칠 수 있는 교원의 자격을 체계화함으로써 다문화 사회로
진입한 한국 사회의 이주민 대상 한국어 교육의 질적 발전에 기여한 바
가 크다.

---

9) 국어기본법 시행령이 정하고 있는 한국어 교원의 자격 지정과 요건은 다음과 같다.
   한국어 교원 1급 : 2급인 자가 5년 이상의 경력을 쌓았을 때
   한국어 교원 2급(다음 요건 중 하나를 충족하였을 경우) : ①외국어로서의
   한국어 교육을 전공 또는 복수전공으로 하여 학위를 받은 경우 ②3급인 자
   가 3년 이상 또는 5년 이상의 교육 경력을 쌓은 경우
   한국어 교원 3급(다음 요건 중 하나를 충족하였을 경우) : ①외국어로서의
   한국어 교육을 부전공으로 하여 학위를 취득한 경우 ②별도로 정하는 요건
   을 갖춘 한국어교원양성과정을 이수하고 한국어교육능력검정시험에 통과한
   경우 ③경과조치로서 위의 별도로 정한 요건을 갖추지 않았다 해도 국어기
   본법 시행 이전에 한국어교원양성과정을 수료하고 한국어교육능력시험에 통
   과한 자 ④경과조치로서 국어기본법 시행 이전에 이미 일정기간(총 800시간)
   의 한국어 교육 경력을 가진 경우

3. 한국어 교육 정책

1) 한국어 교육 시행 현황

한국어 구사 능력은 이주민의 취업은 물론 구성원들과의 상호 이해를 높일 수 있는 한국 사회 정착을 위한 핵심적 적응 수단이며, 정책 차원에서는 기본 통합 수단이다. 이주민에 대한 직접적인 언어 정책의 시행은 주로 한국어 교육과 교재 편찬으로 나타나는데, 이주민을 대상으로 하는 정부차원의 한국어 교육 지원 현황을 살펴보면, 2005년 한국어 세계화재단에서 이주민 대상 한국어교실을 운영하였다. 2006년에는 결혼 이주 여성 한국어 교육기관 지원 대상을 선정하고, 결혼 이주 여성 대상 한국어 교육 교재를 개발하기 시작하였으며, EBS에서는 이주여성을 대상으로 한국어 교육용 방송프로그램을 개발하여 방송하였다.

현재 한국어 교육은 한국 사회에서 실시되고 있는 다문화 정책 중 가장 큰 비중을 차지하고 있다(박성혁, 2007). 2008년 문화관광부에서 개최한 '다문화 사회의 문화적 지원정책 대토론회'에서는 다문화 정책 관련 10대 중점 추진과제를 발표하였는데 그 첫 번째가 '한국어 및 한국문화 이해 증진'이었다. 그 세부 내용은 중앙부처 차원의 한국어 교육 협의체 구성과 운영, 서비스 제공기관 간의 협력체계 구축, 전문교사 양성 및 연수과정 운영을 통한 한국어 교육의 질 제고, 다양한 한국어 및 한국문화 이해 교재 개발, 다양한 미디어를 이용한 한국어 교육 강좌 운영 등이다. 이처럼 정부 차원에서 다문화 정책과 언어 정책에 대해 적극적인 접근을 시도하고 있는데 현재 법무부 등 9개 부처에서 부처별 성격에 맞는 이주민 지원정책을 마련하여 사업별로 추진하고 있으며 그 중 한국어 교육의 형태로 언어 정책이 아울러 시행되고 있다. 그 현황을 구체적으로 살펴보면 아래 표와 같다.

<표 1> 부처별 이민자 지원정책

부 처	주 요 정 책
법무부	·외국인정책 총괄 ·이민자 사회통합정책 원칙 설정 ·이민자의 입국·체류·귀화 허가 등 ·**사회통합프로그램이수제 시행**
여성가족부	·다문화가족 사회통합정책 수립 ·**한국어교육, 다국어 서비스 제공 등 사회적응 지원** ·다문화가족 자녀 양육지원 ·**다문화가족지원센터 운영·지원** ·국제결혼 중개업 관리 및 결혼예정자 사전준비 지원 ·이주여성의 인권보호 및 자활지원
교육과학 기술부	·다문화교육 관련 연구·개발 추진 ·교대 '다문화교육 강좌' 개설 및 다문화 학습동아리 구성 지원 ·다문화가정 학생 멘토링 ·다문화가정 학부모 교육 및 자녀교육 관련 정보, 상담 제공 ·다문화교육 우수사례 발표대회 및 교사 연수지원 ·일반학생 대상 다문화이해 교육지원
행정안전부	·지자체 외국인주민 지원기반 마련 ·외국인주민 집중거주지역 생활안정 지원 ·외국인주민 생활정착지원 교육 등
문화체육관광부	·**한국어교재 개발·보급, 전문강사 양성 등 한국어교육의** **전문성 제고** ·다문화사회에 대한 국민의식개선 및 제고 ·다문화관점의 문화콘텐츠 개발
보건복지부	·외국인근로자·결혼이주민·북한이탈주민 등 의료지원
고용노동부	·결혼이민자 취업지원, 직업상담 및 훈련 ·**외국인근로자지원센터 운영**
농림수산식품부	·결혼 이주 여성 농업인 영농기술교육
통일부	·북한이탈주민 정착 행정지원 ·하나원 운영 지원

※ 위의 표는 2010년 국회전자도서관에서 발행한 ≪다문화가정 한눈에 보기≫에서 재인용한 것임.

위의 표에서 짙게 표시된 부분이 이민자를 대상으로 하는 언어 정책이 한국어 교육과 교재 개발의 형태로 시행되는 사업들이다. 정책의 대상이 대부분 결혼 이주 여성과 그 자녀에 한정되어 있으며, 대규모 한국어 교육 이주민 집단인 이주 노동자에 대한 언어 정책과 한국어 교육 시행 사업이 부족한 것을 알 수 있다. 고용노동부의 예산지원으로 전국 8개소에 설치된 외국인근로자지원센터에서 한국어 교육이 진행되고 있다. 노동이주자는 법률이 정한 기한 내에 한국에 거주하다가 귀국을 하는 집단이므로 이들에 대한 한국어 교육은 이후 해외 한국어 보급이라는 점에서도 큰 성과를 거둘 수 있을 것으로 판단되며 이에 대한 적극적인 모색이 요구된다.10)

2) 법무부 사회통합프로그램과 한국어 교육

법무부의 사회통합프로그램(KIIP Korea Immigration and Integration Program)은 법무부 장관이 지정하는 사회통합교육을 일정시간 이상 이수한 이민자에 한하여 국적취득을 위한 귀화시험을 면제하도록 하여 정착지원과 국적취득을 연계하는 프로그램이다. 이러한 이수제는 결혼이

---

10) 조선경(2006)의 외국인 근로자의 한국어 학습 실태 조사에 의하면, 외국인 근로자들은 한국어 학습 목표 수준으로 '모든 한국인과 자유롭게 대화가 가능할 때까지'라는 의견이 48.4%, '기초적인 의사소통이 가능할 때까지'라는 의견이 25.8%로 나타났다. 가장 선호하는 학습 장소는 종교 기관 44.5%, 회사근처 학교 26.6%, 회사 21%이며, 희망 한국어 교사로 모국어를 할 줄 아는 한국인 교사 45.4%, 한국인과 모국인 교사의 협동 수업 22.7%, 한국어 교육을 전공한 한국인 교사 20.1%, 한국어를 공부한 모국인 교사 11.8%의 선호도를 보였다. 가장 선호하는 한국어 교육 시간은 일요일 2시간 41.2%, 토요일과 일요일 각 2시간 19.6%이며, 가장 필요로 하는 한국어 영역은 말하기 54.1%로 나타났다. 외국인 근로자를 대상으로 하는 한국어 교육 정책이 시행될 경우, 근로자 신분이라는 특수성을 감안하여 이들의 요구가 충분히 반영하여 교육 효과를 극대화시킬 수 있는 프로그램이 마련되어야 할 것이다.

민자를 대상으로 한 한국어교육, 한국사회와 문화에 대한 이해교육 등 정착지원 시책을 표준화한 것이다. 사회통합프로그램의 단계별 교육 과정을 아래 <표 2> V와 같다.

〈표 2〉 사회통합프로그램의 과정별 단계

과정 \ 단계		0단계	1단계	2단계	3단계	4단계	5단계
한국어과정 이수시간		기초	초급1	초급2	중급1	중급2	고급
		15시간	100시간	100시간	100시간	100시간	면제
한국사회이해과정							50시간
단계 배정	사전 평가	결혼이민자	0점~ 10점	11점~ 29점	30점~ 49점	—	—	50점~ 100점
		일반이민자	0점~ 10점	11점~ 29점	30점~ 49점	50점~ 69점	70점~ 89점	90점~ 100점

교육 과정은 한국어 과정과 한국 사회 이해 과정으로 구성되며 과정 및 단계는 기본 소양 능력에 따라 면제·감면 등 차등 적용된다. 한국어 과정의 단계 수준은 개인 능력 등을 반영하되, 일반 이민자의 경우 기초, 초급1부터 중급2까지 총 5단계의 적용을 받으나, 결혼 이민자는 기초, 초급1부터 초급2까지 총 3단계 적용을 받는다. 동포, 외국인 근로자, 난민, 유학생 등 일반 이민자인 참여 신청자는 사전 평가에 의해 배정된 단계로부터 순차적으로 한국어 교육에 진입하게 되지만,11) 결혼 이민자인 참여 신청자는 3단계와 4단계를 면제 받으며, 사전 평가에 의해 배정된 단계 완료 후 5단계로 진입하는 특혜가 있다. 이 프로그램 이수자에게는 귀화 신청자에 대해서는 국적 필기시험 및 국적 면접 심사 면제,

11) 법무부의 사회통합프로그램은 신청 대상은 모든 이민자이다. 국적취득과 관련이 없는 이민자는 물론, 이미 국적을 취득한 이민자일지라도 본인이 원할 경우 신청이 가능한데, 외국인의 경우 외국인등록 또는 거소신고가 되어 있어야 신청 자격이 주어진다(법무부, 2011).

국적 심사 대기 기간이 단축되며, 체류 관리에서는 전문 인력의 거주지 자격(F-2)변경 시 가산점이 부여되는 혜택이 있다.

3) 여성가족부 다문화가족지원센터와 한국어 교육

여성가족부에서 시행하는 한국어교육은 다문화가족 사회통합 사업의 일환이다.[12] 여성가족부에서는 전국에 200개 다문화가족지원센터를 설치하여 다문화가족지원법에 근거하여 결혼이민자 한국어교육을 실시하고 있다. "다문화가족 내 의사소통기능을 증진하여 결혼이민자들의 한국생활적응을 돕고 안정적인 초기 정착을 지원"하고자, "기초부터 고급 수준까지 수준별 한국어교육을 통해 결혼이민자의 역량을 강화하여 사회활동참여 지원 및 자아실현기회 확대"를 한국어 교육 목표로 하고 있는데, 그 세부 교육 내용은 아래 <표 3>와 같다.[13]

<표 3> 다문화가족지원센터 한국어교육 세부 내용

세부 교육 영역	내용	필수운영시간
1단계	기초적인 단어 및 문장, 간단한 표현	40시간×연간2번
2단계	기초적인 단어 및 문장, 다양한 교육	40시간×연간2번
3단계	일상생활에 필요한 표준어교육 등 일상적인 의사소통 가능하도록 교육	40시간×연간2번
4단계	고급 회화반 운영 등 한국어로 무리 없이 의사소통 가능 수준 대상	교재에 맞게 설정
특별반	한국어능력시험대비반, 교재연구반 등	교재에 맞게 설정

---

12) 여성가족부에서는 중앙부처 및 지방자치단체의 다문화가족지원정책 총괄을 맡고 있는 '다문화가족과'를 통하여 다문화가족 지원에 대한 총체적 업무를 수행하고 있으며, 이에 따라 한국어 교육의 대상자도 다문화가족 구성원인 결혼이주민과 그 자녀에 한한다.

13) 여성가족부, ≪2010 다문화사업결과보고서≫, 2011, 69쪽.

법무부는 '사회통합'을 목적으로, 여성가족부는 '결혼이민자의 사회 적응과 역량강화'를 목적으로 이주민을 대상으로 한국어 정책을 시행하고 있다. 독일, 프랑스, 네덜란드 등에서는 독일어 600시간, 프랑스어 400시간, 네덜란드어 600시간을 의무화하는 통합 프로그램을 실시하고 있고 독일은 600시간을 800시간으로 늘려야 한다고 주장도 제기되고 있다고 한다(양명희, 2009). '통합'은 이주민들이 경제적 유동성과 사회적 포용의 과정으로서, 이주민뿐만 아니라 그들을 받아들이는 지역 사회 구성원들이 변화하는 상호적인 과정을 의미한다. 그러므로 성공적인 통합은 경제적으로 더 부강하고 사회·문화적으로 더 포용적인 지역사회를 만든다. 만약 사회에 이주민들과 그들의 후손으로 이루어진 인종적으로 확연이 구별 가능한 사회 경제적 하위계층이 존재한다면 진정한 통합이라고 할 수 없다(마이클 픽스, 2009). 한 사회 내에 서로 다른 민족들이 공존할 때 언어 적응과 구사 능력의 격차가 사회 경제적 격차로 이어질 가능성이 있는데, 성공적인 언어 정책은 이주민의 언어 능력 향상과 함께 경제적 향상에 긍정적 영향을 미친다는 점에서 한국 사회의 통합에 일정 부분 기여하는 바가 있다.

4) 한국어 교재 개발

문화체육관광부에서는 국어기본법에 근거하여 한국어교재 개발·보급, 전문 강사 양성 등 한국어교육의 전문성 제고와 관련한 언어 정책을 국립국어원을 통해 실시하고 있다. 국립국어원의 이주민용 한국어 교재 발간 및 보급 현황을 살펴보면 아래 <표 4>와 같다(권재일, 2010).

〈표 4〉 국립국어원 한국어 교재 개발 현황

구분		2008년	2009년	2010년	2011년	2012년	2013년
여성결혼이민자와 함께하는 한국어	교재	1,2권 개발	1,2권 발간/3,4권 개발	3,4권 발간	5,6권 개발	5,6권 발간	
	지침서		1,2권 개발	1,2권 발간	3,4권 개발	3,4권 발간/5,6권 개발	5,6권 발간
부부공동학습 교재 '알콩달콩 한국어' (중국어, 베트남어)	교재	개발	발간				
이주노동자 교재 '아자아자 한국어'	교재		1권 개발	1권 발간	2권 개발	2권 발간	
	지침서				1권 개발	2권 개발	발간

　이민자들에게 한국어는 한국 사회를 이해하고 적응하기 위한 의사소통의 도구 이다. 결혼이민자의 경우 가족과 지역 사회의 구성원으로서 역할을 이해하고 한국 사회에 정착하기 위해서는 의사소통 능력을 갖추는 것이 무엇보다 중요하다. 이주민들은 보통 한국어 교재의 TEXT를 통해 사회적 관습과 규율, 음식, 의복, 가족 관계 등 새로운 문화를 학습해 나가는데 이주민들의 생활공간과 사회적 역할의 차이에 따라 TEXT를 구성하는 내용에는 차이가 있다.

　국립국어원에서는 결혼 이주 여성의 한국어 교육을 위한 목적에서 ≪여성결혼이민자와 함께하는 한국어≫(1권~4권), ≪알콩달콩 한국어≫를 제작하였으며, 이주노동자를 위한 한국어 교재로 ≪아자아자 한국어≫를 제작 배포하였다. 이 3종의 교재는 대상 학습자의 특성에 따라 서로 다른 대화 상황과 어휘, 대화 참여자 등 특색 있는 TEXT구성을 보이도록 제작되었다.

최근 결혼이민자의 증가에 따라 한국어를 학습하는 학습자의 동기와 목표가 다양해졌으며, 한국어 교육과정과 교수요목 역시 다양화되고 있다. 과거 학문을 목적으로 하는 유학생들에게 정확한 문법적 이해와 표현을 강조하였다면, 결혼이민자를 대상으로 하는 한국어 교육에서는 유창성과 문화 이해를 강조하고 있어 특성에 맞는 새로운 교재 편찬이 요구된다. 국립국어원에서는 변화하는 한국어 학습자의 요구에 맞추어 여성결혼이주자와 노동이주자를 위한 한국어 교재를 교사 학습서와 함께 개발 보급하고 있으며 법무부와 여성가족부가 주도하는 한국어 교육은 1단계부터 4단계까지 국립국어원에서 발행한 ≪여성결혼이민자와 함께하는 한국어≫(全4권)를 주교재로 사용하고 있다.

4. 결론

이 글에서는 최근 다양한 국적을 가진 이주민이 급증하면서 이른바 다문화 사회에서의 이주민에 대한 한국어 교육과 보급이라는 새로운 해결 과제를 맡게 된 한국의 언어 정책에 대해 선행 연구를 분석하고 국어기본법에 바탕한 법적인 근거의 내용들을 살펴보았다. 아울러 언어 정책의 수행 기관과 부처별 수행 내용을 한국어 교육과 교재 개발 중심으로 검토해 보았다.

한국 사회는 한 국가 안에 하나의 언어가 실현되는 국가로, 일찍이 국민의 언어 능력 향상과 해외 한국어 보급이 언어 정책의 주요 내용을 이루고 있었다. 다문화 시대를 맞아 이주민에 대한 한국어 언어 정책이라는 새로운 과제를 해결하기 위해 미시적으로는 한국어를 통해 이주민의 초기 정착을 지원하고 거시적으로는 사회 통합을 이루는 것을 목표로 한국어 교육의 형태로 정책이 시행되는 것을 살펴보았다. 정책 차원의 표준 교육 과정 마련과 그에 의한 한국어 교사 양성, 한국어 교육을 위한 교재 개발과 보급 등 국가의 주도에 의해 언어 정책이 시행되고 있다.

이민자의 한국어 교육에 직접적으로 관여하는 부처로 문화체육관광부가 국어기본법에 근거하여 한국어 교재 개발과 보급, 한국어 강사 양성 사업을 펴고 있으며, 법무부와 여성가족부, 고용노동부가 한국어 교육 사업을 맡고 있다. 특히 법무부의 사회통합프로그램은 한국어 교육과 한국 사회 이해를 위한 교육을 병행하여 이주민의 정착을 지원하는 것과 국적 취득을 연계하였다는 점에서 그 실효성이 큰 것으로 판단되지만 여성가족부의 한국어 교육 사업과 내용면에서 큰 차이가 없는 것으로 여겨진다.

여타의 다문화 정책에서와 마찬가지로 언어 정책에서도 결혼 이주 여성 중심의 한국어 교육 과정이 실시되고 있는데 이 점은 장기 거주와 단기 거주를 목적으로 하는 결혼 이주자와 노동 이주자의 특성에 맞춘 언어 정책의 조화가 필요함을 시사한다. 아울러 언어 정책과 한국어 교육의 지속 가능한 발전을 위해 언어 교육의 목표 설정과 교육 사업을 총괄하는 상위의 기관이 마련되어 이주민 전체를 대상으로 하는 합목적적이고 균형 있는 정책 시행이 이루어져야 할 것이다.

참고문헌

국회도서관, 『다문화가정 한눈에 보기』, 국회도서관, 2010.

권재일, 「세계화 시대의 국어 정책 방향」, 『국어국문학』 155집, 2010, 5~17쪽.

김남국, 「다문화 시대의 시민 : 한국사회에 대한 시론」, 『국제정치논총』 45집 4호, 2005, 97~121쪽.

마이클 픽스 지음, 곽재석 옮김, 『다문화 사회 미국의 이민자 통합 정책』, 내일을여는지식, 2009.

박성혁 외, 『우리나라 다문화교육정책 추진 현황, 과제 및 성과 분석 연구』, 교육인적자원부, 2007.

법무부, 『사회통합프로그램 운영 지침』, 법무부 출입국·외국인정책본부, 2011.

변명섭, 「언어정책과 언어법제화의 양상」, 『法과 政策』 19집, 2003, 203~230쪽.

송기중 외, 『세계의 언어정책』, 태학사, 1993.

여성가족부, 『2010 다문화사업결과보고서』.

이광석, 「정책학의 관점에서 본 국어 정책의 의미와 방향」, 『한글』 271집, 2006, 161~204쪽.

조선경 「외국인 근로자의 언어 문제와 대응 방안」, 『새국어생활』 16집 1호, 2006.

조태린, 「언어 정책이란 무엇인가」, 『새국어생활』 20집 2호, 2010.

조항록, 『한국어 교육 정책론』, 한국문화사, 2010.

결혼이주여성의 인권과 발달권
증진을 위한 담론*

권복순, 임보름**

1. 서론

1) 연구의 필요성

우리나라에 거주하는 외국인주민수는 1,265,006명으로, 전체 주민등록인구의 2.5%를 차지하며 전년대비 11% 증가하였는데, 이들 중 결혼이주여성의 수는 21만 명을, 그 자녀들의 수는 15만 명을 넘어섰다(행정안전부, 2011. 1. 1.기준). 결혼이주여성의 수는 최근 10년도 안 되는 사이에 급증하였고 출신국가도 다양해지면서 우리나라가 다문화사회로 변화하고 있다. 그러나 다문화사회의 경험이 전혀 없었던 우리사회는 이들이 노정하는 경제, 사회, 복지, 인권 등 여러 가지 문제를 해결하고자 정부의 관련 부처들이 각종 정책과 제도와 사회서비스를 쏟아내고 있지만 그 어느 것도 근본적인 문제점을 다루지 않고 있다. 근본적인 문

---

 * 이 논문은 대구가톨릭대학교 인문과학연구 제16집에 게재된 것임.
** 연구책임자: 권복순(대구가톨릭대학교 사회복지학과 교수), 공동연구원: 임보름(대구가톨릭대학교 사회복지학과 박사과정 수료).

제점이란 우리는 과연 이들을 우리와 동등한 사회구성원으로 인정하고 대우하고 있는가? 하는 것이다.

전국 다문화가족 실태조사(2009)에 의하면 결혼이주여성의 34.8%가 한국생활에서 차별대우를 받은 경험이 있다고 한다. 국가인권위원회 (2010)가 실시한 이주민(응답자 78명) 대상의 인권실태조사는 직장(학교)에서 따돌림 받음(70.5%), 모국이나 동포에 대한 모욕을 들은 적 있음(57.7%), 언어나 습관 때문에 놀림 받음(38.5%), 이주민이라는 이유로 자신이 속한 공동체에서 발언권을 갖지 못하거나 무시당함(29.5%)으로 보고하였다. 이와 같이 결혼이주여성의 한국 생활은 인권과 발달권을 인정받지 못하는 실정이다.

결혼이주여성을 대상으로 한 선행연구들도 이런 점을 지적한다. 즉, 우리나라의 다문화정책에 포함된 문제점을 세 가지로 분류해 볼 수 있다. 우선, 결혼이주여성 개인의 존엄성 및 인권이나 차별방지보다는 가족의 유지자로서 역할을 중요하게 인식하여 다문화정책 형성과정에 개인의 인권보호 관점보다는 가족유지 관점이 강조되고 있음을 지적한다 (전영평, 2007; 김선희·전영평, 2008; 설동훈·윤홍식, 2008). 다음, 지자체마다 경쟁적으로 이루어지고 있는 결혼이주여성을 대상으로 하는 시혜나 기초적 복지 수준의 지원 사업이 오히려 이들의 과잉기대를 불러오는 폐해를 낳고 있다는 점(양애경·이선주·최훈석·김선화, 2007)과 다문화가족에 대한 정부 각 부처의 지원은 일반 빈곤가족이나 소외층에 대한 정책과의 형평성 측면에서 역차별이라는 정서가 대두되고 있음을 지적하고 있다(김이선·황정미·이진영, 2007; 김선희·전영평, 2008).

이러한 지적들은 한국사회가 결혼이주여성에게 처음부터 우리와 대등한 관계에서 사회적 위치를 부여하지 않았고, 그들의 적극적인 삶의 전략모색 권리와 행위자성을 무시한 경향을 반증하며 결과적으로 반 인권적 대우였음을 말하고 있다. 그것은 결혼이주여성의 대부분이 한국보다 낮은 경제적 지위 국가의 출신 여성들이며 이들의 배우자 또한 국내

에서 열등한 사회적 위치를 가진 남성들이 대다수이므로 결혼이주여성
은 자연스레 한국사회에서 낮은 사회적 지위가 부여되고 열등한 존재로
인식된 것과 관련된다. 뿐만 아니라 관주도형 정책은 결혼이주여성의
삶의 질에 대한 가치제고는 간과된 채, 한국사회의 다양한 가족체계의
위기와 돌봄 노동의 부재를 해결하기 위한 하나의 대안으로만 인식하는
경향(김선희·전영평, 2008)과도 관계가 있다.

　우리나라는 짧은 기간 동안 다문화사회와 결혼이주여성의 안정된 정
착을 위하여 법과 제도를 보완하면서 다양한 서비스를 구축해 왔다. 그
러나 관련 부처의 다문화정책 내용과 서비스 이용자의 공감대 사이 그
리고 결혼이주여성의 한국 구성원으로서의 정체감 형성과 한국인이 이
들을 수용하려는 태도 사이에는 많은 거리가 있는 것도 사실이다. 그러
므로 이러한 간격을 좁히고 나와 '다른' 사람들과 함께 살아가야만 하는
역사적 시점에서 다문화사회의 특성을 이해하고 수용하는 국민의 인식
수준을 끌어 올리려면 결혼이주여성의 인권과 발달권 증진에 대한 담론
이 더욱 풍성히 전개되어야 할 것이다. 따라서 본 연구는 이러한 필요성
을 인식하며, 그 담론의 출발점에 동참하고자 하는 것이다.

2) 연구의 목적

　결혼이주여성의 인권과 발달권에 관한 담론은 이들에 대한 존중과 차
이의 인정으로 시작되며, 한국사회를 실제로 이끌어 온 주체가 새롭게
유입되어 온 '타자(Levinas, 1981)'를 어떻게 하나의 공동체 일원으로
받아들일 것인지, 상호간의 평등한 관계의 모색은 가능한 것인지에 대
한 물음이다. 이 질문은 '코리안 드림'을 가지고 한국의 새로운 구성원
이 된 결혼이주여성들이 한국사회에서 어떻게 하면 행복한 삶을 살 수
있게 도와줄 수 있는가 하는 사회복지적 과제이기도 하다.

이 사회복지적 과제를 풀어가기 위하여서는 다양한 문화적 차이의 존중과 인정의 바탕 위에 이루어지는 상호 문화주의(interculturalism)적 접근을 통해 인권의 제반 가치를 재확인하고 그 차원을 확대, 심화시키는 작업이 필요하다. 동시에 한국사회가 앞으로 결혼이주여성을 포함한 모든 사회구성원들 간의 상호 문화적 이해를 통해 결혼이주여성의 발달권 증진을 적극적으로 촉구하고 옹호하는 작업도 필요하다.

그러므로 본 연구는 다음과 같은 담론의 소주제를 설정하였다.

1. 한국사회의 새로운 사회구성원으로서 결혼이주여성들에 대한 사회복지적 접근이 인권적 관점에서 접근해야 하는 필요성은 무엇인가?

2. 인권적 접근의 연장선에서 결혼이주여성의 발달권의 증진 모색은 어떤 의미를 지니는가?

2. 결혼이주여성의 사회적 지위

인권과 발달권에 관한 담론은 담론의 대상이 차지하는 사회적 지위에 대한 고찰이 선행되어야 한다. 한국사회에서 결혼이주여성은 사회적 소수자(minority)이다. 대체로 소수자란 수적으로 적은 사람들이 아니라 힘의 관계에서 약자인 사람들이라고 개념화하고 있는데, 이런 개념화의 조건으로서 식별가능성, 권력의 열세, 차별적 대우와 소수자 집단성원으로서의 집단의식을 제시(Anthony Dworkin & Rosalind Dwokin, 1999)하고 있다. 그러면 결혼이주여성들이 어떻게 사회적 소수자가 되는지를 살펴보고자 한다.

첫째, 신체적·문화적 다름(식별가능성)이다. 이들이 기존 한국사회의 구성원들의 외모와는 뚜렷하게 구분되고 언어와 식생활 및 생활방식의 다름(차이)은 이질감을 갖게 하며 '이방인'으로 취급하는 것을 당연시하게 된다(김선희·전영평, 2008; 전영평, 2007; 전영평, 2008; 전영평, 2009). 한국사회는 그동안 순혈적 단일민족적 관점을 강조하면서 동질성 확보를 중요시 여겼기 때문에 우리와 다른 점을 지닌 사람이나 집단을 소외시키고 차별과 억압을 조장하게 되는 것이다.

단일민족임을 자랑해 온 우리문화는 집단주의적인 '상호의존적 자기'의 문화로서 준거집단의 가치를 내면화하는 경향이 높아서 타인을 판단할 때 상대적인 이중 잣대를 가지고 있다. 그리하여 구미계 백인보다는 동남아 출신이나 흑인 등의 약자 집단에 대한 편견적 태도가 보다 강할 수 있다(노경란·방희정, 2008). 이러한 한국인의 가치관과 태도 때문에 한국사회에서 결혼이주여성들은 신체적·문화적 다름으로 인해 사회의 여러 분야에서 차별 대우와 인권 침해를 경험하며 살아가고 있다.

둘째, 결혼이주여성들은 한국인에 비해 경제적·사회적·정치적 측면 모두에서 열등한 위치를 차지(권력의 열세)한다는 것이다(김선희·전영평, 2008; 전영평, 2007; 전영평, 2008; 전영평, 2009). 이들은 경제적으로 열등한 수준이다. 한국보건사회연구원(2010)의 보고서에 의하면 다문화가구의 월평균 소득은 100~200만원 미만(38.6%)이 가장 많았고, 50~100만원미만(16.4%), 50만원 미만(5.1%)순으로 나타났고(전국다문화가족실태조사, 2009), 이를 전체 일반 한국가구의 월 평균 소득 332만 2천원(한국복지패널, 2009)과 비교하면 결혼이주여성의 경제적 수준이 얼마나 열등한지를 알 수 있다. 결혼이주여성의 국민기초생활보장 수급가구의 빈곤경험률은 비수급가구보다 20.6%나 높게 나타나, 이들이 경제적으로 열등한 지위임을 말해준다.

이들은 사회적으로도 열등한 위치에 있다. 한국여성정책연구원의 2010년 연구보고서에 의하면, 전체 결혼이주여성의 취업률은 36.9%이며, 주로 서비스 종사자(32.5%), 전문가및관련종사자(12.4%), 단순노무자(가사관련단순노무자+기타단순노무자; 17.0%)의 3개 직종에 집중적으로 분포되어 있다. 종사자 지위는 임시근로자(38.4%)의 비중이 가장 높았다. 직종으로서 전문가에는 다문화강사, 영어강사가 포함된다. 이들이 고국에서 종사하던 경력을 한국 내에서는 거의 인정받지 못하고 있으니(전국다문화가족실태조사, 2009) 직업기회에서도 사회적으로 열등한 위치에 있다.

결국 결혼이주여성들은 한국의 농촌총각의 결혼과 저출산의 문제를 해결하기 위한 정치적 대안으로서 그리고 한국인을 생산하는 '준한국인'으로서의 정체성만 부여받을 뿐(원숙연, 2008), 결혼생활 10여년이 지나도 의사결정권을 공유하는 한 가족원으로서는 인정받지 못하는(권미경, 2006) 실정이다.

셋째, 낮은 사회적 지위를 가진 한국남성과 결혼한 저개발국가 출신의 결혼이주여성에 대한 사회의 편견은 그들을 사회적으로 낙오한 열등한 집단으로 취급(차별적 대우)하고, 권위주의적으로 대하게 된다(김선희·전영평, 2008; 전영평, 2007; 전영평, 2008; 전영평, 2009).

한국인들에게는 결혼이주여성들의 결혼동기가 대체로 경제적 이득에 있고, 이들은 한국생활 적응보다는 취업과 본국송금에 더 관심이 많다(설동훈·이혜경·조성남, 2006)고 알려져 있다. 현실적 갈등이론에 의하면 주요 자원을 두고 경쟁을 해 온 집단들끼리 적대감과 편견적 태도가 발전하게 된다고 한다. 그러므로 국내의 일자리를 두고 한국인은 결혼이주여성을 경쟁대상으로 바라봄으로써 이들이 한국 사람들의 일자리를 빼앗아간다고 지각하거나 우리사회의 범죄를 증가시킨다고 지각하여 현실적으로 이들에 대한 적대감과 편견을 가지게 된다(김혜숙·김도영·신희천·이주연, 2011). 이런 편견으로 인해 결혼이주여성들은 개인적인 속성과 무관하게 가족과 지역사회, 학교나 직장 등 일상의 생활세계에서 사회문화적 차별과 편견의 대상이 되어버린다.

2009년 전국 다문화가족실태조사 연구에서 '결혼이민자의 차별'과 관련하여 분석한 결과를 2006년 여성가족부 조사와 비교해 보면, 결혼이주여성 중 '차별경험이 있는 경우'가 2006년 29%에서 2009년 35%로

6% 증가하였다(한국보건사회연구원, 2010). 그리고 2009년 외국인 3,574명을 대상으로 한 법무부 조사에 의하면 응답자의 2/3가 한국사회는 외국인에게 차별적이라고 지적하고 있고, 또한 이러한 편견이나 차별은 한국에서 생활하는 데 가장 큰 애로점이라고 보고하고 있다(매일경제신문, 2010. 1. 1). 또한 이상철(2010)의 경남 일부지역 결혼이주여성을 중심으로 "결혼이주여성이 바라보는 한국인의 윤리성에 대한 조사 연구" 결과에서 이들은 한국인들이 일상생활에서 "다른 사람에 대한 존중성"과 "다른 나라문화에 대한 수용성·개방성"이 매우 부족한 것으로 인식하였으며, 한국인들에게 가장 개선되기를 바라는 것은 "다른 문화에 대한 배려, 타인에 대한 존중"인 것으로 나타났다.

이처럼 한국 사회에서 결혼이주여성들은 외관적으로 구분되는 신체적 특성과 언어와 문화가 다른 점, 출신국의 낮은 국제적 위상, 한국사회의 낮은 사회적 지위에 있는 남성들의 배우자라는 점 등으로 인해 사회적으로 열등한 존재로 인식되고 있을 뿐만 아니라, 기존 구성원들과의 소통상의 장애로 인해 사회적 편견과 차별적 대우가 더해지고 있는 실정이다. 결과적으로 한국사회에서 결혼이주여성들은 사회구성원으로서 정당성을 인정받지 못하고 문화적 이질성으로 인해 문화적 동질성을 갖는 사회적 다수에 의해 차별적 대우와 인권 침해를 받는 전형적인 문화적 소수자라고 할 수 있다(전영평, 2007).

우리나라 사람들의 대인정서는 자신이 속한 집단을 다른 집단에 비하여 상대적 우위에 두는 권위주의 가치를 가지고 있는데, 권위주의 가치는 다른 집단이 자기 집단의 이득과 정체성을 훼손시킬 수 있다는 위협감을 느끼게 하기 때문에 역으로 다른 집단에 대해 비하적 태도를 취하게 된다(김혜숙·김도영·신희천·이주연, 2011). 이런 맥락에서 볼 때 한국사회가 결혼이주여성들에 대해 그들의 문화적 배경, 언어와 생활양식, 역할 기대와 관계형성 방식, 가치관 등에 존재하는 구체적 차이를 무시하고 일방적으로 한국사회로 동화되기를 요구하게 되는 태도를 보이는 것은 어쩌면 당연한 결과라고 하겠다. 그러므로 소수자에 대해 상대적으로 다수인 전국민 차원에서 다문화사회에 대한 인식전환이 필요함을 강조한다.

3. 결혼이주여성의 인권

1) 인권개념 : 보편성, 정당성, 타자성

(1) 인권의 보편성

인권의 개념은 하나의 단일 개념이 아니라 보편성, 정당성, 타자성의 측면으로 구성된다. 인권의 보편성의 개념은 인권이란 인간이 태어날 때부터 하늘로부터 부여받은 권리로서 인간이라면 누구나 누릴 수 있는 권리이기 때문에 인종이나 성별·종교·사회적 신분·민족 또는 사회적 출신, 재산, 출생 등에 구애받지 않고 당연히 인정되어야 하는 보편적 권리를 말한다. 인권의 보편성은 인권 그 자체가 하나의 '대상'이 아니라 사회적 관계 속에서 실행되어야 함을 의미하며(Donnelly, 1985), 현실에서 차별당하고 억압받는 사회적 약자들에게 자신의 권리를 주장하고 존엄성을 보장받을 수 있는 근거가 된다(김영원, 2003). 이 보편적 권리는 동시에 인간이기 위해서 가져야 할 의무가 된다(이봉철, 1995). 그러므로 인권이란 무엇인가라는 물음보다는 한국사회에서 특별히 결혼이주여성에게 이 보편적 권리가 어떻게 작동하는가라는 물음이 더욱 의미 있는 것이다.

인권의 보편성에 대한 탐구는 우리의 다문화사회에서 인권이 어느 정도로 구현되어야 할지를 보여주는 의미에서 그 중요성이 있다. 이런 점에서 프랑스 법학자 바삭(Karel Vasak)에 의해 제시된 "인권의 3세대론"을 간단히 고찰할 필요가 있다. 제1세대 인권은 시민적, 정치적 권리, 제2세대 인권은 경제, 사회, 문화적 권리, 그리고 제3세대 인권은 연대권이다. 제1세대 인권 개념의 중심 이념은 자유(liberty)로서 정치권력의 자의적 행사에 대항하는 안전판의 역할을 담당하며 소극적 인권관이다. 나아가 제2세대 인권은 가치의 생산과 배분과정에 있어서의 형평성 확보를 위한 국가의 적극적 개입을 요구하며, 사회보장과 노동의 권리, 휴식과 여가의 권리, 삶의 질에 대한 권리, 교육의 권리, 지적 생산물 보호의 권리 등이 주축이 된다. 이 위에 제3세대 인권은 정치적·경제적·사회적 그리고 문화적 자결의 권리 등을 추가하였다(유홍림, 2001). 인권 3세대이론은 이주민의 복지권보장의 근거로서 또 상호문화주의 접근의 이론적 배경으로 작동할 수 있다.

한국의 결혼이주여성들의 경우 한국사회의 사회적 소수자로서 인종적 차별과 경제사회적 측면에서 차등대우를 받음과 동시에 자신의 모국에서도 보호받지 못하는 이중적 배제상황에 처한 현실 속에서 생활하고 있으므로 이들은 보편적 인권조차 누리지 못하고 있다 하겠다.

(2) 인권의 정당성

인권의 정당성의 문제는 인권이란 사회적 존재로서 발달하는 인간의 삶 속에서 나타나는 고유한 현상이므로 사회적 차원에서 논의되어야 함을 의미한다. 즉, 권리란 고립된 개인이 가지는 그 어떤 사물적 속성이 아니라, 내가 너에 대해, 너가 나에 대해 권리를 요구하고 부여할 때, 나아가서 '우리'가 너와 나의 권리를 보편적인 권리로 보증할 때에만 이 권리는 성립된다(김원식, 2007). 롤즈(Rawls)가 기본적 인권을 정의로운 국제 정치 사회의 정규 구성원이 되는 모든 국가들이 질서정연한 정치적 제도들을 갖추기 위한 최소한의 기준을 뜻하는 것으로 보았듯이 인권은 한 사회가 정의로운 국제사회의 정당한 자격을 얻기 위한 외부적 경계를 의미한다(유홍림, 2001).

일찍이 하버마스(J. Habermas)는 "법적으로 구성된 담론적 입법과정 속에서 모든 시민들이 동의할 수 있는 법규들만이 정당성을 주장할 수 있다"고 보았다(박구용, 2003). 예를 들어 재한외국인처우기본법, 다문화가족지원법 등의 국내법이 결혼이주여성을 비롯한 재한외국인의 인권을 정당화해주고 있다. 보다 구체적으로 말하자면 이들의 국내 체류자격, 의료를 포함한 사회보장제도의 급부수준, 교육의 기회이용, 모국문화의 유지 등도 법적 장치로 보장을 받을 권리가 있음을 의미한다. 따라서 법이 선언적 차원에 머물러 있어서는 인권보호의 기능이 부족하고 실효적 구속력이 있어야 인권의 정당성의 가치를 지니게 된다.

인권의 정당성은 결혼이주여성이 국내의 사회적, 사회복지적 재화와 자원을 한국인과 나누어 사용할 근거와 그 내용을 안내하고 보장하게 되므로 기존의 한국인들에게도 매우 민감한 사안이 된다. 그러므로 법률로써 인권의 정당성을 완벽히 구현하는 것은 세계 도처에서 미해결의 과제로 존재하게 되는 것이다.

(3) 인권의 타자성

현대사회에서 복지국가의 관심사가 과거 근대적 산업화와 사회적 합리화 속에서 재화의 분배에 초점을 맞추느라 실종된 인간의 '삶의 세계'를 회복하는 방향으로 나아가고 있으며, 구체적으로는 경제적·사회적 복지나 국내·외 안보 보다는 "삶의 질, 평등권, 개인의 자아실현, 참여, 그리고 인권"에 관심이 옮겨지고 있다고 하버마스는 설명하였다(박구용, 2003). 이러한 복지관점의 변화는 경제적 부, 복지수혜, 안보 등에 의해 주변화되고 소외되고 억압받으면서 결국은 '타자화(他者化)' 되어 왔던 많은 "삶의 세계의 타자 가치들의 복권 요구"(이봉철, 1995)의 반영이라고 볼 수 있다.

레비나스에 의하면 인간들이 서로 타자를 향하고, 서로 도와주고 베풀어 주며 대화를 나눌 때에야 비로소 올바른 인간유대가 가능하다. 이런 의미에서 각 인간의 타자에 대한 윤리적 응답, 도덕적 책임은 각 사회를 기원으로 하여 모든 인류에게로 확대된다. 이점에서 레비나스는 "제대로 질서 잡힌 정의는 타자와 더불어 시작한다"라고 말했다(김연숙, 1999).

결혼이주여성들을 위한 인권 담론이 중요성을 띠는 이유는 결혼이주 여성들의 혼인 자체가 '매매혼'의 성격을 띠고 있으므로 이주여성 자체 가 상품으로 전락되어 인적 관계의 토대가 되는 도덕적 근거를 박탈해 버리는 '물적 환원주의'에 노출되어 있기 때문이다. 타자성의 관점에서 보면 결혼이주여성들은 기존의 한국 사회구성원들에게 윤리적, 도덕적 으로 자신들을 대우해 줄 것을 촉구하는 타자성을 지닌 윤리적 타자로 서 존재하며, 이는 기존의 사회구성원의 타자성 향상에도 도움이 되는 상호 호혜적 성격을 지닌다. 따라서 결혼이주여성들의 인권에 대한 논 의가 한국사회에 시사하는 의미는 우리 사회의 타자성(他者性)의 고려 에 대한 강조라 볼 수 있다.

2) 결혼이주여성에 대한 인권적 접근의 필요성

한국 사회에서 사회적 소수자인 결혼이주여성들에 대한 복지정책연 구는 인간 존엄성의 구현이라는 인권적 가치를 실현하는 것이 바탕이 되어야 한다(이병량, 2010). 사회복지를 인권적 접근으로 바라보아야 하 는 이유는 다음과 같다. 우선 인권적 접근은 단순히 개인의 선의에 기초 한 담론이 아니라 사회 전체의 공적 약속이라는 의미를 지니므로 보편 적 가치를 갖춘 도덕적, 정치적, 법적 테두리 안에서 사회정책을 시행할 수 있게 되며, 이로써 사회정책이 정치나 경제의 잔여적 영역이 아니라 목적이 되는 핵심영역으로 격상한다. 또한 인권적 접근은 결혼이주여성 으로 하여금 수동적 복지수혜자의 위치를 지양하고 능동적이고 주체적 인 이용자의 위치를 차지하도록 하여 존엄성 유지 및 현재보다 더욱 높은 수준의 복지정책을 요구할 수 있는 자신감 있는 존재로 만들어 주는 효과가 있으며, 이를 통해 정책의 만족도도 향상시킬 수 있다. 인권목록은 인간생활에 필요한 복지내용의 범위와 시행의 우선순위와 개선의 방향을 선별하는 기준으로도 기능할 수 있기 때문에 정책수립의 길라잡이 역할을 할 수 있다(조효제, 2007).

사회복지에서의 인권적 접근은 사회복지의 본질적 가치를 구현하는 것이된다. 한국사회복지사 윤리강령에 천명되어 있듯이 사회복지의 기본가치는 '인간으로서의 존엄성 존중'이며 '인간평등'과 '인권존중'이다. 그러므로 전통적으로 사회복지실천은 인권전문직으로서의 실천(이혜원, 2005; 양옥경·김정진·서미경·김미옥·김소희, 2010)이 되어야 한다.

실천적 측면에서 결혼이주여성들에 대한 인권적 접근은 사회복지정책의 '사회적 책임성'을 확대함에 유용성이 있다. 하나는 사회복지서비스를 제공함에 있어서 제도권 밖의 새로운 취약계층(예컨대, 인권침해나 소외 상황 중에 처해 있는 결혼이주여성)의 발굴에 유리하다는 점이고 또 하나는 '차별과 인권'에 대한 전체 구성원의 사회적 인식 개선과 예방 접근에 유리하다는 점이다. 그러므로 인권적 접근은 장기적인 관점에서 사회복지 정책 및 제도적 변화를 위해 강점으로 작용할 수 있다.

4. 결혼이주여성의 발달권

1) 발달권의 개념

현재 발달권에 대한 개념적 정의는 국내외적으로 명확하게 정리되어 있지 않다. UN에 의해 1986년 채택된 발전에 관한 권리선언(Declaration on Right to Developement)은 개발도상국 또는 소수자의 발달을 위한 기본권리 선언이라고 해석되기도 한다. 이『발전에 관한 권리선언』으로부터 발달권의 담론을 진행하자면 발전과 발달이란 용어 설명이 선행되어야 할 것이다.

발달의 사전적 의미는 '발육하여 완전한 상태에 가까워짐, 진보하여 완전한 지경에 이름'이고, 발전은 '매우 번영하다 혹은 널리 뻗어 나감'이다(이희승, 2010). 사전적 의미로 볼 때 결혼이주여성이 한국에서 정당한 사회구성원으로서 인정받으며 자신의 꿈과 이상을 실현해 나가는 것을 지칭하는 용어로는 발달이 더 적절하다. 마찬가지 맥락에서 UN의 발전권리선언을 기반으로 한『청소년 발달권 현황과 지표개발』연구(이중섭·박해석·김성훈·박선희·정현숙, 2006)에서도 발전 대신 발달이란 용어를 사용하였다.

발전에 관한 권리선언의 제1조 2항에서 양도할 수 없는 권리의 내용에 '천연자원과 부에 관한 완전한 주권'을 제시하고 있는데 이는 인간의 발달보다는 경제적 발전의 측면에서 이익에 대한 권리와 재분배에 대한 인간의 권리가 강조하는 셈이다. 하지만 모든 인간(every human person)과 모든 인민(all people)을 그 권리주체로 제시하고 있다는 점과 발전을 '능동적이고 자유롭고 의미 있는 발전에 대한 참여와 그것으로부터 결과하는 공정한 급여의 재분배에 대한 참여에 기초하여 모든 개인과 완전한 인간의 복지에 대한 끊임없는 개선을 목적으로 한 포괄적인 경제적, 사회적, 문화적, 정치적 과정'으로 정의하고 있는 점에서 발전권을 인간의 발달권의 의미로 사용하여도 무난할 것이다.

본 연구에서는 발달의 사전적 의미와 UN의 발전권리선언의 내용과 선행연구를 참고하여, 발달권이란 인간의 생물·심리·사회·문화·역사적 맥락에서 구현되고 신체적·정신적으로 성숙되고 성취되어야 하는 인권이라고 정리한다. 그러므로 결혼이주여성의 발달권은 보호권, 생존권, 참여권 등과 같은 다른 개별 권리의 실현을 전제로 하고 있는 종합적이고 포괄적인 기본권으로서의 결혼이주여성 인권 그 자체를 반영하고 있다고 하겠다.

2) 결혼이주여성에 있어서 발달권 증진의 의미

앞에 언급한 발달권의 개념으로 볼 때 발달은 점진적인 성장이나 단순한 자극과 반응의 관계라고 하는 양적인 과정이라기보다는 노력과 안정의 시기에 대한 결과라고 할 수 있다. 이 노력은 연령과 관련된 것만이 아니라 발달에 긍정적인 영향을 미칠 수도 있고 그렇지 않을 수도 있는 환경이나 상황과 관련된다(이중섭·박해석·김성훈·박선희·정현숙, 2006). 이점은 브론펜브레너(Bronfenbrenner)의 생태학 관점이 잘 설명하는데, 결혼이주여성의 발달이란 전 생애기간 동안 일어나는 변화로서 개인과 인간발달의 다양한 생물·사회학적 수준들(가족, 모국인 자조모임, 지역사회, 문화)간의 역동적 관계에 의해 야기되며, 긍정적인 발달을 위해서는 가족과 이웃의 사회적·문화적 맥락과의 호혜적 상호작용이 필요하다(이영 역, 1992).

이런 측면에서 결혼이주여성에 있어서 발달권의 의미를 개인적 차원과 사회적 차원으로 나누어 살펴보고자 한다.

개인적 차원에서 발달권은 헤비거스트(Havighurst, 1951)가 제시한 발달과업을 각 발달과정에서 성취할 수 있는 권리로 이해할 수 있다. 발달과업은 자신 앞에 놓인 과업들과 더욱 어려운 역할에 성공적으로 적응하기 위하여 개인이 자신의 생애동안 다양한 단계에서 요구되는 기술과 지식, 기능과 태도 등을 숙련하고 성숙시키는 것이다. 발달과업은 예를 들면, 성역할이나 양육방법의 습득, 타인과 관계 형성과 유지, 사회적으로 책임있는 행동 수행 등으로 이 모두는 개인이 속한 생활세계에서 일상생활을 가능하게 해 주는 기능들이다. 결혼이주여성들은 문화적 배경이 다른 환경에서 한 가정의 아내이자 어머니로서 한 사회를 존속시키고 유지시켜나가는 중요한 사회적 역할을 수행해야 한다. 그러므로 한국사회에서 자녀를 양육하는 방법 및 가족관계증진을 위한 기술과 지식의 습득 등으로 이루어지는 개인적 차원의 발달권은 협의의 의미에서는 자신의 생존을 위해서, 광의의 의미에서는 새로운 생활세계의 문화적 가치 창조자로서 중요한 의미를 지닌다.

여성가족부(2010)에서는 다문화가족의 생활세계와 강점을 고려하여 결혼이주여성들의 생애에 따른 연속성을 갖도록 결혼준비기－가족형성기－자녀양육기 및 정착기－가족역량강화기의 단계별로 설계하여 '생애주기별 맞춤형 서비스 제공'하고 있다. 그러나 맞춤형 서비스를 이용하는 편에서 보면 문화적응스트레스나 주변의 몰이해로 인해 결혼이주여성의 개인적 차원의 발달과업 성취가 매우 어려운 실정이다. 더구나 최근 입국하는 결혼이주여성의 연령과 학력이 낮아져 개인적 차원의 발달권 증진에 걸림돌로 작용하게 된다.

두 번째로 결혼이주여성의 발달을 생활세계를 근거로 사회적 차원에서 살펴보면 다음과 같다. 슐츠(A. Schutz)에 의하면 생활세계란 일상생활 속에서 행해지는 인간행위의 산물로서 개개인의 사고와 실존, 행위가 녹아있는 의미의 세계이자 문화의 세계이다. 이주자들은 모국의 생활공간(제1공간)을 떠나 이주국의 생활공간(제2공간)에서 생활하면서 공간적 전이를 통해 새로운 생활공간(제3공간)을 경험하게 된다. 이 경험은 제3공간에서 상호주관적 영역을 구성하며 이것이 이주국에서의 생활세계이다. 생활세계는 타자들 사이의 동일시 영역이 된다(김태원, 2011).

이 생활세계는 기존의 자신의 것이라 보유한 문화적 가치도 일정부분 양보되고 새로운 환경의 문화적 가치도 일정부분 양보되면서, 서로의 상호작용으로 새로운 가치를 빚어내며 새로운 차원으로 통합된 사회이다.

결혼이주여성의 사회적 차원의 발달권은 자신의 문화적 역량을 한국사회의 사회문화적 발전에 용해시키며 새로운 사회적 위치를 만들어감으로써 성취가능하다. 이것은 가정 안에서도 성취할 수 있지만 보다 적극적으로는 가정 밖의 사회 안에서도 성취되어야 할 것이다. 사회적 차원의 발달권 실현은 무엇보다도 결혼이주여성이 한국사회의 사회구성원으로서 기존의 구성원들과 생활세계를 공유한다는 점에서 또 사회·경제·정치·문화에 대한 권리의 실현으로써 한국사회에 참여하는 과정 및 결과로서 매우 중요하다. 왜냐면 발달과정이란 Amartya Sen의 주장처럼 "실체적 자유의 확대와 동등시되는 복지의 확대"이자 "자신이 소중하게 여기는 삶의 유형을 이끌 수 있는 능력이나 소중히 여길 이유를 가질 수 있는 능력의 확대"이기 때문이다(박우희, 2001). 그러므로 결혼이주여성의 발달권을 실현하기 위해서는 이들의 사회 '참여'가 필수적으로 요구된다(유해정, 2009).

현재 일부 결혼이주여성들이 다문화강사로서, 통번역사로서 같은 입장의 후배를 도우면서 혹은 공공기관에 취업하여1) 사회참여를 활발히 하고 있다. 이러한 사회참여는 자신이 소중히 여기는 삶을 다른 사람들과 나눌 수 있고, 이를 통해 사회적 책임을 질 수 있는 사람으로 변신함을 공개적으로 인정받게 됨으로써 이들의 발달과업 성취의 한 부분이 된다. 나아가 이러한 과정을 거치면서 그들은 궁극적으로 한국사회의 기존 구성원들과 함께 지속적인 국가 발전을 위해 고민하는 역사적 주체로서의 긍정적인 사회적 지위를 획득할 수 있게 될 것이다(김영옥, 2010).

어느 사회에서나 개개 인간의 삶의 내용은 다를 수 있지만 삶이라는 형식은 모든 인간에 공통적일 수밖에 없기 때문에 어떠한 권리도 고립적인 이행이 아닌 타 권리와의 관계를 생각하면서 권리의 실현 방안의 규정 및 행사가 이뤄져야 한다. 특히 발달권은 인권세대론에 언급된 모든 측면의 인권 전체가 인정되어야 하므로 인권발달을 위한 통합적인 권리의 성격도 갖는다. 따라서 결혼이주여성에 있어서 발달권 증진은 중대한 의미를 가지는 것이다.

---

1) 여성가족부, 중앙행정기관으로서는 최초로 채용(조선일보, 2011. 04. 17). 전북 익산시, 계약직 공무원으로 채용(연합뉴스, 2011. 07. 29).

5. 결혼이주여성의 인권과 발달권 증진을 위한 제언

1) 한국인의 다문화가족에 대한 인식의 변화 필요

결혼이주여성에 대한 사회적 차별의 문제를 해소하기 위한 사회복지적 접근은 그들을 사회의 일원으로 받아들이고 더불어 함께 살아가려는 기존 한국인들의 의식 및 태도와 관련이 있다(정귀순, 2003). 이들의 인권과 발달권의 실현은 자기문화 실현을 통해 가능한데 이를 위해 생활세계 안에서 기존의 한국 사회 구성원들이 결혼이주여성들에 대한 타자성을 이해하고 인정하는 노력이 선행되어야 하며, 이는 다문화사회의 중요한 사회적 가치로서 작용한다. 이런 점에서 현재 한국인이 다문화가족에 대하여 가진 생각이나 태도를 점검할 필요가 있다.

보건복지부(2008)가 초·중학생을 대상으로 다문화가족 아동에 대한 인식을 조사한 바에 따르면 응답학생의 28.1%가 다문화가족 아동을 접촉한 경험이 있다고 하였다. 그 친구가 어느 나라 사람인가하는 질문에는 외국인이다(41%), 한국인이다(13%), 외국인도 되고 한국인도 된다(42%)로 매우 혼란스러워하였다. 다문화가족 아동을 친구로 사귀기 싫어하는 이유로서는 의사소통의 어려움(40.4%), 신경쓸 일이 많아 피곤함(33.5%), 생각이나 생활방식이 달라서(32.3%), 부모님이 싫어함(4.3%) 등으로 응답하여 다문화가족의 아동은 문화적 차이로 인해 또래로부터 환영받지 못함을 보였다. 이중 의사소통문제의 경우는 접촉경험이 있는 학생의 비율이 경험없는 학생보다 낮았지만, 다른 이유에서는 접촉경험이 있는 학생의 비율이 경험없는 학생의 비율보다 더 높았다.

대구가톨릭대학교가 2009년 초등학교(51개교)와 중학교(39개교) 교사를 대상으로 다문화인식교육을 실시한 후의 설문조사에서 응답교사(523

명)의 87%가 다문화관련 교육을 받은 경험이 없다고 하였으며, 교육을 받은 후 다문화현상에 대한 인식이 크게 달라졌으며, 향후 다문화교육이 필요하다(96%)고 진술하였다(대구가톨릭대학교 다문화연구소, 2010).

종합해 보면, 아동이든 성인이든 타 문화 간의 정서적 간격을 좁히려면 서로에 대한 인식개선이 반드시 있어야 함을 실증하고 있다. 다문화에 대한 인식은 인권의식과 관련이 있으므로 기존 사회구성원들에게 인권의 다차원적 측면과 개별 권리의 상호 연관성에 대한 이해를 돕도록 인권 교육도 실시되어야 한다. 현대인권이론이 지향하는 바는 인간의 잠재력을 일깨우고, 인간의 역량을 강화하여 인간 가치를 증대시키는 규범적 포부로서의 인권이다. 오늘날 현실적으로 수용되고 있는 인권개념의 중심내용은 두 측면으로 정리할 수 있다. 하나는 개개인 및 모든 인간은 고유한 존엄성을 갖는다는 측면이고, 다른 하나는 사람은 모든 인간이 고유한 존엄성을 갖고 있다는 사실에 부합하도록 살아가야 한다는 것이다. 즉, 인권은 권리이자 의무인 것이다.

인권적 관점에서 볼 때, 우리사회 이주민의 문제는 소수집단으로서의 이주민의 적응의 문제일 뿐 아니라 다수 집단인 한국인의 적응의 문제이기도 하므로 보편주의 가치에 대한 교육을 통하여 '다른 것'과 '틀린 것'에 대한 구분이 결혼이주여성들을 이해하는 출발점이 되도록 사회적 분위기를 조성하는 교육 프로그램 마련이 요청된다.

2) 법과 제도에 인권내용의 보완 필요

인권과 발달권을 실현하기 위해서는 법과 제도적인 차원에서 인권의 내용이 정당화되어야 한다.

국내법상 인권과 관련된 조항을 살펴보면 헌법 제6조 제2항은 "외국인은 국제법과 조약이 정하는 바에 의하여 그 지위가 보장된다".고 규정하고 있다. 국가인권위원회 법은 제2조(정의)1항에서 "인권이라 함은 헌법 및 법률에서 보장하고 대한민국이 가입·비준한 국제인권조약 및 국제관습법에서 인정하는 인간으로서의 존엄과 가치 및 자유와 권리를 말한다."라고 규정하고, 제4조(적용범위)에서 "이 법은 대한민국 국민과 대한민국의 영역 안에 있는 외국인에 대하여 적용한다."고 규정하고 있다. 현재 한국의 다문화사회의 구성원 형태가 다양하게 파악되는 만큼 법과 제도적 측면에서 다양하게 접근함은 상당한 의미가 있다.

그러나 결혼이주여성들의 인권보장에 관련된 조항은 다문화가족지원법 제5조(다문화가족에 대한 이해증진) "국가와 지방자치단체는 다문화가족에 대한 사회적 차별 및 편견을 예방하고 사회구성원이 문화적 다양성을 인정하고 존중할 수 있도록 다문화 이해 교육과 홍보 등 필요한 조치를 하여야 한다"(시행일 2011. 10. 5)라는 조항을 통해 선언적으로 제시되어 있을 뿐 강제성을 띄고 있지는 않다. 재한외국인처우기본법 제3장 제10조(재한외국인 등의 인권옹호) "국가 및 지방자치단체는 재한외국인 또는 그 자녀에 대한 불합리한 차별방지 및 인권옹호를 위한 교육·홍보, 그 밖에 필요한 조치를 하기 위하여 노력하여야 한다"라고 규정하고 있지만 이 역시 선언적인 의미수준에 불과할 뿐이다.

인간의 삶의 존엄성 강화라는 측면에서 인권과 발달권은 동일한 목표를 갖는 것으로 해석할 수 있으므로(Patrick Twomey, 2006; 유해정, 2009 재인용) 발달권은 모든 형태의 인권을 포함하는 통합적인 권리의 성격을 갖는다. 인권의 보장은 법적 형태로 구현될 때 가능하므로 법과 제도적인 차원에서 결혼이주여성들의 인권보장의 근거를 정착시키고 보편적인 규범으로 그 타당성을 실현하기 위해서는 실천적인 강제 규정이 되어야 할 것이다.

6. 결론

　한국의 다문화사회로의 이행은 빠른 속도로 진행하고 있지만 한국은 그에 대한 경험도 준비도 매우 부족하다. 짧은 기간 동안 다문화관련 법과 제도 및 다문화정책은 자주 변경되어 발전하고 있으나, 결혼이주여성들이 사회적 소수자로서 받는 차별이나 사회적 기회의 제한 같은 근본적인 문제점은 여전히 해결하지 못한다는 비판을 면치 못하는 실정이다. 그 배경은 기존 한국사회 구성원의 다문화사회나 다문화현상에 대한 인식 부족과 한국 사회의 새로운 구성원이 되는 결혼이주여성의 인권과 발달권의 실현과 같은 근본적 가치에 대한 담론이나 사회적 합의가 선행되지 않은 상태에서 마치 대증요법식 방식으로 문제를 처리하기 때문이라는 인식에서 본 연구는 출발하였다.

　그리하여 본 연구는 결혼이주여성들에 대한 사회복지적 접근이 인권적 관점에서 접근해야 하는 필요성과 인권적 접근의 연장선에서 결혼이주여성의 발달권 증진의 의미를 논의하였다.

　결혼이주여성은 한국사회에서 외모와 문화의 차이로 인한 식별가능성, 열등한 사회적 위치에 기인하는 권력의 열세, 그에 따라 생활세계 안에서 당하는 차별적 대우라는 소수자의 특성을 그대로 경험하는 문화적 소수자로 존재하고 있다. 이들은 소수자로서 한국사회의 구존 자원을 나누어 사용하게 되는 사람들이므로 기존 구성원들과의 갈등을 피할 수 없다. 따라서 이들을 위한 인권개념은 소극적인 보편적 인권개념보다 확장된 개념(제3세대 인권론)을 적용해야 한다. 즉, 시민적, 정치적, 경제적, 사회적, 문화적 그리고 연대적 인권의 개념으로 이들의 사회적 위치를 재정립시켜주어야 한다. 이런 맥락에서 인권의 보편성, 인권의 정당성, 인권의 타자성의 내용이 공히 보장될 때에 인권 실현이 보장될 수 있음도 고찰하였다.

결혼이주여성의 발달권 증진은 개인적 차원에서는 가족 안에서 확실한 가족구성원으로서 입지를 확립하는 의미가 있고, 사회적 차원에서는 직업이나 다른 사회적 활동을 통해 사회적 정체성과 인권을 존중받고 인격체로서 완성되어 가는 의미가 있다. 나아가 결혼이주여성의 발달권 증진을 위한 인권적 접근은 복지서비스를 이용함에 있어서 낙인감에서 탈피하여 인간의 존엄성을 구현하게 해주는 효과가 있고, 수동적인 수혜자가 아닌 주체적으로 스스로를 잠재력을 발휘하는 역량강화의 효과가 있으며, 이를 통해 다문화정책과 복지서비스에 대한 만족도가 향상될 수 있으며, 다문화사회의 새로운 가치인 생활세계 구축에 기여한다는 의의가 있다.

결론적으로 한국의 다문화정책이 결혼이주여성의 인권과 발달권 실현이 가능한 생활세계를 구현할 수 있는 수준으로 진보하려면 상호 문화주의적 가치관에 입각한 인권적 접근이 필요하다. 한국인의 다문화사회에 대한 인식과 태도변화를 위한 교육적 노력과 실효적 강제성이 있는 다문화관련 법과 제도의 보완이 요청되며, 결혼이주여성 편에서는 한국 이해와 적응에 필요한 진정한 노력도 함께 이루어져야 함을 강조하고자 한다.

참고문헌

국가인권위원회, 『다문화인권교육프로그램 개발연구 기초연구보고서』, 2010.

권미경, 『다문화사회의 교육문화 과제 탐색 : 여성결혼이민자의 체험에 관한 연구』, 박사학위논문, 동아대학교, 2006.

김선희·전영평, 「결혼이주여성정책의 정체성 분석 – 인권보호인가, 가족유지인가 –」, 『행정논총』 46권 4호, 2008.

김영원, 「청소년과 인권 : 권리의 주체인 어린이와 청소년」, 『한국청소년중앙협의회 사목』 293집, 2003.

김연숙, 『레비나스 타자윤리에 관한 연구』, 박사학위논문, 서울대학교, 1999.

김영옥, 「인정투쟁 공간/장소로서의 결혼이주여성 다문화공동체 : '아이다' 마을을 중심으로」, 『한국여성철학』 14권, 2010.

김원식, 「인권의 근거 : 후쿠야마와 하버마스의 경우」, 『사회와 철학』 13권, 2007.

김이선·황정미·이진영, 『다민족·다문화사회로의 이행을 위한 정책 패러다임 구축(I) : 한국사회의 수용현실과 정책과제』, 한국여성정책연구원, 2007.

김태원, 「한국 다문화 연구현황과 새로운 방향모색」, 『한국연구재단 대학중점지원연구소 사업 국내학술대회 자료집』, 대구가톨릭대학교 다문화연구소, 2011.

김혜숙·김도영·신희천·이주연, 「다문화시대 한국인의 심리적 적응 : 집단정체성, 문화적응 이데올로기와 접촉이 이주민에 대한 편견에 미치는 영향」, 『한국심리학회 : 사회 및 성격』 25권 2호, 2011.

노경란·방희정, 「한국대학생과 국내체류외국대학생 간에 인종에 대한 명시적 및 암묵적 태도의 차이」, 『한국심리학회 : 사회 및 성격』 22권 4호, 2008.

대구가톨릭대학교 다문화연구소, 『제3회 학술세미나 자료집』, 2010.

박구용, 『우리 안의 타자』, 철학과 현실사, 2003.

보건복지부,『학교폭력 피해자 지원체계 구축을 위한 연구 : 다문화가정 아동 및 청소년을 중심으로』, 2008.

설동훈·이혜경·조성남,『결혼이민자 가족실태조사 및 중장기 지원정책방안 연구』, 여성가족부, 2006.

설동훈·윤홍식,「여성결혼이민자의 사회경제적 적응과 복지정책의 과제 : 출신국가와 거주지역에 따른 상이성을 중심으로」,『사회보장연구』24권 2호, 2008, 109~133쪽.

양애경·이선주·최훈석·김선화,「여성결혼이민자에 대한 지역사회의 수용성 연구」,『다민족·다문화사회를 향한 한국사회의 도전과 전망』, 한국여성정책연구원, 2007.

양옥경·김정진·서미경·김미옥·김소희,『사회복지실천론』, 나남, 2010.

원숙연,「다문화주의시대 소수자정책의 차별적 포섭과 배제 : 외국인 대상 정책을 중심으로 한 탐색적 접근」,『한국행정학보』42권 3호, 2008.

유해정,『인권과 발전-HRBA 모델의 비판적 고찰-』, 석사학위논문, 경희대학교, 2009.

유홍림,「인권의 보편성 문제」,『민주주의와 인권』1권 1호, 2001.

이병량,「한국정책연구의 한계」,『한국행정학보』44권 4호, 2010.

이봉철,「인권의 현시대적 근거와 내용」,『한국정치학회보』29권 1호, 1995.

이상철,「여성결혼이민자들이 바라보는 한국인의 윤리성에 대한 조사 연구-경남 일부지역 여성결혼이민자를 중심으로-」,『윤리연구』79호, 2010.

이중섭·박해석·김성훈·박선희·정현숙,『청소년 발달권 현황과 지표개발』, 한국청소년개발원, 2006.

이희승(편저),『국어대사전(수정판)』, 민중서림, 2010.

전영평,「소수자의 정체성, 유형 그리고 소수자정책연구 관점」,『정부학연구』13권 2호, 2007.

_____,「다문화시대의 소수자 운동과 소수자 행정: 담론과 과제」,『한국행정학보』42권 3호, 2008.

_____,「한국 소수자 정책의 지형 - 정책상황의 유형화와 사례」『한국행정
　　　　논집』21권 3호, 2009.
정귀순,「인권문제의 실상과 과제; 한국에서 이주노동자의 삶 - 과거, 현재,
　　　　그리고 미래 - 」,『기억과 전망』, 2003.
조효제,「인권의 문법」, 후마니타스. 2007.
한국보건사회연구원,『2009년 전국 다문화가족실태조사 연구』, 2010.
　　　　　　　　　　,『2009년 한국복지패널 기초분석 보고서』, 2010.
한국여성정책연구원,『여성결혼이민자의 경제활동 실태와 정책과제』, 2010.
Anthony Dworkin & Rosalind Dwokin, "The Minority Report: An Introduction
　　　　to Racial, Ethic, and Gender Relations", Harcourt Brace College
　　　　Publishers, 1999.
Bronfenbrenner, U., The Ecology of Human Development,『인간발달생태학』,
　　　　이영 역, 교육과학사, 1992.
Donelly. J., "The concept of human right", NY: St. Martin's Press, 1985.
Etzioni, A., Next: The road to the good society,『좋은 사회로 가는 길』, 이
　　　　범웅 역, 인간사랑, 2007.
Habermas, J., "The Theory of Commuicative Action", Boston: Beacon
　　　　Press, Vol Two, 1987.
Havighurst, R. J., Development Task and Education, New York: Longmans.
　　　　Green, 1951.
Levinas, E. 1981. Ethics and Infinity,『윤리와 무한』, 양명수 역, 다산글방,
　　　　2000.
Rawls, J,. On human rights : the Oxford amnesty lectures,『현대사상과 인
　　　　권』, 박홍구 역, 사람생각, 2000.
Sen, Amartya kumar., Development as Freedom,『자유로서의 발전』, 박우
　　　　희 역, 세종연구원, 2001.
UN Center for Human Right,『인권과 사회복지실천』, 이혜원 역, 학지사,
　　　　2005.
http://www.mk.co.kr(매일경제신문, 2010, 01, 01)
http://www.yonhapnews.co.kr/(연합뉴스, 2011, 07, 29)

http://www.mogef.go.kr/(여성가족부 업무현황보고, 2010, 04, 14)

http://www.chosun.com/(조선일보, 2011. 04. 17)

http://www.mopas.go.kr(행정안전부, 2011. 01. 01)

다문화가정 구성원의 심리사회적 적응에 관한 연구동향과 현황분석*

백용매, 류윤정 **

1. 서론

우리 사회는 국제적 지위향상, 세계화 추세, 외국과의 빈번한 교류, 인터넷의 발달로 인한 정보공유의 확산으로 국내외 인구 이동이 급격히 증가하고 있는 한편, 저출산·고령화와 혼인수급의 불균형으로 외국인과 결혼하는 국제결혼이 빠른 속도로 증가하고 있다. 한국 사회는 다문화, 다인종 사회로 이행되고 있으며, 이러한 추세가 가속화될 것이라는 점에 이견이 없다(한국보건사회연구원, 2010).

다문화 사회로의 이행에 크게 기여하는 국제결혼건수는 1990년 4,710건에서 2000년 11,605건으로 2.5배 증가하였고, 2005년에는 42,365건으로 큰 폭으로 증가하다가 소폭의 감소추세를 보여 2010년에는 34,235건에 이르고 있다(통계청, 2010). 이러한 국제결혼증가는 자녀 수 증가로 연결되어 2010년 국제결혼가정 자녀 중 초·중·고 학생 수는

---

* 이 논문은 대구가톨릭대학교 인문과학연구 제16집에 게재된 것임.

** 연구책임자: 백용매(대구가톨릭대학교 심리학과 교수), 공동연구원: 류윤정 (대구가톨릭대학교 심리학과 박사과정 수료).

30,040명으로 2009년 24,745명에 비해 21.4%가 늘었다. 이중 초등학생이 전체의 78.6%를 차지했으며(교육과학기술부, 2010), 아직 취학 연령대에 이르지 않은 국제결혼가정의 영·유아 인구가 급증하고 있는 점을 감안할 때 향후 국제결혼가정의 학생 수는 폭증세를 이어갈 것으로 예측된다.

한국 사회의 이러한 다문화 추세는 여러 유형의 사회문제를 야기하고 있다. 캄보디아 출신의 이주여성이 임신상태에서 오랫동안 폭력을 행사한 남편을 살해한 사건, 정신질환을 앓고 있는 한국 남성과 결혼한 베트남 여성이 결혼 7일 만에 살해된 사건(부산일보, 2010.7.15)과 보험금을 노린 한국 남성에게 살해된 캄보디아 여성(문화일보, 2011.3.23) 등이 그 예이다. 다문화가정 구성원의 부적응 문제는 서로의 문화에 대한 이해부족과 가치체계의 차이로 인한 갈등도 하나의 원인으로 작용한다. 즉, 결혼이주여성의 문화적응문제는 단지 언어의 차이 뿐 아니라 부부관계, 가족문화, 인간관계 나아가 지역문화 속에서도 발생할 수 있다는 점이다. 특히 국제결혼을 통해 가정으로 유입된 배우자 여성은 가정의 경제적 문제, 자녀출산, 양육문제, 성격 차이 등 부부들이 일반적으로 겪는 문제 이외 한국의 전통적인 유교사상과 가부장적 가족관계에 적응하는 데 어려움을 겪고 있으며, 시부모와의 갈등이나 시집살이의 어려움은 문화와 관습의 차이로 더욱 심각한 문제를 일으킬 수 있는 상황이다. 이러한 결혼이주여성들이 겪는 갈등과 어려움은 자녀에게 전달되어 자녀의 심리사회적 적응 상태에도 영향을 미치는 것으로 나타나고 있다(이영주, 2007).

지금까지 다문화가정에 관한 연구로는 국제결혼 여성의 가정폭력 실태연구, 외국인 주부에 대한 실태 및 사례연구, 결혼이민자가족의 가족생활, 경제생활, 취업 실태, 사회적 차별, 정체성 문제, 결혼적응이나 결혼만족도 문제(김유경, 2009; 김재택, 2008; 변미희·강기정, 2010; 송지현, 2010; 차옥숭, 2008; 한국염, 2006)등 다양한 연구가 이루어지고 있다. 또 결혼이민자 집단을 하나의 동질 집단으로 보기보다는 출신국가나 거주 지역별로 나타나는 부적응 문제(김이선, 2008; 정기선·한지은 2009; 차승은·김두섭, 2008)와 이들의 심리적 적응상태, 그리고 그러한 적응에 영향을 미치는 요인에 대한 탐색적 연구(권구영·박근우, 2007; 김한곤, 2009; 양옥경·김연수, 2007)들이 이루어지고 있다.

이처럼 최근 우리나라에서는 다문화 현상과 그에 따라 나타나고 있는 사회적 문제로 다문화가정 구성원의 적응 문제에 관한 여러 연구들이 이루어지고 있다. 그러나 아직 다문화가정의 적응문제에 대해 구체적으로 어떤 연구들이 이루어져 왔는지, 이들 여러 연구들에서 밝히고 있는 내용들이 어떤 지식과 정보들을 담보하고 있는지를 포괄하는 개관연구는 턱없이 부족한 실정이다. 결혼이주여성들뿐만 아니라, 다문화가정이 우리 사회를 뒷받침하는 가족공동체로서 역할을 하기 위해서는 먼저 결혼이주여성과 가족구성원들의 문화적응과정과 적응상태, 그리고 그러한 적응에 영향을 미치는 요인들을 밝히고 이러한 연구결과를 기반으로 정책을 입안하고 지원책을 마련할 때 성공적 정착과 사회통합이 이루어질 것으로 기대된다.

따라서 본 연구에서는 우선 우리사회에서 다문화현상이 서서히 나타나기 시작한 2003년부터 2011년까지 다문화가정 구성원의 심리사회적 적응과 관련된 연구동향과 연구결과들이 시사하는 바를 밝힘으로써 현재 시점에서의 문제점과 추후 연구에서 지향해야 할 내용들, 그리고 여러 연구결과들에서 반복적으로 검증되고 있는 경험에 기반한 지식과 정보들을 제공하고자 한다.

이런 지식과 정보를 토대로 하여 본 연구는 다문화가정 구성원의 적응실태와 현황, 그리고 적응에 관련된 요인들을 밝힘으로써 생활세계에 기반한 다문화가정의 새로운 가치창조에 기여하는 지식들을 제공함을 그 목적으로 한다.

2. 연구 방법

본 연구는 다문화가정 구성원의 심리사회적 적응에 관한 연구 동향과 현황분석을 통해 향후 우리나라 다문화가정의 심리사회적 적응문제를 예측하고, 생활세계에 기반한 다문화가정의 새로운 가치창조를 위한 대응책을 마련하기 위한 목적으로 이루어졌다. 이를 위해 우선 한국학술정보의 KISS, 누리미디어의 DBPIA, 교보문고의 스콜라, 국회 전자도서관 등 여러 유형의 학술문헌 사이트를 열람한 후 이중 가장 많은 문헌을 소장하고 있는 것으로 나타난 한국교육학술정보교육원(RISS)에 등록된 학술지를 연구 자료로 활용하였다.

다문화가정 구성원의 심리사회적 적응을 알아보기 위하여 본 연구에서는 2유형의 주제어를 사용하였는데, '다문화', '여성결혼이민', '국제결혼', '코시안' 등 다문화가정에 관한 주제와 '심리적응', '정신건강', '우울', '스트레스', '문화적응', '삶의 만족', '행복' 등 심리사회적 적응에 관련된 주제어를 사용하여 자료를 분석하였다. 그 결과, 국내 대학원에서 간행된 석·박사 학위논문은 168편이 검색되었고, 국내학술지와 정부간행물 및 각종 기관의 연구보고서가 103편으로 검색되었는데, 학위논문의 경우 상당수가 학회지에 게재되어 본 연구에서는 2003년에서 2011년 3월간 학술지에 게재된 논문을 중심으로 연구동향과 결과를 분석하였다.

3. 다문화가정의 심리사회적 적응에 관한 연구 현황들

1) 연도별 연구동향

우리나라 다문화가정의 심리사회적 적응에 관한 논문을 연도별로 살펴보면 2003년에는 1편(1%)에 불과하였으나, 2006년에는 8편(8%), 2007년에는 15편(15%), 2008년에는 16편(15%), 2009년에는 20편(19%), 2010년에는 40편(39%)으로 해를 거듭할수록 연구가 급증하고 있음을 알 수 있다. 특히 이 기간 동안 학술지에 게재된 전체 연구의 96%가 2006년 이후에 이루어지고 있음을 나타내 다문화가정 구성원의 심리사회적 적응에 관한 연구가 본격화되었음을 알 수 있었다. 이러한 결과는 다문화가정 구성원의 심리사회적 적응과 삶의 질에 대한 관심과 중요성이 최근들어 더 부각되고 있음을 시사한다.

〈표 1〉 연도별 학술연구 간행건수

연도	논문 수(%)
2003	1(1)
2006	8(8)
2007	15(15)
2008	16(15)
2009	20(19)
2010	40(39)
2011(3월)	3(3)
계	103(100)

2) 연도별 연구대상의 추이

다문화가정의 심리사회적 적응에 관한 연구들을 대상별로 분석해 보면 전체 연구들 중 결혼이주여성을 대상으로 한 연구가 64%로 가장 많았고, 그 다음 아동에 관한 연구가 19%, 부부 6%, 남편 6%, 시부모 3%, 노인과 며느리, 청소년을 대상으로 한 연구가 각 1%로 나타났다. 특히 2008년 이전까지는 결혼이주여성과 다문화가정 아동의 심리사회적 적응에 관한 연구가 주를 이루었고, 2009년에 와서야 남편, 부부, 노인과 며느리, 청소년에 대한 소수의 연구가 이루어짐을 알 수 있었다. 이는 다문화가정 구성원의 적응에 관한 연구들이 대부분 결혼이주여성에 초점이 맞추어져 있을 뿐 결혼이주여성의 가족유입으로 인해 남편과 자녀, 시부모 등 다른 가족구성원들이 겪는 적응문제는 매우 제한적이어서 이들에 대한 관심을 기울일 필요가 있음을 시사한다.

결혼이주여성의 적응문제를 출신국가별로 분석해 보면 총 11편의 논문 중 베트남 결혼이주여성의 연구가 45%로 가장 많았고, 그 다음 중국, 일본, 필리핀, 조선족, 기타 동남아시아 출신의 순으로 나타났다. 향후 출신국가별 적응 상태를 분석한다면 각 문화가 갖는 특징과 그러한 문화적 특징들이 결혼이주여성의 문화적응에 미치는 요인들을 밝혀내는데 도움이 될 것으로 생각된다.

<표 2> 대상별 학술연구 간행건수

대상 \ 연도	2003	2006	2007	2008	2009	2010	2011	계(%)
남편				1	3	2		6(6)
노인과 며느리						1		1(1)
부부		2			1	3		6(6)
시부모						3		3(3)
아동			2	3	2	11	2	20(19)
이주여성	1	6	13	12	13	20	1	66(64)
청소년					1			1(1)
계	1	8	15	16	20	40	3	103(100)

3) 연구대상별 연구주제의 현황들

다문화가정의 심리사회적 적응에 관한 연구들을 주제별로 살펴보면, 먼저 결혼이주여성의 경우 심리사회적 적응에 관한 연구(20%), 문화적응(14%), 결혼만족도(12%), 정신건강(12%), 스트레스(9%), 양육스트레스(9%), 문화적응 스트레스(8%)의 순으로 나타났으며, 그 다음 가족 적응, 삶의 만족, 우울, 불안(각 5%), 건강(1%) 순으로 나타났다. 다문화가정 아동의 경우 심리사회적 적응에 관한 연구(50%), 학교 적응(20%), 이중문화스트레스(10%), 정신건강(10%), 문화적응(5%), 스트레스(5%) 순이었다. 국제 결혼한 남성의 경우 결혼만족도(67%), 가족적응(33%)의 순으로 연구되었다. 외국인 며느리를 맞이한 시부모는 가족 관계(67%), 적응(33%)의 순으로 연구되었으며, 노인과 며느리를 대상으로 한 연구는 1편이었는데 문화적응 스트레스(100%)에 관한 연구였다. 부부를 대상으로 한 연구에서는 결혼만족도(60%), 가족적응(20%), 스트레스와 적응(20%)의 순으로 연구되었다. 이러한 결과는 결혼이주여성을 대상으로는 다양한 주제들의 연구가 진행되고 있으나 다른 가족구성원에 대한 연구는 그 수도 많지 않았을 뿐 아니라, 연구 주제도 매우 제한적임을 의미한다.

4. 다문화가정의 심리사회적 적응에 관한 결과 분석

심리사회적 적응(psychosocial adjustment)은 사회문화적 적응과 개인의 심리적 적응을 동시에 고려하는 것으로(Halamandaris&Power, 1999; Poyrazli et al., 2002), 사회문화적 적응은 문화충격이나 차별, 새로운 사회문화적 관습과 규범 및 역할에 대한 적응을 의미하고, 심리적 적응은 고독, 우울, 고립, 정체성 상실 등 정신건강과 관련된 적응을 의미한다 (이주재·김순규, 2010 재인용). 본 절에서는 다문화가정 구성원들을 대상으로 각 대상에 따른 심리사회적 적응실태와 관련 변인들을 중심으로 그 결과를 살펴보았다.

1) 결혼이주여성의 심리적 적응

(1) 문화적응 및 문화적응 스트레스

문화적응(acculturation)은 자신과 문화적으로 유사하지 않은 사람이나 집단, 혹은 사회적 영향과 접촉할 때 일어나는 변화(Gibson, 2001)를 일컫는다. 초기에 문화적응은 문화적 근원이 다른 사람들 간의 지속적이고 직접적인 접촉 결과로 일어나는 집단수준의 변화(Redfield, Linton & Herskovits, 1936)로 정의되었으나, 이후에 심리학자들이 이 분야에 관심을 가지게 되면서 정서적, 인지적, 행동적 측면을 포함한 개인 수준에서의 변화로 개념화되었다(Berry, 1997). 본 연구에서는 결혼이주여성들의 '문화적응'과 '문화적응 스트레스'에 관한 논문들을 토대로 그 결과를 살펴보았다. 분석결과 서울에 거주하는 결혼이주여성의 문화적응 스트레스는 대체로 낮은 상태로 측정되었으며(양옥경·송민경·임세와, 2009), 중소도시에 거주하는 결혼이주여성의 문화적응 스트레스도 서울과 비슷한 수준을 보였다(권구영·박근우, 2007; 김민정·신성만, 2010; 안준희·조정희, 2011). 이는 대도시와 중소 도시 간에 문화적응 스트레스 정도는 큰 차이가 없음을 의미한다. 반면 농촌에 거주하는 결혼이주여성들은 문화차이에 따른 갈등과 부적응이 좀 더 심각한 것으로 측정되었는데(김오남, 2007; 윤형숙, 2004), 이는 농촌이 도시보다 유교문화가 더 팽배하고 봉건적이며 폐쇄적이어서 농촌거주 결혼이주여성들이 문화와 관습의 차이로 더 많은 스트레스를 느끼고 있고 더 쉽게 갈등상황에 노

출될 수 있기 때문(권복순·차보현, 2006)인 것으로 생각된다. 또 결혼이
주여성들은 국적에 따른 차이를 보였는데 대체로 베트남 결혼이주여성
들은 문화적응 스트레스가 낮은 반면 필리핀과 캄보디아, 일본 결혼이주
여성들은 문화적응수준이 떨어지는 것으로 나타났다(박정숙·박옥임·김
진희, 2007; 양옥경·송민경·임세와, 2009; 임은미·정성진·이수진, 2010).
베트남여성이 필리핀이나 일본 여성들에 비해 상대적으로 문화적응 스
트레스가 크지 않는 이유에 대해 어떤 문화적 요인과 관습차이가 작용
하는지 밝힐 수 있다면 우리나라 결혼이주여성들의 문화적응 스트레스
문제를 해결하는데 도움이 될 것으로 생각된다.

　이를 위해 선행연구에서 나타나고 있는 결혼이주여성들의 문화적응
에 영향을 미치는 요인들을 분석한 결과 결혼이주여성의 연령 자체는
전체 문화적응 스트레스에 유의한 영향을 미치지는 않았지만 나이가 어
릴 경우 대체로 문화적응 스트레스가 증가하는 경향을 보였다(권구영·
박근우, 2007; 권명희, 2010). 거주기간 요인에서는 한국에서의 거주기
간이 길수록 한국문화에 대한 지식과 경험을 축적하기 때문에 문화적응
스트레스가 낮아지는 것으로 나타났다(권구영·박근우, 2007; 양옥경·송
민경·임세와, 2009). 학력요인에서는 본인의 학력이 높을수록 문화적응
스트레스가 낮아지는 것으로 나타났지만(권명희, 2010), 몇몇 논문에서
는 본인의 학력이 높을수록 오히려 문화적응 스트레스가 높았다는 결과
도 있었다. 이는 결혼이주여성들은 우리나라에 와서 본국보다 더 나은
삶을 기대하지만 현실적으로 기대에 충족되지 않을 경우 더 큰 심리적
갈등을 경험할 수 있음을 의미한다. 또한 출신국가의 문화와 우리나라
의 문화가 유사할수록 문화적응 스트레스가 완화되는 것으로 나타났는
데(양옥경·송민경·임세와, 2009), 이는 문화적 동질요소가 문화적응 스
트레스를 감소시키는데 긍정적으로 작용할 수 있음을 시사한다.

　결혼이주여성의 문화적응 스트레스에 부정적으로 영향을 미치는 요
인으로는 남편의 협력, 본인의 지역사회 프로그램 이용정도, 한국 국적

취득 여부, 남편의 프로그램 참여정도, 이중문화태도 수준 등이었고 긍정적인 요인은 본인 학력과 시어머님 동거유무와 남편의 교육수준이었다. 즉 남편의 협력과 본인이 지역사회 프로그램에 잘 참여할수록, 그리고 부부가 서로의 문화적 격차를 크게 지각하지 않고, 남편도 다문화 활동관련 지역사회 프로그램에 적극적으로 참여할수록 결혼이주여성들은 문화적응 스트레스에 쉽게 대처해 나간다는 것이다. 따라서 결혼이주여성의 문화적응을 위해서는 남편의 협력과 지역사회 활동프로그램이 무엇보다 도움이 되므로 지역사회 내에서 결혼이주여성을 위한 다양한 문화적응 프로그램을 개발하고 지원할 필요가 있는 것으로 생각된다.

(2) 정신건강

정신건강(mental health)이란 정서적 안녕(emotional well-being)과 갈등해결에서 자유스런 상태와 관련되어 있으며 합리적 결정과 수행, 그리고 환경적 스트레스와 내적인 압력(internal pressures)에 대처할 수 있는 능력을 의미한다(Barker, 1995). 결혼이주여성은 새로운 사회에 정착하는 과정에서 다양한 생활사건과 갈등으로 스트레스를 경험하게 되고 이는 우울, 불안 등과 같은 정신건강의 문제를 유발할 수 있다. 최근 몇 년간 결혼이주여성의 정신건강에 대한 연구가 증가하고 있으며, 넓은 의미의 정신건강과 우울, 불안, 스트레스 등과 관련된 연구들이 주로 이루어져 왔다.

관련 논문들을 분석한 결과, 결혼이주여성들의 정신건강은 거주 지역에 따라 다소 차이를 보였는데, 농촌에 거주하는 결혼이주여성이 도시에 거주하는 결혼이주여성보다 정신건강과 삶의 질은 약간 낮은 편이었다(김오남, 2007; 윤황·이영호, 2010). 특히 몇 몇 연구(양옥경·김연수, 2007; 임수진·오수성·한규석, 2009)에서는 결혼이주여성의 26.9%가 우울집단에 속하고 우울수준은 상당히 높은 것으로 측정되고 있어서 정신의학적 상태를 객관적으로 평가하기 위한 자세한 역학조사가 필요한 것으로 시사되었다.

　결혼이주여성의 우울과 불안 등 정신건강에 부정적 영향을 미치는 요인으로는 남편의 통제, 부부의 문화차이에 대한 지각, 남편과의 관계 만족도 등 가족생활 스트레스(정기선·한지은, 2009)와 사회적 지지(권구영·박근우, 2007), 출신국가, 교육서비스 이용경험(차승은·김두섭, 2008), 소득수준, 부부갈등(윤황·이영호, 2010)등이 영향을 미치는 것으로 확인되었다. 특히 정신건강에 영향을 미치는 공통 요인으로는 문화적응 스트레스와 가족 체계를 포함한 사회적 지지였으며(권구영·박근우 2007; 김오남, 2007; 윤황·이영호, 2010; 임혁, 2010; 정기선·한지은, 2009), 우울과 불안에 가장 큰 영향을 미치는 요인은 남편의 지지였다(임수진·오수성·한규석, 2009). 이러한 결과는 결혼이주여성들이 한국 남편과 결혼을 선택한 동기가 '남편과의 행복한 결혼생활을 위해서'라는 응답이 많았던 부분과도 연관이 되는데(양옥경, 2007), 결혼이주여성이 경제적인 이유로 결혼했다는 부정적 시각은 교정될 필요가 있으며, 더 나은 삶의 가치를 위해 선택한 이들에게 불필요한 오해나 사회적 편견은 오히려 정신건강을 위협하는 요인으로 작용할 수 있음을 시사한다고 하겠다.

　한편, 결혼이주여성의 정신건강에 영향을 미치는 변인이 거주 지역에 따라 차이가 있었다. 도시거주자들의 정신건강은 남편의 직업유무와 성역할태도가 중요한 영향을 미치는 요인으로 확인된 반면 농촌 거주자들은 출신국가와 귀화여부가 더 큰 영향을 미치는 것으로 나타났다(윤황·이영호, 2010). 이는 도시거주자들의 일상생활과 삶의 터전이 남편의 경제활동에 크게 영향을 받는 반면에 농촌거주자는 1년 단위의 농사활동을 통해 경제적 소득이 결정되므로 남편의 직업보다는 자신의 안정적 정착과 관련되는 귀화여부나 문화 및 관습의 차이에 의한 심리적 갈등이 정신건강의 잠재적 위협요소로 작용하고 있음을 의미한다.

(3) 결혼만족도

결혼이주여성의 결혼만족도에 관한 연구로는 다문화가정 부부의 결혼적응에 관한 연구(송지현, 2010)와 결혼적응이나 결혼만족도에 영향을 미치는 요인을 규명하는 연구(권복순·차보현, 2006; 변미희·강기정, 2010; 양순미·정현숙, 2006; 표갑수, 2009)들이 있다. 결혼이주여성의 결혼만족도를 살펴보면 결혼이주여성과 한국여성간의 만족도에 차이가 없다는 의견이 우세하며(권복순·차보현, 2006; 김근영·곽금주·배소영, 2009; 김연수, 2007; 나동석·박종인, 2009), 부부간에 매우 만족하는 부분의 경우 한국인 부부보다 국제결혼 부부가 오히려 더 높게 나타났다. 결혼이주여성의 결혼만족도를 지역별로 살펴보아도 농촌에 거주하는 결혼이주여성들의 결혼만족 수준은 보통이상(권복순·차보현, 2006)이었고, 도시에 거주하는 결혼이주여성들의 결혼만족수준(김민정·신성만, 2010; 김연수, 2007)도 비슷한 것으로 나타났다. 따라서 결혼이주여성들이 한국인 부부보다 결혼만족도가 더 부정적 상태에 있다고 결론지을 수는 없을 것으로 생각된다. 이러한 결과에 대해 한건수(2006)는 결혼이주여성들이 한국인 부인에 비해 자기주장을 할 수 있는 능력이 부족하기 때문에 문제가 겉으로 드러나지 않았을 뿐 실제로 부정적이라는 견해를 제시하기도 하였지만 여러 연구결과들을 종합해 볼 때 국제결혼 부부들도 일반 부부들처럼 서로 갈등을 경험하고는 있지만 대체로 긍정적으로 적응하면서 살아가고 있다고 해석하는 것이 타당해 보인다.

다만 결혼이주여성의 국적에 따른 결혼만족도에서 차이를 보였는데, 중국인은 결혼만족도가 높은 반면 필리핀인과 일본인의 결혼만족도는 낮은 편이라는 보고가 있었다(김근영·곽금주·배소영, 2009; 정기선, 2008). 또 결혼이주여성들이 한국생활에서 겪는 가장 큰 어려움으로 베트남, 필리핀, 중국의 한족 부인은 언어문제를, 일본 부인은 자녀양육문제와 경제문제를 지적하였다. 이러한 결과는 결혼이주여성의 출신국적에 따라 한국생활적응에 차이가 있고 또 갈등을 느끼는 부분도 서로 다르다는 사실을 의미하므로 국적 차이를 반영한 정책마련과 개입전략이 필요할 것으로 생각된다.

또한 결혼이주여성의 결혼만족도에 영향을 미치는 요인들을 분석한 결과 부부간의 연령차이, 결혼중개업소 이용유무(강기정·변미희, 2009), 배우자에 대한 정보일치도(김은경, 2008), 문화 수용태도와 자문화 전달태도(강기정·변미희, 2009; 장온정·박정윤, 2007) 등 여러 요인들이 작용하는 것으로 나타났다. 그러나 이들 여러 요인들 중 결혼만족도에 가장 큰 영향력을 미치는 요인은 배우자의 지지와 정서적 친밀감으로 확인되었다(김근식·장윤정, 2009; 김연수, 2007; 나동석·박종인, 2009). 따라서 결혼이주여성의 결혼만족도를 높이기 위해서는 남편의 가족복지에 관한 교육과 부부간의 원활한 소통과 정서적 교감을 위한 개입이 우선적으로 필요하고 아울러 다문화 관련 요인들이 미치는 영향을 고려할 필요가 있다.

2) 다문화가정 아동의 심리적 적응

(1) 심리사회적 적응

아동·청소년은 가정, 또래, 학교 등 사회 환경과의 상호작용을 통해 조화롭고 균형 잡힌 관계를 유지하면서 사회의 한 구성원으로 성장하게 된다. 그러나 이러한 적응에 실패할 경우 우울, 불안, 공격성 등 정서적 부적응과 비행, 약물사용 등과 같은 부적응 행동을 나타내게 된다. 특히 다문화가정 아동들은 대부분 어머니의 언어문제와 문화적 차이에 따른 갈등, 신체적 특성 등 여러 문제로 적응과정에 어려움을 경험할 것으로 예측된다. 이러한 점을 고려하여 다문화가정 아동의 심리사회적 적응상태를 살펴보았다.

다문화가정 아동들이 다른 아동들에 비해 적응과정에서 심각한 문제를 보이거나 성장과정에서 큰 차이를 보이지 않는다에 대해 일치된 결과들은 없다. 오성배(2005)의 연구에서는 언어학습능력 부족과 신체외모의 차이점, 그리고 어머니가 외국인이라는 이유 때문에 적응에 어려움을 보인다고 하였으며, 김순규(2011)도 불충분한 교육지원, 차별경험, 또래관계 문제가 스트레스를 매개로 심리사회적 적응과정에 부정적 영향을 미칠 수 있다고 보고하였다. 그러나 다른 몇몇 연구(양순미, 2007; 정하성, 2007)에서는 다문화가정 아동들이 생활전반에 대체로 만족하고 있으며 자신의 외모로 인한 따돌림, 불공평한 대우 및 차별대우에 대한 고통이 크지 않다고 보고하였다. 다만 다문화가정 아동과 일반가정 아동의 차이점으로는 일반아동이 학년이 올라갈수록 적응수준이 높아지는 것에 반해 다문화가정 아동은 학년이 올라갈수록 적응에 어려움을 보인다고 보고된 바 있고(박순희, 2009; 이영주, 2007, 2008), 어머니의 국적에 따라 베트남, 중국, 필리핀, 일본 순으로 부적응 수준이 높았다고 보고된 연구가 있었다(이영주, 2007). 그러나 박순희(2009)의 연구에서는 어머니의 국적이 아동의 적응과는 무관한 것으로 보고되기도 하였다.

다문화가정 아동의 심리사회적 적응에 미치는 요인들을 분석한 결과 개인내적 능력, 의사소통 기술, 주변 환경에서 상호작용하는 사람들과의 긍정적인 관계와 경험, 학교 관련 요인, 사회적 지지 등이 영향을 미치는 요인으로 밝혀졌다(박순희, 2009; 양순미, 2007; 이영주, 2007). 특히 의사소통 기술은 사회적응에 매우 큰 영향을 미치는 요인인 것으로 밝혀졌는데(박순희, 2009), 이는 아동기가 언어학습에서 매우 중요한 시기이므로 어머니와의 상호작용에서 언어구사에 어려움이 있을 경우 심리적 갈등이 야기될 가능성이 있음을 의미한다.

(2) 학교 적응

다문화가정 아동들이 학교생활에서 겪는 부적응에 대해 많은 연구가 이루어지지는 않았으나, 김경근 등(2010)은 다문화가정 아동들이 의사

소통과 학습활동에서의 문제로 부적응을 경험하고 있는 것으로 보고하
였다. 그러나 농촌 다문화가정 아동의 경우 자아존중감과 또래의 수용
정도는 일반 가정의 아동들보다 더 높다는 보고도 있다(양순미, 2007).
이러한 결과가 도시와 농촌간의 지역차이에 기인하는 것인지 아니면 다
문화가정과 일반가정의 차이에 기인하는 것인지에 대해서는 추후 연구
를 통해 밝힐 필요가 있다.

다문화가정 아동의 학교 생활적응에 영향을 미치는 요인으로는 자신
의 한국어 수준, 문화적응 스트레스(은선경, 2010), 가족 간의 의사소통,
온정적인 양육태도, 또래와의 관계, 교사와의 관계 등 여러 요인이 영향
을 미치는 것으로 확인되었다(남상아·백지숙, 2011; 은선경, 2010). 그
러나 대체로 어머니의 한국어수준과 출신국가요인 및 신체외모보다는
또래관계와 가족의 지지와 같은 대인관계적인 요인이 학교생활 적응에
더 큰 영향을 미치는 요인인 것으로 밝혀져(양순미, 2007), 다문화가정
아동들의 대인관계 문제에 좀 더 관심을 기울일 필요가 있다는 시사점
을 얻었다.

(3) 정신건강

다문화가정 아동의 정신건강에 관한 연구는 학교생활 적응과 마찬가
지로 소수에 불과하고 일관성 있는 결과들이 도출되지 못하였다. 남윤
주와 이숙(2009)의 연구에서는 한국인가족 아동의 심리적 특성과 다문
화가정 아동의 심리적 특성을 비교한 결과 한국인 가정 아동에 비해 다
문화가정 아동이 일상적 스트레스를 더 많이 느끼고 좀 더 우울한 상태
에 있었으며, 그것은 아마 아버지와 어머니의 서로 다른 생활방식과 가
치관의 차이, 외국인 어머니에 대한 사회적 편견이 아동의 정신적 고통
을 가중시키는데 따른 문제라고 유추하였다. 그러나 농어촌에 거주하는
다문화가정 아동의 정신건강상태는 대체로 양호한 편이었고 학교 적응
을 잘 할수록 정신건강도 높아지는 것으로 나타났다(안효자, 2008). 이

처럼 서로 상반되는 연구결과에 대해서는 추후 실태조사를 통해 보다 정확하게 규명할 필요가 있을 것이다.

3) 다문화가정 청소년의 심리적 적응

다문화가정 청소년은 매년 증가하는 추세이며, 현재 초등학생들이 청소년 시기에 접어들게 되는 시점에는 그 수가 기하급수적으로 증가할 것으로 예측된다(교육인적자원부, 2006). 하지만 국내 다문화가정에 관한 연구에서 청소년을 대상으로 한 연구는 거의 없고 실태조사도 제대로 이루어지지 않고 있어, 이들이 자아정체감 문제로 혼란을 겪고 사회에 적응하지 못한다면 우리사회에 많은 문제들이 발생할 수 있을 것으로 추측된다(이영주, 2009).

다문화가정 아동들의 경우 심리적 소외감과 학교요인, 가족요인, 친구 요인이 심리사회적 부적응에 중요한 영향을 미치는데 비해(이영주, 2008), 청소년은 학교, 가족, 친구 요인의 중요성은 낮아지고 대신 자아정체감과 개인적 요인이 더 큰 영향력을 미친다고 보고하였다(이영주, 2009). 초기 청소년기에는 급격한 신체적·생리적 변화와 함께 다양한 심리적 변화를 경험하게 되며 이 시기 일반적 특성으로 자아존중감의 형성을 들 수 있다(남상아·백지숙, 2011). 다문화가정 청소년은 사회적 편견, 외모나 언어 문제 등으로 낮은 자아존중감을 갖게 되고 심리적 적응에 어려운 요인으로 작용한다. 따라서 일반가정 청소년들이 청소년기에 주로 겪는 문제점과 다문화가정 청소년이 겪는 심리적 갈등의 원인에 대한 분석을 통해 적극적으로 개입할 수 있는 정책과 프로그램 개발 등이 이루어져야 할 것으로 생각된다.

4) 국제결혼 남성의 심리적 적응

국제결혼 남성의 심리적 적응에 관한 연구는 소수에 불과하여 객관적인 실태와 문제점을 지적하기가 어려운 실정이다. 다만 가족 적응과 관련된 연구에서 국제결혼 남성의 가족 스트레스가 크게 높지 않는 것으로 보고되었고(박재규, 2009; 추현화·박옥임·김진희·박준섭, 2008), 국제결혼한 남성의 결혼만족도도 일반 한국인 부부의 결혼만족도 수준과 유사하거나 이보다 높았다. 또한 남편의 결혼만족도는 아내의 결혼만족도보다 더 높게 나타났다(양순미, 2006).

국제결혼 남편의 결혼만족도는 아내의 한국거주기간이 짧을수록, 부부갈등이 낮을수록, 남편의 자아존중감이 높을수록, 아내가 자녀와의 관계가 좋을수록, 아내가 시댁 및 친정과의 관계에 잘 적응할수록, 아내의 결혼만족도가 높을수록 남편의 결혼만족도도 높았다. 특히 아내와 관련된 변수가 남편의 결혼만족도에 강력한 영향요인으로 나타나 남편의 결혼만족도는 아내의 영향력이 큰 것으로 확인되었다(노충래·강현주·최민지, 2010).

5) 다문화가정 시부모의 심리적 적응

다문화가정 연구에서 시부모, 특히 시어머니의 역할은 결혼이주여성의 한국생활 적응에 많은 영향을 미친다. 다문화가정 중 배우자의 가족과 함께 사는 비율이 약 27%(한국보건사회연구원, 2010)로 높은 편이었으며 근거리에 거주하는 경우까지 포함하면 결혼이주여성들은 배우자 원가족의 영향을 많이 받고 있는 것으로 확인되었다. 결혼이주여성가족 내에서의 시어머니는 며느리의 한국생활적응에 있어 갈등원이 되기도 하지만 다른 한편으론 사회적 지지자원이 되기도 하였다(정순둘·이현주,

2010). 하지만 상당수의 며느리들이 시어머니와의 관계에서 사고방식과 생활방식의 차이로 갈등을 경험한다고 하였으며(구차순, 2007), 지나친 간섭이나 억압으로 인해 어려움이 있음을 보고하였다(한건수, 2006). 그러나 외국인 며느리를 맞이한 시어머니를 대상으로 한 연구를 보면 시부모들은 대체로 며느리와의 관계가 갈등적이지 않고 친밀하고 긍정적인 것으로 지각하고 있어서 며느리와 시어머니들이 상대에 대한 지각에서 차이가 있음을 알 수 있었다. 정순둘과 이현주(2010)의 연구에서도 시어머니는 외국인 며느리가 자연스럽게 환경에 적응하기를 기다리는 것으로 나타나 시어머니가 며느리에 대해 대체로 부정적 시각보다는 수용하는 관점으로 바라보고 있음을 보여주었다.

한편 다문화가정에서 고부관계에 영향을 미치는 요인으로는 며느리와의 의사소통과 시부모의 건강상태가 중요변수였는데, 시부모의 건강이 좋지 않을수록, 며느리와의 의사소통이 효과적으로 이루어질수록 며느리와의 관계를 친밀하게 느끼는 것으로 나타났다(정순둘·박현주·이혜정, 2010; 정순둘·박현주·오보람, 2010). 이러한 결과는 다문화가정에서의 고부관계 또한 전통적인 우리나라 가정처럼 부정적 인식과 긍정적 인식이 공존하고 있었으며 일반 가정에서의 고부관계와 유사한 양상을 보여주고 있다고 하겠다. 다만 현재의 연구추세에서 지적할만한 요소는 다문화가정의 고부관계에 관한 대부분의 연구들이 결혼이주여성들을 대상으로 시어머니와의 관계를 조망하고 있을 뿐, 시어머니의 입장에서 외국인 며느리와 새로운 환경에 적응하면서 겪게 되는 갈등이나 어려움에 대한 측면들은 간과하고 있다는 점이다. 향후 연구에서는 결혼이주여성의 관점뿐만 아니라 시어머니 입장에서 겪게 되는 문화적응과정과 심리사회적 갈등에 초점을 두는 연구도 함께 이루어져야 할 것으로 생각된다.

5. 결론

본 연구는 최근 국내 학술지에 게재된 다문화가정 구성원의 심리사회적 적응에 관한 논문들을 연도별, 대상별, 주제별로 현황을 파악하고, 그 실태를 분석하였다.

우선 연구동향을 살펴보면, 2006년 이후 다문화가정 구성원들을 대상으로 심리적 적응과 관련된 연구가 급속도로 증가한 것은 다문화가정의 심리적 적응문제가 사회문제로 등장하고 있으며 이에 따라 정부나 민간단체, 학회 등의 관심이 증가하고 있음을 방증하는 결과라 생각된다. 하지만 대부분의 연구들이 결혼이주여성에 초점이 맞추어져 있을 뿐 다른 가족구성원들의 적응에 관한 연구는 매우 제한적이었다는 점이 문제점으로 지적된다. 또 다른 연구동향에 관한 문제점으로는 대부분의 주제들이 심리적 적응, 문화적응, 결혼만족도, 삶의 만족도와 같은 주제에 편중되어 있었고 연구변인들도 연령과 교육수준, 경제수준, 사회적 지지에 따른 효과를 검증하는데 초점이 맞추어져 있었다. 다문화가정 구성원들이 안고 있는 문제점과 관련 요인들, 그리고 문화적응과정과 실태를 보다 구체적으로 밝히기 위해서는 결혼이주여성뿐만 아니라 대상과 주제를 다양화할 필요가 있다.

둘째, 일반적으로 다문화가정 구성원들의 적응이 문제가 된다는 점은 언론을 통해 많이 알려져 있으나 이를 경험적으로 증명한 체계적 연구는 의외로 많지 않았다(김근영·곽금주·배소영, 2009). 특히 다문화가정 구성원들의 심리적 적응과 일반적인 한국가정 구성원들의 심리적 적응 상태를 직접 비교한 연구는 거의 없었다. 다문화가정 구성원의 정신건강실태와 위험요인을 객관적으로 이해하기 위해서는 한국가정 구성원의 정신건강과 비교할 필요가 있으며, 특히 다문화가정에서만 나타나는 특징적인 변인들을 밝히는 작업이 이루어져야 할 것이다.

셋째, 결혼이주여성의 문화적응 스트레스를 살펴보면 대도시와 중소도시 간에는 차이가 없었으나 농촌 거주여성들의 문화적응 스트레스가 더 높은 것으로 측정되었다. 또한 정신건강에서도 농촌여성들의 우울수준이 약간 높게 측정되었다. 이는 농촌이 도시보다 유교문화가 더 팽배하고 봉건적이며 폐쇄적이어서 농촌거주 결혼이주여성들이 문화와 관습의 차이로 더 많은 스트레스를 느끼고 있고 더 쉽게 갈등상황에 노출될 수 있기 때문인 것으로 생각된다. 한편 문화적응 스트레스와 정신건강을 완화시키는 여러 요인들이 있었으나 대체로 가족의 지원과 지역사회의 상담서비스, 지역사회 프로그램 이용, 우리말 서비스를 받는 이주여성들이 그렇지 않은 여성에 비해 불안과 우울, 문화적응 스트레스가 낮았다(장덕희·이경은, 2010). 이는 결혼이주여성의 정신건강을 지원하기 위한 상담서비스, 가족관계 상담 및 교육지원, 지역사회 프로그램과 같은 지원책이 새로운 사회에 대한 긍정적 기대와 희망을 갖게 하고, 정신건강과 문화적응 스트레스의 완충역할을 할 수 있음을 의미한다.

넷째, 다문화가정 아동의 심리사회적 적응에 관한 연구를 보면 대체로 한국가정 아동과 유사한 적응성을 보여주고 있었으며 정신건강도 비슷한 수준을 유지하였다. 특히 학교생활적응에서는 어머니의 한국어수준과 출신국가요인, 그리고 자신의 신체외모보다는 또래관계와 가족의 지지와 같은 대인관계적인 요인이 적응에 더 큰 영향을 미치는 것으로 밝혀졌다(양순미, 2007). 따라서 다문화가정 아동의 적응을 위해서는 공동체 의식과 사회적 관계 회복, 놀이문화 등 다양한 활동프로그램에 근거한 연대의식을 갖도록 하여 편견과 차별을 느끼지 않도록 하는 정책이 우선적으로 이루어져야 할 것이다.

다섯째, 다문화가정의 청소년에 관한 연구는 매우 부족하여 뚜렷한 대안을 제시하기가 어려웠다. 다만 다문화가정 아동의 경우 연령이 증가할수록 정신건강과 학교생활 적응력이 다소 부정적으로 나타나 정체감을 형성하는 시기에 심리적 갈등을 느낄 가능성이 있는 것으로 예측되었다. 향후 다문화가정의 청소년들이 기하급수적으로 늘어날 것이라는 사실을 고려할 때 이들의 심리사회적 적응에 어려움을 겪게 하는 위험요인이 무엇인지 밝히고 이에 대비한 적응 프로그램을 개발할 필요가 있다.

여섯째, 결혼이주여성이 결혼생활과 한국문화적응이라는 두 가지 과업을 이루어내야 하는 부담을 안고 있는 것과 마찬가지로 이들과 결혼한 한국인 남성들도 이국출신 배우자와의 결혼생활에 적응해야 하는 과제를 안고 있다. 더구나 아직도 순수혈통, 단일민족 신화는 물론 보수적이고 가부장적인 전통이 상대적으로 많이 잔존하고 있는 한국의 남성들에게 있어 국제결혼은 상당한 갈등과 긴장을 안겨주는 선택이라 할 수 있다(이근무·김진숙, 2009). 하지만 결혼이주여성에 대한 관심이 편중되면서 국제 결혼한 남성은 능력 없는 남편, 문제 있는 남성으로 낙인되고 있는 것도 현실이다. 국제 결혼한 남성들은 스스로 국제결혼의 선택에 대해 확신감이 부족하고, 가족이나 주위 사람들에게 당당하게 드러내지 못하는 경우도 있어 안팎으로 어려움을 경험할 수 있다. 따라서 국제결혼 남편의 자신감을 회복할 수 있는 자아 존중감 향상 프로그램이나 지역사회 프로그램 참여를 유도하여 결혼생활에 대해 긍정적으로 지각하도록 도울 필요가 있다. 특히 지금까지 국제 결혼한 남성을 대상으로 한 연구는 극히 미흡하고, 소수의 연구 또한 가족 적응과 결혼만족도에 편중되어 있어 향후에는 삶의 만족도, 부부관계, 정신건강, 문화적응 스트레스 등 다양한 주제의 연구가 필요하다.

일곱째, 다문화가정 시부모에 관한 연구에서 외국인 며느리를 둔 시어머니는 다수의 외국인 며느리들이 시어머니에 대해 부정적으로 지각하고 있는 것과 달리 외국인 며느리에 대해 대체로 긍정적인 인식하고 있었다. 그리고 시어머니와 외국인 며느리가 서로 긍정적으로 인식할 경우 시부모의 생활만족도도 높았고 외국인 며느리의 결혼만족도도 높게 나타났다.

이는 전통적인 한국가정과 마찬가지로 외국인 며느리와의 관계에서도 고부관계가 가족 전체의 생활만족도와 결혼만족도에 영향을 미치고 있음을 의미한다. 따라서 다문화가정의 행복한 삶을 위해서는 한국인 시어머니와 외국인 며느리의 긍정적인 유대관계를 형성할 수 있는 다양한 교육 지원이나 지역사회 프로그램 제공이 도움이 될 것으로 생각된다.

참고문헌

강기정, 변미희, 「다문화 가족 남편의 결혼만족도에 영향을 미치는 부부 관련 변인」, 『한국가족자원경영학회지』 13권 3호, 2009.

교육인적자원부, 『다문화가족 자녀 교육지원 대책』, 2006.

구차순, 「결혼이주여성의 다문화가족 적응에 관한 연구」, 『한국가족복지학』 20권, 2006.

권구영, 박근우, 「국제결혼이주여성의 정신건강에 영향을 미치는 요인」, 『사회연구통권』 14권, 2007.

권명희, 「결혼이주여성의 문화적응 스트레스에 관한 연구」, 『한국행정학회 학술대회 발표논문집』 6권, 2010.

권복순, 차보현, 「농촌지역 코시안 주부의 의사소통능력, 문화적 정체성이 결혼만족도에 미치는 영향」, 『한국사회복지학』 58권 3호, 2006.

김경근, 백병부, 권순정, 「국제결혼가정 아동의 학교적응에 관한 연구」, 『한국교육학연구』 16권 1호, 2010.

김근식, 장윤정, 「국제결혼 남편의 결혼 만족도에 관한 연구」, 『한국자치행정학보』 23권 1호, 2009.

김근영, 곽금주, 배소영, 「다문화가정 연구개관과 향후 방향성」, 『한국심리학회지 : 일반』 28권 3호, 2009.

김민정, 신성만, 「도시지역 여성결혼이민자의 문화적 역량이 문화적응에 미치는 영향」, 『한국심리 학회지 ; 여성』 15권 4호, 2010.

김순규, 「다문화가정 자녀의 심리사회적 적응」, 『청소년학 연구』 18권 3호, 2011.

김연수, 「서울지역 여성결혼이민자의 결혼행복감에 관한 연구」, 『한국가족복지학』 21권, 2007.

김연수, 박지영, 「여성결혼이민자의 문화적응경험 연구」, 『한국가족복지학』 30권, 2010.

김오남, 「농촌지역 결혼이민여성의 정신건강에 관한 연구」, 『한국가족복지학』

12권, 2007.

김유경, 「다문화가족의 실태와 정책방안」, 『보건복지포럼』 151권, 2009.

김이선, 「결혼이주여성의 문화적 갈등과 소통 경험을 통해 본 정신건강의 역동성」, 『한국심리학회 연차학술발표대회 논문집』, 2008.

김재택, 「다문화주의 유입에 따른 결혼이주여성의 실태 연구」, 『논문집』 16권, 2008.

김한곤, 「농촌지역 국제결혼이주여성의 생활적응에 영향을 미치는 요인」, 『농촌사회』 19권 1호, 2009.

나동석, 박종인, 「여성결혼이민자의 사회적 지지 및 결혼만족과 양육행동에 관한 연구」, 『가족과 문화』 21권 4호, 2009.

남상아, 백지숙, 「다문화가정 부모의 양육태도가 아동과 초기 청소년의 학교적응과 자아존중감에 미치는 영향」, 『청소년시설환경』 9권 1호, 2011.

노충래, 강현주, 최민지, 「베트남 여성과 국제 결혼한 한국 남성의 결혼만족도에 관한 연구」, 『한국가족복지학』 30권, 2010.

박순희, 「다문화가족 아동의 특성과 사회적응」, 『한국아동복지학』 29권, 2009.

박재규, 「국제결혼 여성이민자 및 남편의 가족생활 적응 연구」, 『보건과사회과학』 26권, 2009.

박정숙, 박옥임, 김진희, 「국제결혼 이주여성의 가족갈등과 생활만족도에 관한 연구」, 『한국가정관리학회지』 25권 6호, 2007.

변미희, 강기정, 「다문화 가족 아내의 결혼만족도에 영향을 미치는 부부관련 요인」, 『한국가족복지학』 15권 2호, 2010.

송지현, 「다문화 가족 부부의 결혼적응 요인에 관한 연구」, 『보건사회연구』 30권, 2010.

안준희, 조정희, 「결혼이주여성의 문화적응스트레스의 영향요인 분석」, 『한국가족복지학』 32권, 2011.

안효자, 「일개 시 농어촌 다문화가족 초등학생의 학교적응과 정신건강에 관한 연구」, 『정신간호학회지』 17권 4호, 2008.

양순미, 「농촌 국제결혼부부의 적응 및 생활실태에 대한 비교분석」, 『농촌

사회』, 16권 2호, 2006.

_____, 「농촌지역 다문화가족의 초등학생들의 학교생활적응과 가족생활
　　　행복에 작용하는 요인」, 『한국심리학회지 : 여성』 12권 4호, 2007.

양순미, 정현숙, 「농촌국제결혼부부의 결혼생활적응과 만족에 대한 영향
　　　요인」, 『한국가족관계학회지』 11권 3호, 2006.

양옥경, 김연수, 「서울거주 여성결혼이민자의 우울에 영향을 미치는 요인
　　　연구」, 『정신보건과 사회사업』 26권, 2007.

양옥경, 김연수, 이방현, 「서울거주 국제결혼이주여성의 문화적응과 사회적
　　　지원서비스에 관한 조사연구」, 『서울도시연구』 8권 2호, 2007.

양옥경, 송민경, 임세와, 「서울지역 결혼이주여성의 문화적응스트레스에 관
　　　한 연구」, 『한국가족관계학회지』 14권 1호, 2009.

오성배, 「코시안 아동의 성장과 환경에 관한 사례 연구」, 『한국교육』 32권
　　　3호, 2005.

윤황, 이영호, 「베트남 결혼이민여성의 정신건강에 관한 연구」, 『한국심리
　　　학회지 ; 임상』 29권 3호, 2010.

윤형숙, 「외국인 출신 농촌 주부들의 갈등과 적응 : 필리핀 여성을 중심으
　　　로」, 『지방사와 지방문화』 8권 2호, 2005.

은선경, 「다문화가족 자녀의 학교적응에 영향을 미치는 요인에 관한 연구」,
　　　『한국아동복지학』 33권, 2010.

이영주, 「국제 결혼한 여성의 자녀에 대한 심리사회적 적응에 영향을 미치
　　　는 보호 요인에 관한 연구」, 『한국심리학회지 ; 여성』 12권 2호,
　　　2007.

_____, 「다문화가족 아동이 특성에 따른 적응요인: 위험요인과 보호요인
　　　분석」, 『한국가족복지학』 13권 1호, 2008.

_____, 「다문화가족 청소년의 심리사회적 적응에 영향을 미치는 위험요인
　　　에 관한 연구」, 『한국가족복지학』 14권 2호, 2009.

임수진, 오수성, 한규석, 「국제결혼이주여성의 우울과 불안에 미치는 영향
　　　요인」, 『한국심리학회지 ; 여성』 14권 4호, 2009.

임은미, 정성진, 이수진, 「여성 결혼이민자의 문화적응 유형과 문화적응 스
　　　트레스」, 『상담학연구』 11권 3호, 2010.

임혁, 「여성결혼이민자의 정신건강 영향요인에 관한 연구」, 『정신보건과 사회사업』 34권, 2010.

장덕희, 이경은, 「결혼이민여성을 위한 공식적 지지가 정신건강과 문화적 응에 가지는 효과」, 『젠더와 문화』 3권 1호, 2010.

장온정, 박정윤, 「결혼이민자가정 한국인 남편의 가족관련 가치관 및 문화 적응태도가 결혼 적응에 미치는 영향」, 『가족과 문화』 21권 2호, 2009.

정기선, 「결혼이주여성의 한국이주특성과 이민생활 적응 : 출신 국가별 차이를 중심으로」, 『인문사회과학연구』 20권, 2008.

정기선, 한지은, 「국제결혼이민자의 적응과 정신건강」, 『한국인구학』 32권 2호, 2009.

정순둘, 박현주, 오보람, 「시부모와 외국인 며느리가 지각하는 관계의 질과 의사소통의 일치정도에 근거한 관계유형」, 『한국사회복지학』 62권 1호, 2010.

정순둘, 박현주, 이혜정, 「다문화 가정의 시부모가 지각하는 외국인 며느리와의 관계 및 그 영향요인」, 『한국가족복지학』 29권, 2010.

정순둘, 이현주, 「외국인며느리를 둔 시어머니의 적응과정 경험에 관한 현상학적 연구-서울지역을 중심으로」, 『한국가족복지학』 28권, 2010.

차승은, 김두섭, 「혼인이주 여성의 출산 및 경제활동과 우울증: 일본, 중국, 베트남 아내의 비교」, 『한국인구학』 31권 3호, 2008.

차옥숭, 「국제 혼인 이주여성 피해 실태의 원인분석과 해결방안 모색」, 『담론』 11권 2호, 2008.

추현화·박옥임·김진희·박준섭, 「결혼이주여성 남편의 가족스트레스, 사회적 지지가 결혼적응에 미치는 영향」, 『한국가족복지학』 13권 4호, 2008.

표갑수, 「충북지역 다문화가정의 결혼만족도에 관한 연구」, 『한국지역사회복지학』 28권, 2009.

한건수, 「농촌지역 결혼이민자여성의 가족생활과 갈등 및 적응」, 『한국문화인류학』 39권 1호, 2006.

한국보건사회연구원, 『2009년 전국다문화가족 실태 조사 연구』, 2010.

한국염, 「이주여성의 인권 실태 및 대책」, 『발간자료』 2006권 1호, 2006.

Berndt, T. J. & Mekos, D, "Adolescents' perceptions of the stressful and desirable aspects of the transition to junior high school", Journal of Research on Adolescence, Vol. 5(1), 1995.

Berry. J. W. "Immigration, acculturation and adaptation", Applied Psychology: An International Review, Vol. 46, 1997.

Gibson, M. "Immigrant adaptation and patterns of acculturation, Human Development, Vol. 44(1), 2001.

Redfield, R,, Linton, R. & Herskovits, M. J., "Memorandum for the study of Acculturation", American Anthropologist, Vol. 38(1), 1936.

Robert r. Barker, The Social Work Dictionary, Washington, D.C.:NASW Press, 1995.

http://www.mest.go.kr(교육과학기술부).

http://www.munhwa.com/news/view.html?no=2011032301071327285005(문화일보, 2011, 03, 23)

http://news20.busan.com/news/newsController.jsp?subSectionId=1010010000&newsId=20100715000106(부산일보, 2010, 07, 15)

www.nso.go.kr(통계청).

결혼이주여성의 사회참여 활성화를 위한 소고*

김 명 현**

1. 서론

유교를 통치이념으로 삼아 건국한 조선은 남존여비(男尊女卑)의 사회였다. 이런 사회적 이념은 글로벌 시대인 오늘날에도 상당히 유효하게 작용하고 있다. 고등교육을 받고 도시에서 생활하는 사람들에 비하여 전통적인 농촌사회에서 성장하고 고등교육의 혜택을 받지 못한 사람들이 여성을 비하하는 태도는 상대적으로 강하다고 할 수 있다. 그럼에도 불구하고 우리 사회는 이제 양성평등과 여성의 사회참여에 대한 관심이 급격히 높아지고 있으며, 점차적으로 다양한 방면에서 여성의 사회참여가 확대되고 있다. 여성의 사회참여가 확대되는 가장 중요한 이유는 우리사회의 경제적 발전과 교육을 바탕으로 삼아 삶에 대한 가치관이 변화했기 때문이라고 할 수 있다. 과거의 바람직한 여성상은 가족들을 위해 희생하고 가정을 잘 꾸리는 것이었다면 오늘날은 여성 역시 한 인격체로서 '자신을 위한 삶'을 살 권리를 인식하고 사회적 역할을

---

 * 2011년 9월 29일 대구광역시 주최 2011 여성정책토론회 "지역여성의 역량강화"에서 발표된 논문임.

** 대구가톨릭대학교 신학대학 교수.

수행하는 것을 당연한 것으로 여기고 있다. 이러한 의식의 변화가 여성들의 사회참여를 증대시키는 기반이라고 할 수 있다.

일반적으로 여성의 사회참여는 여성이 전통적인 가사에서 벗어나 한 사회의 구성원으로서 사회적 역할을 수행하는 것을 의미한다. 따라서 여성의 사회참여는 한 개인으로서 자아발견과 실현에 도움을 줄 뿐 아니라, 사회참여를 통해 삶에 만족감과 보람을 느끼게 하며 사회구성원으로서 공동체 의식을 갖게 만들고, 우리 사회의 다양한 문제를 해결하는 데 원동력이 될 수 있다. 아울러 여성의 사회참여는 여성의 잠재된 능력과 역량을 사회에서 발휘하게 하기에 사회의 인적자원을 풍요롭게 만들며 이로 인해 사회체계의 선진화와 국가 경쟁력 강화에 도움이 된다. 특히 자유무역체제(Free Trade Agreement)로 인하여 세계 각국이 무한경쟁으로 치닫고 있는 오늘날 여성의 사회참여는 여성의 인권신장을 넘어서 우리 사회의 발전과 직결되어 있다.

이제 우리 사회는 다문화사회로 급격히 접어들고 있다. 외국인 거주자가 2011년 현재 130만에 이르고 있으며 다문화가정의 경우 수년 내에 20만을 넘어설 것으로 예측된다. 결혼이주자들 특히 결혼이주여성들이 한국에 입국하여 언어와 풍습을 익히고 한 가정의 아내와 어머니로 삶을 살아가야 할 뿐 아니라 사회의 구성원으로 사회적 활동을 하며 살아가야 한다. 결혼이주여성이 우리사회의 구성원으로 사회적 활동을 하며 살아가는 것이 곧 사회참여이다. 이들의 사회참여는 우선 우리 사회가 이들을 사회의 구성원으로 받아들이는 것인 동시에 이들의 사회적 통합을 드러내는 것이다. 달리 말해서 결혼이주여성의 사회참여는 개인적 삶의 질과 관련될 뿐 아니라 우리 사회의 개방성과 포용성 그리고 연대성을 실현해 가는 길이라 할 수 있다. 따라서 결혼이주여성의 사회참여를 살펴보는 것은 이주여성의 삶의 사회적 측면과 우리 사회의 다문화성을 새롭게 인식하는 계기가 될 것이다.

본고에서는 '2009년 전국 다문화가족실태조사 연구'에서 드러난 사실

들을 바탕으로 결혼이주여성들의 사회참여 실태를 살펴보고 그 개선책
에 대한 제안을 하는 것을 목적으로 한다. 사실 특정지역을 중심으로 한
결혼이주여성의 사회참여와 관련된 연구가 있기는 하나 지역적 한계를
보여주고 있다. 반면에 '2009년 전국 다문화가족실태조사 연구'는 다문
화가족의 전반적인 상황 특히 결혼이주여성의 삶의 전반적인 실태를 보
여주고 있다. 이러한 전반적인 상황을 기반으로 하여 결혼이주여성의
사회참여 실태를 살펴보고 이를 바탕으로 이들의 사회참여를 활성화하
는 방안을 모색해볼 것이다.

2. 결혼이주여성의 사회참여 실태

한국인과 외국인이 결혼하는 국제결혼은 과거 우리 사회에서 그리 흔
치 않았을 뿐 아니라 심지어 경원의 대상이 되기도 했다. 하지만 1990
년 이후 국제결혼이 늘어나기 시작하여 2000년에는 총 혼인건수 대비
3.5%(11,605건)를 차지하던 것이 2004년엔 10%를 넘기 시작했고 2010
년엔 10.5%를 차지하고 있다.[1] '2009년 전국 다문화가족 실태조사 연
구'에 따르면 국제결혼은 여성 100명당 남성은 9.6명으로 외국인 여성
과 한국인 남성의 결혼으로 이루어진 가정이 절대다수를 이루고 있다.
이로 인해 대다수의 사람들이 다문화가족이란 말을 곧 한국남성과 외국
여성이 결혼한 가정을 지칭하는 것으로 알아들을 정도이다.

결혼이주여성들의 출신국은 시대에 따라 변화하고 있는데 1980년대
와 1990년대에는 일본과 중국(조선족 포함)이 다수를 이루고 있었으나
2000년 이후 베트남, 필리핀, 캄보디아, 러시아, 태국, 몽골, 우즈베키스
탄 등 다양해지고 있다. 그럼에도 불구하고 결혼이주여성들에 대한 담

---

1) <표 1> 외국인과의 혼인 (단위 : 건, %).

론의 배경에는 동남아를 비롯한 개발도상국 출신의 결혼이주여성에 대
한 무지와 편견이 자리 잡고 있다. 이러한 무지와 편견으로 인해 결혼이
주여성들이 외부세계와 단절된 상황에서 삶을 살고 있다. 특히 '위장결
혼'에 대한 가족의 우려와 제3세계 여성들에 대한 편견 때문에 결혼이
주여성의 외부 노출을 꺼리고 심지어 이들의 외부활동을 차단하고 있
다. 이로 인해 결혼이주여성들은 한국어와 한국문화에 대한 기본적인

	2000	2001	2002	2003	2004	2005	2006	2007	2008	2009	2010
총 혼인건수	332,090	318,407	304,877	302,503	308,598	314,304	330,634	343,559	327,715	309,759	326,104
외국인과의 혼인	11,605	14,523	15,202	24,776	34,640	42,356	38,759	37,560	36,204	33,300	34,235
(총 혼인 중 비중)	(3.5)	(4.6)	(5.0)	(8.2)	(11.2)	(13.5)	(11.7)	(10.9)	(11.0)	(10.8)	(10.5)
증 감	1,782	2,918	679	9,574	9,864	7,716	-3,597	-1,199	-1,356	-2,904	935
증 감 률	18.1	25.1	4.7	63.0	39.8	22.3	-8.5	-3.1	-3.6	-8.0	2.8
한국남성 + 외국여성	6,945	9,684	10,698	18,751	25,105	30,719	29,665	28,580	28,163	25,142	26,274
증 감 률	29.3	39.4	10.5	75.3	33.9	22.4	-3.4	-3.7	-1.5	-10.7	4.5
한국남성 + 외국여성	4,660	4,839	4,504	6,025	9,535	11,637	9,094	8,980	8,041	8,158	7,961
증 감 률	4.6	3.8	-6.9	33.8	58.3	22.0	-21.9	-1.3	-10.5	1.5	-2.4

출처: 통계청 2010년 혼인·이혼 통계

2000년부터 2010년까지 국제결혼 총 수는 323,160건이며, 그동안 이혼건
수는 63,418건이다 그리고 법무부 출입국 관리국의 자료에 의하면 2010
년 12월 31일 현재 국내 다문화가족은 141,654이다. 이는 2000년 이후
국제결혼 총 건수의 43%만이 혼인이 유지되고 있다고 할 수 있다. 비록
국제결혼한 부부가 한국이 아니라 외국에서 생활할 수도 있고, 또 사별할
수도 있지만, 2000년 이전의 국제결혼 건수가 포함되지 않았다는 사실을
고려하면 국제결혼을 통해 이루어진 다문화가족의 안정성은 매우 낮다고
할 수 있다.

교육의 기회마저 박탈당하고 있다. 이런 경우 이주여성은 남편이나 시댁식구들과의 종속적인 관계 속에서 생활하면서 일방적으로 한국문화를 강요받게 된다. 이는 곧 결혼이주여성에 대해 무조건적 동화를 요구하는 결과를 낳게 되는데 결코 바람직한 모습이라 할 수 없다.

반면에 결혼이주여성이 배우자와 가족들의 지지를 받으며 이웃들과 교류를 할 뿐 아니라 지역사회 활동에 참여하면서 우리 사회의 재원으로 활동하고 있는 이들도 있다. 결혼이주여성들은 사회참여를 통해 자아실현, 생활의 만족감, 경제적 안정성을 이루어 갈 수 있다. 따라서 결혼이주여성의 사회참여는 곧 이들이 한국 사회에 뿌리를 내리는 것이라 할 수 있는데 이를 이주여성의 적응과정 중 마지막 단계로 설명하기도 한다. 즉 결혼이주여성의 적응과정을 '혼동과 갈등의 단계', '둘러보고 시도해봄의 단계', '조화로 위치를 찾음의 단계', '공동체 구성원으로 뿌리내림의 단계'로 설명하고 있는데[2) 사회참여는 바로 공동체 구성원으로 뿌리내림의 단계라 할 수 있을 것이다. 그리고 결혼이주여성의 삶의 단계를 '결혼준비기', '가족형성기', '자녀 양육기 및 정착기', '역량 강화기', '사회 진입기'로 구분하기도 하는데 모든 단계에서 넓은 의미에서 사회참여가 이루어지고 있다.[3) 왜냐하면 모든 개인은 사회적 관계를 맺지 않고 삶을 영위할 수 없기에 결혼이주여성 역시 삶의 각 단계에서 한국 사회와 관계를 맺고 그 관계에 참여하고 있기에 넓은 의미에서 사회참여를 하고 있다고 할 수 있다. 반면 좁은 의미에서 결혼이주여성이 주체성을 가지고 의식적으로 참여하는 사회활동들 특히 정치참여, 경제참여, 지역사회 참여는 어느 정도 우리 사회의 삶에 익숙해진 이후에 일

---

2) 구차순, 「결혼이주여성의 적응에 관한 근거이론 연구」, 부산대학교 대학원 박사학위 논문, 2007. 참조.

3) 넓은 의미에서 사회참여란 개인의 삶에서 맺게 되는 모든 사회적 관계를 지칭하는 것을 뜻한다. 실상 어느 누구나 사회참여가 없는 삶을 살 수 없다. 왜냐하면 인간의 모든 행위에는 사회적 차원에서 이루어지고 있기 때문이다.

어난다고 할 수 있다. 사실 의사소통 없이는 적극적으로 사회참여가 이루어질 수 없다. 따라서 결혼이주여성이 적극적으로 사회참여를 하기 위해서는 기본적인 의사소통이 가능한 수준에 이르러야 한다. 아울러 임신과 출산시기 역시 결혼이주여성이 적극적으로 사회참여를 하기 어렵다. 따라서 일반적으로 결혼이주여성의 적극적인 사회참여는 '자녀 양육기 및 정착기' 이후에 일어난다고 할 수 있다. 아래에서는 결혼이주여성의 분야별 사회참여 실태를 살펴보고자 한다.

1) 정치 참여

정치참여는 민주주의 사회를 형성하는데 근간이 된다고 할 수 있다. 즉 민주주의는 국민들의 정치참여 없이 이루어 질 수 없다. 오늘날 국민들의 정치참여는 '선거권자로서의 정치참여'와 '피선거권자로서의 직접적인 정치참여'로 구분할 수 있다. 이러한 정치참여는 일반적으로 다음과 같은 세 가지 방법으로 이루어진다.

　　첫째, 투표권을 행사하여 정치지도자를 선출하는 데 참여하는 것.
　　둘째, 정당 활동과 관련하여 국정 및 지방정치의 여러 가지 활동에 참여하는 것.
　　셋째, 사회운동에 참여하여 정치과정에서 정책결정과정에 관여하는 '시민운동' 또는 '주민운동'의 주체로서 활동하는 것.

결혼이주여성이 대한민국의 국적을 취득하면 대한민국 국민으로서 당연히 선거권과 피선거권을 갖게 되며, 정당활동, 시민운동 등을 통하여 정치에 참여할 수 있다. 뿐만 아니라 우리나라는 아시아 최초로 외국인에게 지방선거권을 부여하고 있기 때문에 결혼이주여성이 국적을 취득하지 않더라도 일정한 조건을 갖추면 지방선거권을 행사할 수 있다.

(1) 선거권

우리나라는 2005년 8월에 <공직선거법>을 개정하여 아시아에서는 처음으로 외국인에게 지방선거권을 부여하고 있다. 개정된 「공직선거법」 제15조 3항에 따르면, "「출입국관리법」 제10조(체류자격)에 따른 영주의 체류자격 취득일 후 3년이 경과한 외국인으로서 같은 법 제34조에 따라 해당 지방자치단체에의 외국인등록대장에 올라 있는 사람"은 지방자치단체의 의회의원 및 장의 선거권이 있다. 이러한 법에 따라 대한민국 국적을 취득하지 않은 19세 이상의 결혼이주여성이 지방자치단체에 국내거소신고인명부에 등재되어 있으면 지방선거의 선거권자로 투표권을 행사할 수 있다. 이 법에 따라 2006년 제4회 지방선거에서 결혼이주여성과 외국인이 처음으로 선거권을 행사하였고, 정부는 이들의 선거를 돕기 위해 외국인 선거권자용 투표안내문에는 한국어, 영어, 중국어가 병기하였다. 다만 국적을 취득하지 않은 결혼이주여성과 외국인은 부재자 투표를 할 수 없다.4)

또 외국인과 국적을 취득하지 않은 결혼이주여성은 「정당법」상 정당의 당원이 될 수 없고, 선거운동이나 투·개표에 참여할 수 없으며, 정치인에게 후원금을 낼 수 없다. 이는 결혼이주여성은 한국인의 아내요 한국자녀의 어머니란 특수한 입장에 있지만 국적을 취득하지 않은 경우

---

4) 2005년 「공직선거법」 개정에 따른 외국인 참정권과 관련하여 다음과 같은 문제점을 지적하고 있다. "첫째, 선거인명부 작성 직전 법무부가 파악한 외국인 투표권자 6,579명 가운데 화교가 6,511명으로 사실상 99%였고, 20만 명이 넘는 동남아 이주노동자 중 투표권이 주어진 사람은 사실상 전무했다. 둘째, 피선거권이 부여되지 않아 외국인은 선거에 출마할 수 없을 뿐만 아니라 선거운동이나 투·개표에 참여할 수 없다. 셋째, 외국인은 정당법상 정당의 당원이 될 수 없고, 정치인에게 후원금도 낼 수 없다. 요컨대, 극히 소수의 외국인에게 사실상 무의미한 투표권을 부여한 것으로 외국인의 실질적인 정치 참여는 완전히 차단하고 있다." 이규영, 김경미, 「다문화사회에서 이주민의 정치 참여 : 독일의 사례를 중심으로」, 『유럽연구』 제27권 2호, 2009, 20쪽.

외국인의 범주에 속할 수밖에 없기 때문이다. 2006년 제4회 지방선거에서 투표에 참여한 외국인의 수는 6,726명이었고, 이 가운데 화교가 6,511명으로 사실상 99%를 차지하였다. 2010년 제5회 지방선거에서 외국인 선거권자는 11,000명으로 63%로 늘어났다. 2000년대 이후 결혼이주여성들이 증가한 것을 고려하면 앞으로 지방선거에서 투표할 결혼이주여성의 숫자가 증가할 것임을 쉽게 예측할 수 있다.

결혼이주여성의 31.2%가 귀화하여[5] 그 중 56.7%가 투표를 하였다. 2006년 5.31선거에서 내국인의 투표율이 52%인 것을 감안하면 결혼이주여성의 투표율은 상대적으로 높다고 할 수 있다. 또 귀화한 결혼이주여성의 경우 도시에 비해 농촌에서, 연령과 학력이 높을수록, 체류기간이 길수록 투표율이 높게 나타났으며, 필리핀(66.7%), 일본(66.8%), 조선족(62.3%) 순이고 투표율이 낮은 출신국은 캄보디아(23.1%), 베트남(25.9%) 순이다.[6]

'2009년 전국다문화가족실태조사'에 따르면 영주권을 취득한 결혼이주여성의 경우 투표에 참여한 비율은 8.2%에 지나지 않는다. 비록 이 조사에서 영주권 취득일을 조사하지 않아서 영주권 취득 후 3년 이상인 사람을 가려낼 방법은 없었으나 국내 체류기간이 10년 이상인 영주권자는 지방선거에 참정권이 부여되었을 가능성이 매우 높다. 그럼에도 이들의 투표율이 현저히 낮은 것은 지방선거의 참정권이 영주권자에게 부여된다는 사실에 대한 충분한 홍보가 이루어 지지 않았기 때문일 것으로 판단된다.

결혼이주민 중 귀화자들은 정당가입이 가능하다. 하지만 정당에 가입하여 활동한 경험은 결혼이주여성의 경우 1.9%, 결혼이주남성의 경우 0.8%로 나타났고, 도시보다는 농촌에서, 연령과 학력이 높을수록, 체류

---

5) 2009년 전국다문화가족실태조사, 500쪽, 표 11-54 여성 결혼이민자의 국적별 귀화 정도.
6) 2009년 전국다문화가족실태조사, 501쪽.

기간이 길수록 정당 활동을 하는 경향이 나타났다. 국적별로는 필리핀 여성(7.5%0, 일본 여성(3.7%) 순으로 정당 활동에 참여하는 것으로 조사되었다.[7] 이러한 현실은 귀화한 결혼이주자들의 극소수만이 정치에 능동적인 관심을 갖고 활동하고 있음을 알 수 있다. 하지만 결혼이주자들의 정당 가입은 거주지역에 따라 많은 차이를 보이고 있다. 전라남·북도 지역은 각각 3.8%와 3.7%를 기록한 반면 서울, 부산, 대구, 인천 등 대도시권은 1.3%에 머물고 있다[8]. 이는 지역 주민의 정치적 특성이 결혼이주자들에게도 미치고 있는 것이라 할 수 있을 것이다.

우리나라는 지방선거에서 외국인을 선거권자로 인정하고 있다. 이러한 사실은 1950년대부터 외국인 근로자를 받아들였던 독일이 유럽연합 시민들에게 지방선거권을 부여하고 있으나 제3국에서 온 이주민들에게는 부여하지 않고 있는데 비하여 상당히 획기적인 조치라 할 수 있다. 이러한 조치가 다문화사회로 들어선 우리사회가 영주권을 지닌 외국인과 결혼이주여성을 주민으로 받아들이는 것으로 민주주의의 발전을 가져 온 것이라 할 수 있다. 특히 결혼이주여성의 투표권을 인정한 것은 이들이 지역주민으로 통합되어 가는 데 도움이 될 것이다. 하지만 소수의 영주권자 특히 결혼이주여성들이 투표를 통해 자신들의 의견을 정치적으로 의미 있게 표현한다고는 할 수 없다. 오히려 결혼이주여성들이 자신들의 요구를 대변해 줄 수 있는 자치조직을 형성할 수 있도록 지원하고 지방자치단체의 각종 위원회에 참여하도록 유도하는 것이 실질적인 참정권을 누릴 수 있는 길이 될 것이다.

(2) 피선거권

2010년 6.2 지방선거에서 각 정당들은 앞을 다투어 다문화후보들을 공천하였다. 한나라당은 경기도의회 비례대표 후보 1순위에 이라(몽골

---

7) 2009년 전국다문화가족실태조사, 505~508쪽.
8) 2009년 전국다문화가족실태조사, 508쪽.

출신)씨와 대전시의회 비례대표 후보 3순위에 센위안 낫티타(태국)씨를 공천했다.9) 자유선진당은 중국동포들이 밀집해 있는 영등포구의회 비례대표 1순위에 장해정(중국동포), 금천구의회 비례대표 1순위에 양덕자(중국동포), 구로구의회 비례대표 1순위에 김정연(중국동포) 등 3명의 중국동포 후보를 공천했다. 국민참여당은 충북도의원 비례대표 후보인 체체그수렌(몽골)을 공천하였다. 각 당이 공천한 후보는 6명이지만 당선이 된 후보는 오직 경기도의회 비례대표 후보1순위인 이라씨 한 사람뿐이다. 각 당들은 다문화에 대한 관심이 높아지고 있는 시기에 다문화후보를 공천한 것은 언론의 관심을 끌기에는 충분했으나 지방의회에 진출시키는 데는 실패하였다. 자유선진당의 경우 중국동포가 밀집된 지역에 비례대표 후보 1순위로 공천을 했으나 자유선진당이 전체적으로 지지를 받지 못함으로서 결혼이주여성들의 지방의회 진출이 무산되었다.

2010년 6.2 지방선거를 살펴보면 각 정당이 공천한 결혼이주여성 후보들은 모두 귀화자들이며, 비례후보들이다. 비록 귀화자들이지만 결혼이주의 역사가 다른 나라에 비해 짧은 데에도 불구하고 이들에게 정당들이 공천을 준 것은 국민의식의 개선에 기여를 하였다. 결혼이주여성들이 실제로 다문화가족들을 위한 정책을 입안하고 실행하기 위해서는 비례대표가 아니라 지역구에 직접적으로 공천을 하는 것이 요청된다.

2) 경제 참여

일반적으로 결혼이주여성들은 경제 참여, 특히 가정의 소득증대를 위해 취업을 원하고 있다. 이는 대다수의 결혼이주여성들이 한국을 택한 이유가 경제적으로 더 나은 삶을 위한 갈망이 가장 강하기 때문이다. 하

---

9) 한나라당은 인천 연수구의회 비례대표 1순위에 최인영(새터민) 후보를 공천했으나 한나라당이 선거에 참패함으로써 당선되지 못했다.

지만 현실적으로 대다수의 결혼이주여성들은 경제적으로 빈약한 형편에 놓여있고, 또 취업을 원하지만 이들에게 적합한 일자리가 제공되지 못하고 있다. 이들의 경제 참여의 실태를 살펴보며 그 원인이 어디에 있는지 알아보자.

(1) 결혼이주여성 가구의 소득

다문화가족들의 월평균 가구소득은 100만원 미만이 21.3%이고 100~200만원 미만이 38.4%이고 200~300만원 미만이 18.7%로 전반적으로 소득 수준이 낮다.[10] 특히 이혼이나 사별을 한 결혼이주여성의 경우 경제적으로 더욱 열악한 것으로 나타났다. 사별을 한 결혼이주여성 가구의 월평균소득은 100만원 미만이 60.5%, 100~200만원 미만이 24.6%로 월소득 200만원 미만이 85.1%로 절대다수가 궁핍한 상태에서 생활하고 있다. 이혼을 한 결혼이주여성 가구의 월평균소득은 100만원 미만이 52.2%이고 100~200만원 미만이 37.2%로 월소득 200만원 미만이 89.4%이다. 이러한 상황은 배우자가 있는 결혼이주여성가구의 월평균소득 100만원 미만이 19.8%, 100~200만원 미만이 38.8%인 것과는 대조를 이루고 있다. 즉 이혼이나 사별은 결혼이주여성의 삶을 더욱 궁핍하게 만들고 있다.

결혼이주여성 가구의 월평균 소득은 학력이 높을수록 저소득층의 비율은 낮고, 고소득층의 비율은 높아진다. 초등학력이하의 결혼이주여성의 경우 100만원 미만의 소득이 31%, 100~200만원 미만이 35.7%를 차지하는데 500만원 이상은 0.7%이다. 반면에 대학이상의 학력을 가진 결혼이주여성의 경우 100만원 미만의 소득이 14.9%, 100~200만원 미만이 32.7%를 차지하는데 500만원 이상은 4.8%이다. 반면에 결혼이주남성의 경우 초등학력이하의 경우 100만원 미만의 소득이 52.9%, 100~200만원 미만이 26.8%를 차지하는데 500만원 이상은 1.2%이고, 대학이상의 학력

---

10) 2009년 전국 다문화가족실태조사 연구, 198~202쪽.

을 가진 경우 100만원 미만의 소득이 9.7%, 100~200만원 미만이 25.2%
를 차지하는데 500만원 이상은 11.2%이다. 이와 같이 결혼이주여성의
가구소득은 결혼이주남성에 비하여 학력에 따른 차이가 더 적게 나타나
고 있다. 이는 우리사회의 가구소득의 수준이 남성의 수입에 의해 좌우
됨을 보여주는 것이며, 남성에 비해 여성의 임금이 낮은 점을 반영하고
있다고 할 수 있다.

위와 같이 결혼이주여성 가구의 대다수가 경제적으로 열악한 상태에
놓여 있다. 열악한 경제적 환경으로 인해 이들은 자칫하면 가난을 대물
림할 수밖에 없는 상황으로 치달을 수 있다. 즉 현대세계에서 가난은 하
나의 고리를 형성하여 대물림하게 되기 십상인데, 저소득은 가족들의
영양부실을 가져오고, 영양부실은 가족들의 질병발생의 환경이 되며, 질
병은 치료경비의 증가와 노동력 상실을 가져오며, 이로 인해 가구 소득
이 더욱 줄어들게 되며, 소득 축소는 자녀교육부실을 초래하게 되어 가
난을 대물림하게 된다. 즉 저소득은 한 개인, 한 세대에서 끝나는 것이
아니라 가족 전체를 가난에 옭아매는 사슬이 된다. 결혼이주여성들은
쉽게 이러한 가난의 굴레, 혹은 가난의 사슬(circle of the poverty)[11]에
얽매일 수밖에 없다. 더구나 2005년 이후 결혼이주여성의 학력이 낮아
지고, 이혼과 사별을 하는 경우가 증가하고 있어서 이들의 가난이 심각
한 문제로 대두되고 있다.

(2) 취업

경제활동 참여가 가장 명확하게 나타나는 것이 취업이다. 결혼이민자
의 취업실태를 살펴보면 남성과 여성 사이에 현격한 차이를 보이고 있
다. 현재 취업된 남성은 74.3%이고 여성은 36.9%이며, 취업한 적인 있
는 경우는 남성은 87.6%, 여성은 22.2%이고, 취업한 적이 없는 경우는

---

11) 참조. Gregorio Iriarte, Analisis critico de la realida: Esquemas de interpretacion,
Senpas, La Paz-Bolivia, 1989, pp. 65~66.

남성은 8.6%, 여성은 40.9%이다.[12] 이와 같이 취업경험 및 취업여부가 남성과 여성 사이에 현격한 차이를 보여주고 있다. 반면에 결혼이주자의 한국 입국 전 취업경험은 남성의 경우 82.2%이고 여성의 경우 74.7%로 현재의 취업률보다는 상대적으로 그 차이가 크지 않다. 즉 결혼이주자의 경우 한국 입국 전에는 취업에 큰 차이를 보이지 않으나 한국 입국 후에는 남성과 여성 사이에 현격한 차이가 나타나는데 이는 남성 가장이 경제활동을 책임지는 우리 사회의 전통과 어느 정도 관련있으며, 대다수의 다문화가정에서 남성의 고령으로 인해 자녀 출산을 우선적으로 생각하고 있기 때문이다. 또 대부분의 결혼이주남성의 경우 공단근처에서 생활하며 생산직에 근무하는데 비해 결혼이주여성이 농촌에 거주하는 경우 취업의 기회를 갖기 어렵기 때문이기도 하다.

또 결혼이민자의 월평균 근로소득은 108.92만원인데 여성의 월평균 근로소득은 98.68만원이고 남성은 175.89만원으로 나타났다. 이들의 소득은 20대에는 나이가 많아질수록 소득이 늘어나지만 30대 이후에는 별로 늘지 않았다.[13] 그것은 결혼이주자 대다수가 저숙련직에 종사하고 있기 때문이다. 사실 결혼이민자의 14.1%만이 전문직에 종사하고 있으며 85.9%가 저숙련 직종인 서비스와 단순노무직에 주로 근무하고 있다.[14] 특히 결혼이주여성의 경우 전문직은 12.9%에 불구하고 거의 과반수의 결혼이주여성들이 서비스(32.5%), 단순노무자(17.0%)로 근무하고 있는데 이러한 근로실태로 인해 결혼이주여성들의 근로소득은 낮을 수밖에 없다.

비록 현재 결혼이주여성이 결혼이주남성에 비해 취업률이 상대적으로 낮지만 이들의 취업의향은 대단히 높다. 미취업 결혼이주자의 85.7%가 취업을 희망하고 있는데 남성은 72.0%이고 여성은 86.2%로 여성이

---

12) 2009년 다문화가족실태조사 연구, 230쪽.
13) 2009년 다문화가족실태조사 연구, 256쪽.
14) 2009년 다문화가족실태조사 연구, 238쪽.

남성보다 취업을 더 많이 희망하고 있다.[15] 이는 남성의 경우 대부분 (74.3%)이 취업을 하고 있는데 비해 여성들은 취업을 하고 싶어도 육아 등의 이유로 취업을 하지 못하기 때문이다. 그리고 미취업 결혼이주여성의 경우 취업을 위해 일자리 알선(29.6%), 자녀보육 및 양육지원 (22.9%), 한국어 교육(18.4%), 직업교육(14.1%), 배우자나 가족의 이해와 지원(6.3%) 등의 도움을 필요로 하는 것으로 나타났다.[16] 그리고 결혼이주여성이 향후 직업을 갖기 위해 필요한 교육으로 한국어교육 (35.5%)이 가장 높게 나타났는데 이는 한국에서 어느 직업을 갖게 되든지 한국인과의 의사소통이 가장 기본적인 사항이기 때문인 것으로 여겨진다. 한국어 교육에 이어 컴퓨터·정보통신 15.1%, 음식 13.2%, 미용·피부 9.7%, 운전면허 7.6%, 의복 6.5%, 보육 3.3%, 간병·간호 3.0%, 가사도우미 0.9%, 농어업·원예 0.8%, 자동차정비 0.4%, 건설 0.2% 순으로 나타났다.[17] 국적별로는 중국(조선족 포함), 베트남, 캄보디아 출신들이 음식에 관심이 많았고 캄보디아, 베트남, 몽골 출신들이 미용·피부 관련 직업훈련에 대한 요구가 높았다.

앞에서 보았듯이 대다수의 다문화가족이 경제적으로 열악할 뿐 아니라 가족 구성원 가운데 장애인이 있는 경우가 많다. 다문화가족의 등록 장애비율은 17.3%로 우리나라의 장애출현율 4.6%[18]에 비하여 3배 이상 높은 것으로 조사되었다. 결혼이주여성 가족의 등록장애비율(17.9%)이 결혼이주남성 가족의 등록장애비율(10.6%)보다 높으며, 결혼이주여성의 경우 읍·면지역(19.3%)이 동지역(17.3%)보다 높게 나타났다. 등록 장애인이 있는 결혼이주여성의 가족 구성원별 등록장애비율은 남편이 42.6%, 시부모가 30.5%로 나타났다.[19] 달리 말해서 결혼이주여성의 가족 중 장

---

15) 2009년 다문화가족실태조사 연구, 270쪽.
16) 2009년 다문화가족실태조사 연구, 272쪽.
17) 2009년 다문화가족실태조사 연구, 279쪽.
18) 장애인 실태조사, 2005.

애가 있는 경우는 거의가 배우자와 시부모일 경우가(73.1%) 대다수라고 할 수 있다. 가족 구성원 중 장애인이 있을 경우 장애인을 돌보는 사람이 필요한데 배우자나 시부모가 장애인일 경우, 대다수의 가정에서 이 역할을 결혼이주여성이 수행하기에 이들이 취업에 대해 엄두를 낼 수조차 없다.

결혼이주여성의 경우 배우자와의 나이차이가 평균 9.9세이며, 캄보디아 출신인 경우 17.5세, 베트남 출신인 경우 17.0세, 필리핀 출신인 경우 10.9세, 몽골 출신의 경우 10.0세이다.[20] 특히 결혼이주여성과 배우자와의 나이차이가 많이 나는 경우 이주여성은 남편이 은퇴한 후 수입이 줄어드는 상황에 처하게 되며, 또 배우자와 사별한 후에도 상당한 기간 동안 스스로 자신의 삶을 꾸려가야 한다. 여성의 평균수명이 남성에 비해 5~6세 정도 더 길다는 것을 감안하면 17세의 나이차이가 나는 결혼이주여성의 경우 배우자와 사별한 후 22~23년을 스스로 가정경제를 책임지며 살아야 한다. 이때에 결혼이주여성은 생활전선으로 내몰릴 수밖에 없으며, 결혼이주여성의 취업은 바로 그의 삶을 지탱해가는 원천이 될 것이다. 하지만 이때에 자립할 수 있는 경제적 능력이 없다면 빈곤층으로 떨어질 수밖에 없으며, 이들을 보호하기 위한 우리 사회의 비용은 늘어날 수밖에 없다.

결혼이주여성이 결혼이주남성에 비하여 취업에 어려움을 겪는 이유는 이들의 이주방법과도 관련이 있다. 결혼이주남성의 경우 이주노동자로 입국하여 생활하다가 한국 사람과 결혼한 경우가 대부분이다. 반면에 결혼이민여성의 경우 한국에 대한 인식이나 한국에서의 노동경험이 전무한 상태에서 입국하기에 취업을 하기 위해서 더 많은 교육과 훈련을 필요로 한다. 비록 결혼이주여성들이 취업을 강력히 원하고 있으나 실질적으로 일자리를 찾는 데 많은 어려움을 겪고 있다. 이들이 취업에

---

19) 2009년 다문화가족실태조사 연구, 334쪽.
20) 2009년 전국 다문화가족실태조사 연구, 135~136쪽.

어려움을 겪는 이유는 ①언어소통의 어려움 ②아동양육의 어려움 ③
기능(자격증) 취득의 어려움 ④자국에서의 학력이나 경력에 따른 취업
의 어려움 ⑤취업정보의 부족 ⑥임금수준 및 근로조건에 대한 불만 ⑦
외국인에 대한 편견과 차별 등이 있다.

국제결혼을 통해 우리사회에 이주해 오는 결혼이주여성은 한 남편의
아내이며 아이들의 어머니일 뿐 아니라 우리사회에 유입되는 인적자원
이기도 하다. 따라서 결혼이주여성을 단순히 결혼이주의 차원에서 바라
볼 것이 아니라 노동이주의 차원도 고려되어야 한다. 결혼이주여성에
대한 연구에서 여성들이 국제결혼을 선택하는 원인이 경제적 요인임이
밝혀졌다. 특히 아시아 저개발국가 여성들이 출신국보다 경제상황이 좋
은 국가로 결혼이주를 하는 경우 더욱 그러하다.[21] 그리고 결혼이주여
성의 취업은 한국사회적응에 긍정적인 영향을 미치고 있다. 박능후·선
남이(2010년)의 연구에 의하면 결혼이주여성의 현재 취업상태는 피고용
정규직 종사자가 임시직, 자영업자, 무급가족종사자, 무직, 전업주부 및
기타에 비하여 한국사회적응을 잘 하고 있는 것으로 나타났다. 이러한
사실에서 결혼이주여성의 높은 취업욕구는 긍정적이고 적극적으로 받
아들일 필요가 있다. 하지만 이들이 정규직 종사자일 때만 한국사회적
응에 긍정적인 영향력을 미치고 있다는 것은 그들의 현재 취업 형태에
대하여 새롭게 생각하게 만든다. 또 차승은·김두섭(2008)의 연구에 의
하면 결혼이주여성의 경제활동이 우울증을 해소하고 사회에 적응하는
데 긍정적인 역할을 하는 것으로 나타났다.[22] 저소득가구의 결혼이주여
성의 경우 한국사회에 적응과 경제적 어려움을 동시에 겪고 있지만 경

---

21) 박능후·선남이, 「국제결혼이주여성의 취업이 한국사회 적응에 미치는 영향」,
『민족연구』 vol. 41, 2010, 124쪽; 송유진, 「베트남 국제결혼 여성의 혼인이
주 원인 및 의사결정과정」, 한국지역사회생활과학회지 제19권 4호, 2008,
581~595쪽.

22) 차승은·김두섭, 「혼인이주 여성의 출산 및 경제활동과 우울증 : 일본, 중국,
베트남 아내의 비교」, 『한국인구학』 제31권 제3호, 2008, 131~157쪽.

제활동 특히 취업은 이들이 우리 사회에 통합되는 데 긍정적인 요인으로 작용하고 있다.[23)]

3) 지역사회 참여

대다수의 결혼이주여성은 모국에서 결혼식을 한 후 2~4개월 후에 한국에 들어오게 된다. 한국에 입국한 결혼이주여성들은 남편의 가족들을 만나게 되고 한 가족의 구성원으로 삶을 살 뿐 아니라 각종 단체에서 실시하는 한국어 교육을 받으면서 우리 사회에 정착해간다. 이들이 우리사회에 정착하면서 모국인과의 모임을 비롯하여 학부모 모임, 지역주민의 모임에 참여하게 된다. 결국 결혼이주여성들이 사회활동참여는 '결혼 – 입국 – 가족생활 참여 – 한국사회 생활적응 – 각종 사회단체 활동 참여'의 순으로 이루어진다. 결혼이주여성은 지역사회활동참여를 통해 지역민들과의 인적 네트워크를 형성하며, 지역사회의 문화를 이해 습득하고, 지역사회에 대한 강한 연대감을 갖게 되며, 지역사회의 발전에 이바지하게 된다. 뿐만 아니라 사회활동을 통하여 자아실현과 가족과 이웃의 인정을 받음으로써 우리사회에 통합된 삶을 살게 된다.

결혼이주여성들은 여가나 취미활동, 경조사, 자녀 학교의 학부모 모임, 모국인 친구 모임, 지역주민모임 등에 참석함으로써 사회활동에 참여하게 된다. 다만 결혼이주여성의 경우 한국에서 학교를 다닌 경우가 거의 없기에 동창회의 모임은 존재하지 않는다. 각종 사회활동은 개인의 사회적 연결망을 형성하며 개인의 삶을 지지해주는 기반을 구축해 준다. 아래에서는 결혼이주여성의 사회활동 참여의 실태를 살펴보고자 한다.

---

23) 박능후·선남이, '국제결혼이주여성의 취업이 한국사회 적응에 미치는 영향', 에서 결혼이주여성들이 취업하는 이유로 가족의 생계유지(26.4%), 생활비 보충(24.6%), 자녀의 교육비 보충(17.1%) 등 저소득에 기인하는 것이 67.1%를 차지하고 있다.

(1) 여가·취미생활·경조사

'2009년 전국 다문화가족실태조사 연구'에 따르면 결혼이주여성이 여가나 취미생활을 같이 하는 사람이 있는 경우가 77.2%이고 아무도 없는 경우가 22.8%를 차지하고 있었다. 그리고 여가나 취미생활을 같이 하는 사람은 한국인 위주 37.5%, 모국인 위주 28.1%, 두 집단이상 9.1%, 제3국인 위주 2.4%이다. 이 조사에서 결혼이주여성들의 연령과 교육수준이 낮을수록 모국인 위주로 여가시간을 보내고 취미생활을 하는 것으로 나타났다.[24]

결혼이주여성은 결혼식, 장례식, 돌잔치, 생일잔치 등 대다수(82.3%)가 경조사에 참석하고 있는데 한국인 위주 52.8%, 모국인 위주 14.8%, 두 집단 이상 13.4%, 제3국인 위주 1.3%로 나타났다.[25] 경조사에 참석하지 않는 사람은 17.7%인데 결혼이주여성의 연령이 높을수록, 학력이 낮을수록, 체류기간이 짧을수록 경조사에 참석하지 하지 않는 비율이 더 높으며, 몽골(23.5%), 캄보디아(21.2%), 중국한족(20.5%)이 경조사에 참석하지 않는 비율이 상대적으로 높게 나타났다.

여가와 취미생활 참여 및 경조사 참석실태는 곧 한 사람의 사회적 관계망(social network)을 보여주는 근거라 할 수 있다. 위의 자료에 따르면 결혼이주여성 5명중 1명 이상이 여가활동과 취미생활에 전혀 참여하지 못하고 있으며, 6명중 1명 이상이 경조사에 참석하지 않고 있다. 여가활동과 취미생활에 참여하지 않고 경조사에 참석하지 않는 결혼이주여성들은 가족들 외에 외부 사람들을 잘 만날 수 없으며, 다른 사람들과 사회적 관계망을 형성하지 못하고 있다. 특히 결혼이주여성 가운데 7명 중 1명에 해당하는 15.2%가 개인이나 집안의 어려운 일을 의논할 상대가 없는데[26] 이들은 그야말로 외톨이의 삶을 살아가고 있다. 이러한 상

---

24) 2009 전국다문화가족실태조사 연구, 468~470쪽.
25) 2009 전국다문화가족실태조사 연구, 473~474쪽.

황에 놓인 결혼이주여성들이 우리사회에 적응·통합 되는 삶을 살아갈
것을 기대 할 수는 없을 것이다.

(2) 모국인 친구 모임

결혼이주여성들이 모국인 친구 모임에는 64.4%가 참여하고 있는데
참여 빈도는 1년에 1~4회 24.9%, 한 달에 1~2회 21.6%, 1주일에 1회
이상 18.0%이며, 아래의 표에서 알 수 있듯이 모국인 친구모임의 참여
빈도가 가족모임(내 가족 모임, 배우자 가족모임)보다 더 활발하게 나타
나고 있다. 결혼이주여성들이 내 가족모임에 참석하지 못하는 비율이
배우가 가족모임에 참석하지 못하는 비율보다 거의 3배정도 높은데 이
는 우리 사회의 남성중심적 경향을 보여주는 것이라 할 수 있다. 모국인
친구 모임에 참석하지 못하는 비율이 높은 것은 이들의 가출과 소위 나
쁜 친구를 만나는 것에 대한 두려움 때문에 다문화가정의 남편이나 시
부모들이 모국인 친구들과의 모임을 꺼려하는 경향이 있기 때문이다.
사실 다문화가족지원센터에 방문교육 서비스를 신청하는 시부모나 남
편들 가운데 몇몇 경우 가출과 나쁜 친구에 대한 두려움 때문에 집합교
육을 꺼리는 경우가 많다.

결혼이주여성의 모임 참석 실태 (단위:%)

구분	전혀 없음	1~4회/년	1~2회/월	1회이상/주
내 가족 모임	35.0	43.4	13.9	7.6
배우자 가족모임	11.4	54.0	23.7	10.9
모국인 친구 모임	35.6	24.9	21.6	18.0

※ 위의 표는 '2009년 전국 다문화가족실태조사 연구, 481쪽, 484쪽, 488쪽의 자료를 재구성
한 것이다.

---

26) 2009 전국다문화가족실태조사 연구, 466쪽.

이주자들이 모국인 친구들과의 모임을 통해서 소수자로서 자신의 정체성을 유지할 수 있으며, 모국인들 사이에 사회적 관계망을 형성함으로써 이주지에 정착하는 데 도움이 되며, 자신들의 고유한 문화와 전통을 이주지역에 전할 수 있다. 특히 입국 초기 한국어가 서툴 경우 모국인 친구는 한국 생활에 대한 훌륭한 멘토가 될 수 있기에 모국 친구들과의 모임은 이주여성의 한국 생활과 지역 사회 적응에 중요한 사회적 관계망이라 할 수 있다.

(3) 학부모 모임

우리나라에는 유치원에서부터 고등학교까지 각 학교별로 학부모 모임이 있다. 학부모 모임을 통해 부모들은 자녀들의 학교교육을 지원하며, 학교와 학부모간의 의사소통, 학교와 지역사회를 연결함으로써 학교교육을 지원하는 역할을 한다. 특히 초등학교의 학부모 모임은 부모들이 자녀들의 교육과정을 이해하고 자녀들의 교육을 원활히 지원할 수 있도록 돕는다. 취학자녀가 있는 결혼이주여성의 62.6%가 학부모 모임에 참여하고 있는데 1년에 1~4번이 42.3%, 한 달에 1~2번이 14.7%, 1주일에 한번 이상은 5.6%이다. 지역별로는 도시보다는 농촌에서, 학력이 높을수록, 체류기간이 길수록 학부모 모임에 참여하는 비율이 높다. 출신국별로는 필리핀(79.0), 북미 등 선진국 출신(75.7%), 일본(74.5%), 태국(65.3%)순이고 평균이하는 조선족(57.9%), 중국한족(53.4%), 베트남(42.4%) 순이다.[27] 구 공산권 출신의 결혼이주여성들이 학부모 모임에 참여하는 비율이 낮게 나타나고 있으며, 개인주의가 발달한 국가 출신들의 참여율이 높게 나타나고 있다. 이는 결혼이주여성이 출신국의 교육체제에서 겪은 경험이 학부모 모임 참석에 영향을 미치는 것으로 판단된다.

---

27) 2009년 전국다문화가족실태조사 연구, 492쪽.

(4) 지역주민 모임

사람들은 단순히 이웃들과 인사를 나누는 것부터 이웃의 잔치, 지역 행사와 축제에 참여하면서 이웃들과 친밀한 교제를 나누게 될 뿐 아니라 지역사회에서 살아가는 데 든든한 후원자를 얻을 수 있다. 결혼이주여성들 역시 지역사회에서 생활하면서 지역주민들과 접촉하지 않을 수 없다. 그런데도 불구하고 결혼이주여성들이 지역주민 모임에 참석하는 비율은 28.8%로 매우 낮다(남성은 16.8%). 여성의 국적별로는 필리핀(57.5%), 베트남(42.2%), 태국(42.9%) 출신들이 다른 나라 출신보다 지역주민 모임에 참여하는 비율이 높다. 한편 지역주민 모임에 참여하지 않는 집단은 중국한족(84.0%), 조선족(77.1%), 몽골(76.7%), 북미·호주·서유럽(76.1%), 기타(75.4%) 순이다. 결혼이주여성들은 도시보다는 농촌에서, 연령과 학력이 낮을수록 지역주민 모임에 더 많이 참여하는 경향이 있다.

결혼이주여성이 지역주민들의 모임에 참여함으로써 지역주민들과 소통하고 문화를 교류하고 정보를 수집할 수 있으며, 이웃과의 교류를 통해 인간관계를 넓혀나가는 기회를 가질 수 있다. 결혼이주여성들이 지역주민 모임을 통해 인적 네트워크를 구축함으로써 어려운 일이 있을 때 이웃의 도움을 받을 수 있으며, 지역사회에서 든든한 후원자를 확보할 수 있다. 그럼에도 불구하고 결혼이주여성들이 지역주민 모임에 참여율이 낮게 나타나는 것은 결혼이주여성 개인에게도 그 원인이 있겠지만, 가족들의 지지부족과 지역사회 주민들이 이들을 차별과 편견을 가지고 온전한 이웃으로 받아들이지 못하는 것에도 원인이 있다고 판단된다.

(5) 시민단체 활동

오늘날 민주사회에서 정부의 활동을 감시하고 비판하는 역할과 시민들의 권리를 수호하고 각종 사회문제를 해결하기 위하여 시민들의 자발적인 참여로 구성되어 공익을 위한 활동을 하는 단체를 시민단체 혹은 NGO라고 한다. 이러한 시민단체는 정치, 경제, 사회, 문화, 교육, 통일, 환경 등 매우 다양한 분야에서 활동하고 있으며, 그 조직망이 세계적인 단체들도 있다. 시민단체의 회원으로 가입하여 활동하는 사람들은 사회에 대한 비판적 의식을 가지고 세상을 변화시키려는 적극성을 지니고 있다.

결혼이주자들 가운데도 시민단체에 가입하여 활동하는 사람들이 있는데 남성은 1.9%, 여성은 2.5%로 극소수이다. 결혼이주여성의 경우 도시에 비하여 농촌에서, 고령자를 예외로 할 경우 연령이 높을수록, 학력이 높을수록 시민단체에 가입하는 비율이 높다. 체류기간이 길수록, 그리고 외국인 신분보다는 귀화자가, 귀화자보다는 영주권자가 시민단체에 가입하는 경향이 높게 나타난다. 또 국적별로는 필리핀(9.1%)과 일본(9.3%) 출신의 참여율이 높고, 베트남(1.0%), 한족(1.4%), 북미 및 선진국 출신(1.5%)의 참여율이 낮게 조사되었다.[28]

결혼이주여성의 시민단체 가입률이 낮은 것은 이들은 자신들이 성장한 환경에서 벗어나 이질적인 문화에 적응하며 한국사회에서의 개인적인 삶을 꾸려나가기도 벅차기에 사회 공동의 문제들에 대하여 깊은 관심을 가지기 어렵기 때문일 것으로 판단된다.

3. 결혼이주여성의 사회참여과정과 활성화 방안

우리사회로 이주한 결혼이주여성들은 어떤 과정을 거쳐 사회활동에 참여하고 있으며 어떻게 하는 것이 이들의 사회참여를 활성화를 할 수 있는가? 이 두 가지 질문은 결혼이주여성들의 활발한 사회참여가 곧 이들의 사회 적응과 사회통합을 이루어 가는 것이라는 사실을 전제로 한

---

28) 결혼이주여성의 시민단체 가입 실태

것이다. 사실 결혼이주여성의 사회참여는 개인의 성숙과 발전에 기여할 뿐 아니라 우리 사회에 새로운 인적자원을 확보하는 일이며, 가정경제의 안정성 확보와 함께 국가 경쟁력 강화를 가져온다. 비록 모든 결혼이주여성들이 동일한 과정을 거쳐 사회에 참여하는 것은 아니지만 이들의 사회참여 과정을 분석하고 활성화 방안을 모색함으로써 결혼이주여성과 우리 사회가 진정한 상생의 다문화 사회를 가꾸어가는 길을 열어갈 수 있을 것이다.

구분	소구분	시민단체 가입률
성별	남성	1.9
	여성	2.5
지역	동 지역	2.0
	읍·면지역	3.8
나이	24세 이하	1.2
	25~29세	1.6
	30~34세	2.8
	35~39세	3.8
	40~49세	3.7
	50세 이상	2.3
학력	초등학교 이하	1.3
	중학교	1.2
	고등학교	2.4
	대학 이상	5.0
체류기간	1년 미만	0.8
	1~2년 미만	1.0
	2~5년 미만	1.3
	5~10년 미만	3.4
	10년 이상	6.9
귀화 신분	귀화자	4.3
	영주자	6.9
	외국인	1.4

출처: 2009년 전국다문화가족실태조사 연구, 497쪽.

1) 결혼이주여성의 사회참여 과정

결혼이주여성의 사회참여는 일관된 과정을 거친다기보다 이주여성의 인구학적 특성에 따라 다양하게 나타난다. 예를 들면 조선족 출신의 결혼이주여성은 한국어를 구사할 수 있기에 입국초기부터 경제활동에 참여할 수 있다. 반면 제3세계 출신의 결혼이주여성의 경우 먼저 어느 정도 한국어를 배워야 취업이 가능하다. 이와 같이 결혼이주여성의 인구학적 특성이 한국사회에 적응 수준과 사회참여에 영향을 미치고 있다.[29] 하지만 결혼이주여성들의 일반적인 사회 참여는 다음과 같은 과정을 거쳐 이루어진다.

결혼이주여성은 입국 초기 가족관계를 형성하면서 가족생활에 적응하게 되는데 이 단계에는 주로 가족 및 친·인척과 관계를 맺게 된다. 결혼이주여성의 사회참여는 입국 직후 한국어 교육과 문화교육에 참여함으로써 한국사회를 이해하고 삶을 익히기 시작하면서 시작된다. 각종 기관에서 실시하는 교육과 행사에 참여하는 결혼이주여성은 모국인 친구들과 만나게 되며 이 만남을 통하여 한국 사회에 대한 정보와 모국에 대한 정보를 얻게 되며, 다문화가족지원센터를 비롯한 각종 기관에서 실시하는 교육 프로그램을 통해 한국어와 한국문화를 습득하게 된다. 이 과정에서 결혼이주여성들은 언어 소통의 어려움과 문화적 차이와 의식구조의 차이 등으로 스트레스를 받게 된다. 또 가족을 떠나서 낯선 곳에서 이주민으로서의 삶을 겪게 되므로 외로움을 경험하게 된다. 이러한 어려움에도 불구하고 이 시기에 결혼이주여성은 모국인 친구와의 모임, 각종 기관에서 실시하는 교육에 참여함으로써 사회참여를 시작하게 되며, 한국의 언어와 문화를 이해하고 인적 네트워크를 형성해 나가게 된다.

---

29) 박능후·선남이, 「국제결혼 이주여성의 취업이 한국사회 적응에 미치는 영향」, 128~137쪽.

자녀의 출산은 결혼이주여성의 삶에 많은 변화를 가져오게 된다. 출산 전에는 가정에서 우선 아내로서, 며느리로서의 역할이 중요하였으나 출산과 더불어 어머니로서의 역할을 아울러 수행해야 한다. 결혼이주여성은 이제 어머니로서 자녀의 양육과 관련하여 각종 사회활동에 참여하게 하게 된다. 특히 보육시설을 이용하는 경우 자연스럽게 보육기관과 관계를 맺게 되며, 자녀가 유치원 이상을 다니게 되면 결혼이주여성은 어머니로서 학부모 모임에 참석하게 된다. 자녀를 보육시설이나 유치원에 보내는 결혼이주여성들은 이제 자신의 역량을 강화할 수 있는 각종 프로그램에 참여할 수 있는 시간적인 여유를 갖게 되며, 또 경제적 자립을 위해 경제활동에도 참여할 수 있다. 결혼이주여성이 지방자치단체에 국내거소신고인명부에 등재되어 있으면 지방선거에서 투표권 행사를 통해 정치에도 참여하게 된다.

결혼이주여성이 사별이나 이혼을 겪는 경우 사회참여가 전혀 없었던 상황이라면 참으로 암담한 현실에 내몰리게 된다. 이럴 경우 이들의 삶을 지탱해 줄 어느 것도 존재하지 않기에 이들은 모국으로 돌아갈 확률이 높다. 하지만 사회참여를 해온 결혼이주여성의 경우는 우리 사회에서 자신의 삶을 꾸려나갈 방법을 모색하게 된다. 예로 필리핀에서 이주한 결혼이주여성이 남편과 사별한 후 어려운 여건이지만 임시직으로 취업을 하여 자녀를 교육시키고 있다. 이와 같이 결혼이주여성의 사회참여는 곧 어려움에 처한 경우 이들의 경제적 자립과 사회적 자립의 근거가 된다.

2) 사회참여 활성화 방안

결혼이주여성의 사회참여 활성화는 곧 결혼이주여성의 안정적인 정착과 사회통합이라는 한국사회의 이주민정착지원의 가시적인 효과를 담보하는 중요한 열쇠라 할 수 있다. 결혼이주여성이 원활하게 사회에 참여하기 위해서는 자신의 노력과 아울러 가족들의 지지, 지역사회의 지지와 국가의 정책적 배려가 있어야 한다. 왜냐하면 결혼이주여성들은 우리 사회의 소수자이며 사회적 약자에 속하기에 이들 스스로의 노력만 으로 적극적인 사회참여가 이루어 질 수 없기 때문이다.

(1) 개인의 역량강화

결혼이주여성은 결혼과 동시에 자신의 삶의 터전을 떠나온 사람들이 다. 이들이 국제결혼을 선택한 데에는 사랑, 혹은 종교적 이유, 경제적 이유 등 다양한 원인이 있겠지만, 무엇보다 새로운 삶에 대한 강한 의욕 이 큰 동기가 되었을 것이다. 결혼이주여성들이 한국사회에 잘 정착하 고 의욕적으로 사회활동에 참여하기 위해서는 무엇보다 먼저 한국어교 육프로그램에 참여하는 것이 중요하다. 한국어학습은 결혼이주여성이 조기 정착하고 사회적 관계를 형성해 나가기 위한 가장 중요한 통과의 례 중 하나이다.

결혼이주여성들은 삶의 개척자로 살아가려는 용기와 노력이 필요하 다. 결혼이주여성은 낯선 한국 땅에서 자신의 삶을 적극적으로 개척하 려는 의지를 가지고 자신이 처한 처지에 좌절할 것이 아니라 삶의 목표 를 가지고 자신의 역량을 개발하려는 적극적인 노력이 필요하다.[30) 결 혼이주여성의 경우 본국에서의 직업이나 활동에 연연하지 않고 현재 자 신이 할 수 있는 일에 최선을 다함으로써 자신에 대한 무능감을 극복하 고 경제활동에 참여하고 있는 경우가 많다.

(2) 가족의 지지

우리나라 사회에서 여성이 적극적으로 사회참여를 하기 위해서는 남

---

30) 참조. 이형하·안효자·조원탁, 「결혼이주여성의 '지역사회 주민으로 참여하기 과정 연구'」, 『한국지역사회복지학』 vol. 34, 2010, 151쪽.

성의 벽과 가족의 벽을 넘어야 한다. 가부장적 사고를 가진 남성의 경우 여성의 사회활동 자체를 탐탁하게 여기지 않으며, 여성에게 전업주부의 삶을 살 것을 요구한다. 이러한 경우 여성의 사회참여는 극히 어렵게 된다. 한국적 상황에서 결혼이주여성이 사회참여를 하기 위해서는 여성 개인의 의지와 노력 외에 무엇보다 먼저 배우자와 시댁식구들의 물심양면의 전폭적인 지지가 있어야 한다. 결혼이주여성을 존중하고 신뢰하는 정서적 지원, 물질적 지원, 정보적 지원과 더불어 사교적 지원, 가사와 육아 분담 등이 가족을 통해 이루어질 때 사회참여를 제대로 할 수 있게 된다. 즉 가족의 지지는 결혼이주여성의 사회참여를 위한 필수조건이라고 할 수 있다.

사실 결혼이주여성의 사회참여는 이들을 한국사회에서 안정적으로 정착하게 이끌 뿐만 아니라 다문화가족들의 삶에도 안정과 발전을 가져온다. 사실 다문화센터에서 결혼이주여성인 어머니가 자녀의 학교에서 다문화강사로 활동하는 경우 그 자녀들뿐 아니라 남편들도 자부심을 가지게 되며, 화목한 가족 분위기가 되었다는 다문화가족들의 증언을 쉽게 접할 수 있다. 이와 같이 결혼이주여성의 사회참여는 개인뿐 아니라 가족들에게도 심리적·정서적·경제적 안정에 결정적인 기여를 하고 있다. 따라서 다문화가족들은 가부장적이고, 폐쇄적인 가족관과 여성관에서 벗어나 결혼이주여성의 성공적인 사회참여가 곧 다문화가족들의 안정적인 삶과 직결됨을 인식하고 이들의 사회참여를 적극적으로 도와야할 것이다.

(3) 지역사회의 지지

결혼이주여성이 사회참여를 하기 위해서 지역사회의 지지가 필요하다. 이웃들과 함께 일하는 직장동료 그리고 자조모임의 회원들의 정서적 지원을 받는 경우 결혼이주여성들이 한국생활에 더 잘 적응하고 있다.[31] 직무 수행이 서툰 결혼이주여성에게 직장동료의 도움은 업무수행

능력의 향상을 가져오며, 이웃의 따뜻한 말과 격려는 지역사회활동에 참여하는 계기를 만들 수 있다. 결혼이주여성들의 사회참여를 위한 지역사회의 지지는 이들을 위한 어떤 특별한 배려와 관심이 아니라 오히려 이웃들과 직장동료들이 결혼이주여성 및 다문화가족들에 대한 편견과 오해에서 벗어나는 것이 먼저이다. 즉 결혼이주여성과 함께 생활하는 이웃과 동료들은 이들의 삶과 문화가 자신들과 조금은 다르지만 똑같은 인간으로 존중하는 태도가 우선되어야 한다. 이러한 태도를 바탕으로 결혼이주여성의 능력과 활동을 인정하고 이를 지역사회가 받아들일 때 다문화가족들의 안정적 삶뿐 아니라 지역의 발전과 평화적 삶을 가져올 수 있다. 아울러 지역사회 주민들이 이웃의 결혼이주여성들에게 정서적 지원, 정보 제공 및 사교적 지원을 한다면 이들의 사회참여와 지역사회에로의 통합이 극대화 될 것이다.

결혼이주여성의 사회참여를 위해 지역주민들의 지지와 더불어 같은 나라 출신끼리의 지지도 상당히 중요하다. 사실 결혼이주 초기 문화적 차이와 낯선 곳에로의 이주로 인하여 많은 어려움을 겪을 때 이들에게 가장 훌륭한 정서적 지원자는 같은 처지에 놓인 같은 나라 출신자들이다. 같은 나라 출신 결혼이주여성들이 자조모임을 통해 서로 정보를 나누고 정서적 유대관계를 강화하는 것은 우리 사회에 다양한 문화를 이식하는 계기가 될 뿐 아니라, 떳떳하게 소수자로서 우리 사회에 참여하게 된다. 달리 말하면 결혼이주여성들의 자조모임은 각종 정보의 나눔과 동시에 우리 사회에 구성원으로 참여하는 계기를 만들어 준다. 필자는 다문화가족지원센터에서 활동을 하면서 자조모임을 통해 지역 복지기관에서 봉사활동을 한 경험을 가진 결혼이주여성들이 한국사회에 대해 긍정적인 태도를 갖는 모습을 목격하였다. 이와 같이 자조모임은 서로의 정보를 나누고 정서적 유대관계를 강화함으로써 사회적 활동을 할 수 있는 용기를 주게 된다.

---

31) 이형하, 『농촌 다문화가정 결혼이주여성의 지역사회참여 연구』, 아담, 2010, 128~130쪽.

(4) 정책적 배려

결혼이주여성들은 인구학적 특징에 따라 다양한 특성을 지니고 있다. 이들은 민족성(ethnicity), 학력, 거주지(도시, 농촌 등) 등이 서로 다른 특성과 다른 문화를 지니고 있다. 정부는 결혼이주여성의 정착과 지원에 대한 의무가 있는 만큼, 다양한 특성을 지닌 결혼이주여성들의 사회참여를 활성화하기 위한 정책을 펼쳐야 한다. 그런데 결혼이주여성들을 지원하기 위한 현 정부의 정책은 이들의 국적이나 학력 등에 대한 배려를 하지 못하고 있다. 이제는 이들을 위한 지원 프로그램이 양보다 질을 먼저 생각하는 맞춤식 프로그램을 운영해야 한다.

결혼이주여성들의 특성을 반영하고 지역의 특성을 반영하기 위해서 이들을 위한 정책은 중앙정부에 의한 일관적인 정책보다는 기본적인 정책은 중앙정부에서 전국적으로 실시하고, 지방정부는 지역의 특성과 결혼이주여성의 특성에 맞는 프로그램을 개발·시행해야 할 것이다. 달리 말해서 중앙정부는 결혼이주여성들의 사회참여를 위해 기본적으로 요구되는 한국어 교육, 직업에 요구되는 교육과 훈련, 취업정보의 체계화와 육아부담 감소를 위한 복지제도 확충 등의 정책을 통해 결혼이주여성들이 사회참여를 할 수 있는 환경을 조성해야 한다. 반면에 지방정부는 저소득 다문화가족의 취업연계를 위한 지방 네트워크의 구축, 지역주민과 결혼이주여성의 멘토-멘티사업, 지역의 특성과 여건을 반영한 취업교육 등을 시행하여야 할 것이다.

이상에서 제안한 결혼이주여성들의 사회참여 활성화 방안을 다음과 같은 그림으로 표현할 수 있을 것이다.

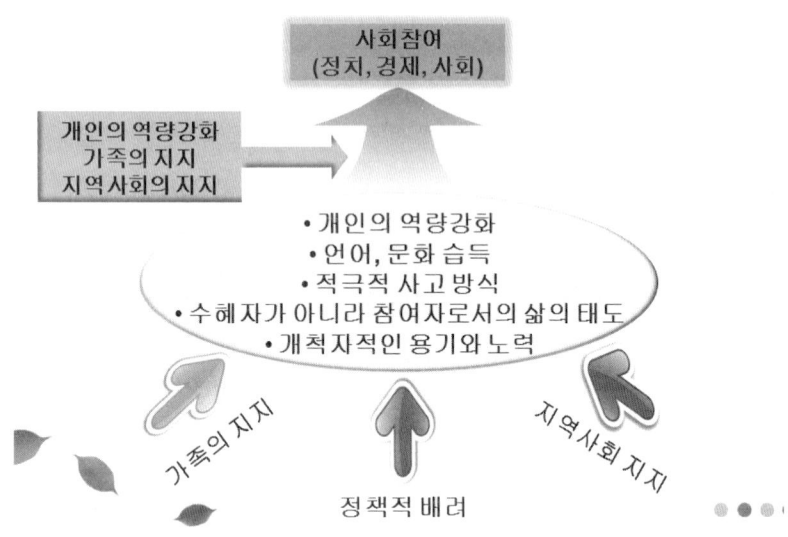

4. 결론

　　결혼이주여성이 어떤 이유에서 국제결혼을 통해 우리나라에 이주해 왔든 간에 그들은 우리 한국인들의 아내이며, 우리 아이들의 어머니요, 한 가정의 며느리이다. 이들은 한 인간으로서 충분히 존경과 사랑을 받을 자격이 있으며, 우리 사회의 일원으로 떳떳하게 살아갈 권리가 있다. 그럼에도 불구하고 우리 사회의 일각에서는 이들에게 편견과 오해로 가득 찬 시각을 보내고 있으며, 결국 이들은 한국인의 아내요 어머니요 며느리이면서도 한국사회의 모퉁이에 머물고 있다. 어쩌면 우리사회가 이들을 모퉁이에 몰아놓고 구석진 곳에서 살도록 유도하고 있다는 생각마저 든다. 왜냐하면 이들에 대한 지원들 중 상당수가 동화정책에 기반을 두고 있기 때문이다. 이제 우리사회가 모퉁이에 있는 이들을 불러내어야 한다. 결혼이주여성들이 가족들에 갇혀 사는 삶에서 지역사회의 삶에 참여하는 확장된 방식의 삶에로, 가난한 삶에서 직업을 통해 희망을 얻는 삶에로, 소수자로서 아픔을 가슴에 새기는 삶에서 시민사회의 위로와 격려로 아픔을 치유하는 삶에로 옮겨갈 수 있도록 우리사회가 변해야 한다. 이러한 변화는 결혼이주여성들의 다양하고 활발한 사회참여를 통해서 이루어 질 수 있다.

이제 결혼이주여성들이 사회에 적극적으로 참여 할 수 있는 분위기를 만들어야 한다. 이런 분위기는 결혼이주여성들뿐 아니라 이들의 가족과 사회 그리고 국가가 함께 만들어 가야 한다. 이들이 다양한 사회참여를 통하여 자신의 정체성을 확인하고 인격적 성장을 하고 자신의 삶을 스스로 개척해 간다면 이는 곧 우리 사회 전체를 부요하게 만드는 것이 된다. 결혼이주여성의 활발한 사회참여는 곧 우리 사회가 다양한 문화적 요소를 지닌 사람들을 구성원의 한 사람으로 받아들이는 것이기에 한국사회의 통합성을 높여준다. 사회 통합성은 결혼이주여성들에게 자신들의 꿈을 실현할 수 있는 희망을 심어준다. 이 희망은 다문화가족의 희망이면서 동시에, 우리 사회의 희망이기도 하다. 따라서 결혼이주여성들의 사회참여가 그저 그들만을 위한 것이 아니라 우리사회를 위한 것이며, 오늘만을 위한 것이 아니라 우리 사회의 미래를 위한 것이기에 우리 모두의 지혜와 힘을 모아 이들의 사회참여 활성화를 위해 노력하는 것은 이 시대의 소명이라고 할 수 있다.

끝으로 성서의 말씀을 되새기며 우리의 현실을 인식하자…

탈출기의 약자보호법과 정의 실현에 관한 법에서 이방인 보호 관련 조항이 있다. 즉 약자 보호법에는 "너희는 이방인을 억압하거나 학대해서는 안 된다. 너희도 이집트 땅에서 이방인이었다."(탈출기22,20)는 말씀이 있고, 정의 실현에 관한 법에는 "너희는 이방인을 학대해서는 안 된다. 너희도 이집트 땅에서 이방인이었으니, 이방인의 심정을 알지 않느냐?"(탈출기 23,9)는 말씀이 있다. 이 말씀에서 오늘의 이방인인 결혼이주여성을 넣는다면 다음과 같은 말이 될 것이다.

　"결혼이주여성을 억압하거나 학대해서는 안 된다. 너희의 누이들도 결혼이주여성으로 외국에서 살아가고 있지 않느냐? 너희의 누이의 심정을 알지 않느냐?"

참고문헌

고혜원, 「여성결혼이민자의 취업지원 체계화 방안」, 서울행정학회 춘계학
　　술대회 발표논문집, 2010, 17~35쪽.

공정자, 「한국여성의 사회참여: 경제활동을 중심으로」, 『인하교육연구』 제
　　3호, 1997, 89~117쪽.

구차순, 「결혼이주여성의 적응에 관한 근거이론 연구」, 부산대학교 대학원
　　박사학위 논문, 2007.

박능후·선남이, 「국제결혼이주여성의 취업이 한국사회 적응에 미치는 영향」,
　　『민족연구』 vol 41, 2010, 120~143쪽.

송유진, 「베트남 국제결혼 여성의 혼인이주 원인 및 의사결정과정」, 『한국
　　지역사회생활과학회지』 제19권 4호, 2008, 581~595쪽.

설동훈·윤홍식, 「여성결혼이민자의 사회경제적 적응과 복지정책의 과제 :
　　출신국가와 거주지역에 따른 상이성을 중심으로」, 『사회보장연구』
　　제24권 제2호, 2008, 109~133쪽.

심인선, 「결혼이민자의 취업 및 직업훈련 실태와 정책과제」, 보건복지포럼,
　　2010.7, 36~45쪽.

이규영, 김경미, 「다문화사회에서 이주민의 정치 참여: 독일의 사례를 중심
　　으로」, 『유럽연구』 제27권 2호, 2009, 20쪽.

이형하·안효자·조원탁, 「결혼이주여성의 지역사회 주민으로 참여하기 과
　　정 연구」, 『한국지역사회복지학』 vol. 34, 2010, 137~157쪽.

이형하, 『농촌 다문화가정 결혼이주여성의 지역사회참여 연구』, 아담,
　　2010, 128~130쪽.

임은희·박은주, 「사회적 일자리 참여 여성의 일자리 경험에 관한 연구」, 『노
　　동연구』 제21집, 2011, 5~29쪽.

장애인 실태조사, 2005.

정영릴, 「여성의 사회참여와 일자리창출을 위한 전략(광주·전남지역의 여
　　성 사회참여와 창업을 중심으로)」, 『한국여성교양학회지』 제14집,

167~181쪽.

정천석·강기정, 「국제결혼 이주여성의 한국생활적응 유형에 관한 연구」, 『한
　　국가족복지학』 제13권 1호, 2008, 5~23쪽.

조희선·양다진, 「중년여성의 사회참여 활성화 방안에 관한 연구」, 『생활과
　　학』 제6호, 2003, 193~214쪽.

차승은·김두섭, 「혼인이주 여성의 출산 및 경제활동과 우울증: 일본, 중국, 베
　　트남 아내의 비교」, 『한국인구학』 제31권 제3호, 2008, 131~157쪽.

김승권 외 7인(한국보건사회연구원), 2009년 전국다문화가족실태조사, 보
　　건복지부·법무부·여성부, 2010.

Gregorio Iriarte, Analisis critico de la realida: Esquemas de interpretacion,
　　Senpas, La Paz-Bolivia, 1989.

영국과 프랑스 이주민의 정치적 권리에 관한 연구*

김 용 찬**

1. 서론

Bauböck은 Marshall의 유형화에 맞추어 이주민의 시민권을 아래와 같이 구분해 발전 정도를 언급했다.1) 그는 역사적으로 보면 집회 결사의 자유 등을 포함한 시민적 권리는 제2차 세계대전 이전까지 강력하게 억제되었지만 이후 시민적 권리는 대체로 확대되어 보장되고 있는 상황이라고 밝히고 있다. 또한 사회적 권리로의 이주민의 '포함'(inclusion)은 가장 발전된 양상을 보여주고 있으며, 오랜 국제이주 역사를 가진 대부분의 민주주의 국가들에서 이주민이 사회적 권리에서 '배제'(exclusion)되는 경우는 적게 나타나고 있고 사회 보장 제도의 혜택을 받고 있다고

* 이 글은 2011년『한국정당학회보』제10권 제1호에 게재된 논문임을 밝혀둔다.
** 대구가톨릭대학교 정치외교학과 교수.
1) Marshall은 시민적 권리(civil rights), 정치적 권리(political rights), 사회적 권리(social rights)로 시민권을 구분하고, 이들 권리의 역사적 순차성(sequencing)에 주목했다. 그의 정의에서 정치적 권리는 선거권자 또는 피선거권자로서 정치권력의 행사에 개인들의 참여가 보장되는 것을 의미한다(Shafir, 2008, 15~16).

주장한다. 반면 정치적 권리는 이주민이 일반적으로 가장 배제되어 있는 권리라고 지적하면서 뉴질랜드와 남미의 특정 국가들, 영국, 유럽연합 시민권, 일부 유럽연합 회원국 등의 사례들이 이주민이 기존 정치적 권리에 '부분적 포함'(partial inclusion)되는 사례라고 제시한다(Bauböck, 2006, 23~24).[2] 이주민의 정치적 권리는 시민권의 다른 권리들에 비해 부여되고 있는 범위가 제한적이라는 것은 주지의 사실이다. 그럼에도 이주민의 정치적 권리는 개별 국가에서 차이를 보이고 있으며 확대과정도 다른 모습을 나타내고 있는 상황이다.

 이주민의 정치적 권리에 관한 연구는 최근 활성화되고 있다. 국내에서는 개별 국가의 사례 연구를 통해 이주민의 참정권을 설명하는 연구들이 제출되어왔다.[3] 이들 논문들은 미국, 일본, 룩셈부르크, 독일, 호주 등의 다문화 현황과 통합정책, 이주민 참정권, 이주민 참정권에 관한 논쟁 등을 분석하고 향후 전망과 한국적 함의 등을 제시하고 있다. 유럽시민의 선거권, 이주민의 시민권이나 정치참여에 주안점을 둔 해외 연구들은 다수 존재하지만 정치적 권리 또는 참정권에 관한 심화된 연구는 미미한 수준이다.[4] 본 논문은 이주민의 정치적 권리에 관한 사례 연구

---

 2) 본 논문에서는 '배제' 대신 '제한', '포함' 대신 '확대', '부분적 포함' 대신 '부분적 확대'라는 용어를 동일한 의미로 사용한다. 이주민의 정치적 권리의 제한과 확대라는 표현의 사용이 이해하기 쉬운 측면도 있지만 실제 이주민의 정치적 권리는 배제와 포함의 어느 중간 지점에 있다는 현실을 고려한 용어의 선택이다.
 3) 개별 국가의 이주민 참정권을 다룬 연구들은 다음과 같다. 송석원. 「일본에서의 이주민 통합과 참정권」,『민족연구』제42호, 2010; 김형민. 「미국의 다문화 참정권에 관한 연구」,『민족연구』제42호, 2010; 오정은. 「룩셈부르크의 이주민 참정권」,『민족연구』제42호, 2010; 이규영·김경미. 「독일의 이주민 정책과 이주민의 참정권」,『국제지역연구』제14권 1호, 2010; 이규영·김경미, 「호주의 다문화주의정책과 이주민 참정권」,『국제정치논총』제50집 1호, 2010.
 4) 이주민의 시민권과 정치참여 문제를 다룬 해외 주요 연구는 다음과 같다. Bauböck, Rainer ed. 2006. Migration and Citizenship. Amsterdam: Amsterdam University Press. ; Soysal, Yasemin Nuhoglu. 1994. Limits of Citizenship.

를 확대시키는 기여와 함께 이주민의 정치적 권리의 제한과 부분적 확대를 발생시킨 요인을 비교 분석함으로써 향후 개별 국가 사례들의 비교 분석을 위한 기초를 제공할 수 있다는 의미를 가지고 있다.

논문의 목적은 영국과 프랑스의 사례 분석을 통해 이주민의 정치적 권리의 실제를 설명하고자 한다. 또한 양국의 이주민의 정치적 권리를 비교 분석함으로써 차이점을 밝혀내고 변화와 상이함을 발생시킨 원인들을 규명하고자 한다. 그리고 영국과 프랑스의 이주민의 정치적 권리의 전망과 양국의 이주민 정치적 권리의 현황이 제공해주는 한국적 함의를 도출하고자 한다.

논문에서 사례로 선택한 영국과 프랑스에서는 탈식민지(post colonial) 정책, 이주민 통합정책, 유럽통합 등의 변수들이 이주민의 정치적 권리의 차이에 영향을 미쳤다.5) 탈식민지정책의 영향으로 영국의 경우 구식민지 국가 국민들에게 선거권을 부여한 반면 프랑스는 선거에 참여할 수 있는 기회를 제공하지 않았다. 영국은 다문화주의에 기초해 인종평등정책을 시행하고 이주민들의 자발적 결사와 참여를 지원했던 한편 프랑스의 경우 동화정책의 일환으로 1980년대 초까지 이주민의 조직화를 억제하는 정책을 전개했다. 영국과 프랑스 모두 유럽시민권의 확대와 관련해서는 지방선거의 참여를 보장하는 동일한 정책을 시행해왔다. 따

Chicago: The University of Chicago, ; Geddes, Andrew. 2003. The Politics of Migration and Immigration in Europe. London: SAGE Publication. ; Shaw, Jo. 2007. The Transformation of Citizenship in the European Union. Cambridge: Cambridge University Press.

5) Bertossi는 영국과 프랑스는 유사한 역사적 발전을 경험했다고 지적한다. 역사적으로 자유주의, 산업화, 근대국가의 수립 등을 가장 먼저 달성한 국가들이며, 시민권도 복지국가의 등장과 계급투쟁을 통해 발전되어왔다고 언급한다. 또한 식민지 국가로부터의 국제이주를 경험했고, 시민권을 통해 통합문제를 다루었다는 점도 유사한 점이라고 제시했다. 차이점은 이주민의 통합을 다루는 방식과 상이한 시대의 변수들의 통합에 대한 영향이라고 지적했다 (Bertossi, 2007, 13).

라서 양국의 경우 유럽국가들 중에서 이주민의 정치적 권리의 확대에 영향을 줄 수 있는 다양한 요인들을 고찰할 수 있는 사례이며, 또한 이주민의 정치적 권리가 확대된 사례로서 제한과 확대 모두를 고찰할 수 있는 적합한 사례이다.

논문에서 이주민의 범위는 계약 노동자, 유학생, 비즈니스 관련 종사자 등의 임시이주민 또는 불법체류자가 아닌 영주권을 가지고 영구 거주하고 있는 사람을 의미한다. 구체적으로 거주국이 아닌 다른 국가의 국적을 가지고 영주하고 있는 사람을 지칭한다. 유럽연합 시민도 개별 국가의 국적을 취득하지 않고 거주하기 때문에 이주민의 범주에 포함시킨다. 한편 정치적 권리는 Marshall이 제기한 국가 수준의 선거 및 지방선거의 선거권과 결사의 권리, 제도의 참여까지 확대해 고찰하고자 한다.6)

논문의 내용은 다음과 같다. 첫째 영국과 프랑스의 탈식민지정책 시행과정이 구 식민지 국민의 선거권에 미친 영향을 분석하고 있다. 둘째 양국의 이주민 통합정책이 이주민의 조직화와 제도 참여의 권리에 미친 영향을 설명하고 있다. 셋째 유럽통합의 영향이 영국과 프랑스의 유럽 시민의 선거권에 미친 영향을 고찰하고 있다. 마지막으로 결론에서는 영국과 프랑스에서의 이주민의 정치적 권리의 변화 전망과 한국적 함의를 제시하고 있다.

---

6) 정치적 참여(political participation)는 정당 및 선거 참여, 다양한 조직을 통한 정치 활동 등의 형태로 나타날 수 있는데 이러한 참여는 이주민의 활동과 행위이기 때문에 본 논문에서는 정치적 권리에 포함시키지 않는다. 이주민의 정치 참여의 유형화는 Martiniello, Marco. 2006. "political participation, mobilisation, and representation of immigrants and their offspring in Europe." In Migration and Citizenship. ed. Rainer Bauböck. Amsterdam: Amsterdam University Press 참조.

2. 영국과 프랑스의 탈식민지정책과 정치적 권리

1) 영국의 국제이주와 탈식민지정책

　대영제국의 해체에 직면한 영국은 제2차 세계대전 이후 점진적이고 평화로운 방법으로 식민지 국가들의 독립을 허용했다. 1947년 인도의 독립을 허용한 이후 1950년대 말과 1960년대 초에는 아프리카 국가들의 독립을 수용했으며, 영국의 아프리카로부터의 철수는 큰 분쟁 없이 평화롭게 진행되었다. 1947년 이후 1980년까지 49개의 과거 식민지국가들이 독립을 획득할 수 있었으며, 케냐와 말레이시아 등의 소수 사례를 제외하고는 분쟁 없이 식민지 독립문제가 해결되었다(Baylis, Smith, and Owens 2009, 73~74). 이러한 식민지 독립문제의 평화적 해결은 영국정부가 전후 추진해온 신영연방(New Commonwealth)건설 정책과 상호 연관되어 있었다. 평화로운 식민지 독립과정은 대영제국을 대신할 느슨한 연합체로서의 신영연방 형성을 촉진시키는 기초가 되었다.

　신영연방 형성의 논리는 식민지국가에게 자치를 부여하고 영국 국왕의 상징적 통치라는 영국의 과거 식민지정책의 연장선에서 도출되었으며, 신영연방은 주권 국가로 독립한 구 식민지 국가들과 영국을 연결할 수 있는 유일한 형태로 인식되었다. 한편 영연방의 수립은 대영제국의 해체 이후 영국의 국제사회에서의 영향력을 유지하기 위한 노력의 결과였다. 제2차 세계대전 후 미국과 소련 중심의 국제체제로 재편되는 과정에서 대영제국의 영광을 유지할 수 없게 된 영국정부는 신영연방을 통해 자국의 외교적 영향력을 보유하고자 했다. 영국은 식민지국가들의 자치를 허용하고 순차적인 독립을 인정했지만 신영연방체제를 통해 국제사회에서 자신의 정치적 영향력의 손실을 최소화하려고 의도했다. 실제 전후 노동당정부의 식민지정책의 중심 목표는 식민지 국가의 독립과 자치 확대라는 현실에 직면해 신영연방 건설을 통해 연방 내에서 느슨하지만 영국의 주도권을 유지하는데 초점이 두어졌다(김용찬, 2006, 158~159).

〈표 1〉 인종 그룹(ethnic group)에 의한 영국 인구(2001년 4월 기준)

	전체 인구		비백인 인구 중 비율
	숫자	비율	비율
백인	54,153,898	92.2	
혼혈	677,117	1.2	14.6
인도인	1,053,411	1.8	22.7
파키스탄인	747,285	1.3	16.1
방글라데시인	283,063	0.5	6.1
다른 아시아인	247,664	0.4	5.3
전체 아시아 또는 아시아 영국인	2,331,423	4.0	50.3
흑인 캐리비아인	565,876	1.0	12.2
흑인 아프리카인	485,277	0.8	10.5
다른 흑인	97,585	0.2	2.1
전체 흑인 또는 흑인 영국인	1,148,738	2.0	24.8
중국인	247,403	0.4	5.3
다른 인종 그룹들	230,615	0.4	5.0
전체 소수 인종 인구	4,635,296	7.9	100.0
전체 인구	58,789,194	100	

출처: Schierup, Hansen & Castles 2006, 116에서 재인용.

신영연방체제의 수립은 과거 식민지국가 국민이 영국으로 자유롭게 이주할 수 있는 기제로 작동했으며, 영국정부도 신영연방의 유지와 전후 복구를 위한 노동력의 필요 등을 고려해 별다른 제한 정책을 마련하지 않았다. 즉 1962년 영연방 국민의 영국 이주를 규제를 목적으로 한 영연방이주민법(Commonwealth Immigrant Act) 시행 이전에 과거 식민지 국민들의 이주에 대한 영국정부의 제한정책은 사실상 부재한 상황이었다.[7]

─────────

7) 영연방이주민법은 1950년대부터 논의가 시작된 신영연방국민의 이주통제에 관한 첫 결과물이었다. 1962년 도입된 영연방이주민법은 세 개의 구분된 입

영국정부는 신영연방체제를 유지하기 위해 영연방 회원국 국민들의 영국이주를 묵인하는 '자유방임' 정책을 지속했다(김용찬, 2006, 158~159).

  영연방 국가의 유색 이주민의 대규모 입국이 지속되자 이에 대한 영국 내 우려감이 증폭되면서 이주제한을 위한 정책이 1962년 처음으로 도입되었다. 그러나 의도와 달리 영연방이주민법의 시행 직전 신영연방 국민들의 대규모 국제이주가 진행되었고, 시행 이후에도 정착한 이주민이 본국의 가족을 초청하는 가족재결합이 이루어지면서 영연방 국가 출신 이주민의 수는 급속히 증가했다. 이주민법은 시행의도와 달리 이주민의 영국 이주를 1960년대에 대폭 증가시키는 결과를 낳았으며, 특히 인도, 파키스탄, 방글라데시 출신 이주민의 영국 이주가 늘어나는데 기여했다. 영국정부의 인구조사에 따르면 1951년 서인도 출신 이주민이 15,300명에서 1971년에는 299,580명으로 증가했으며, 인도 출신 이주민의 경우도 같은 시기에 30,800명에서 274,580명으로 수가 늘어났으며 파키스탄 출신 이주민 수도 5,000명에서 131,885명으로 증가했다(김용찬 2006, 155~156).[8] 영연방이주민법 실시 이후 영국정부는 일련의 이주정책들을 통해 효과적으로 신영연방 국민들의 영국이주를 통제할 수 있었지만 제2차 세계대전 이후 1960년대까지 영국에 이주민이 대거 정착하게 됨으로써 영국사회는 다문화사회로 변화하게 되었다.

국증명체계(entry voucher system)를 도입했고, 이를 통해 신영연방 출신 입국자의 전체적인 수를 제한할 수 있었다(김용찬, 2006, 164).

8) 1960년대 급속한 국제이주의 증가는 영국사회에서 제기되었던 동화정책이 포기되는데 영향을 미쳤다. 동유럽 출신 이주민들에게 영국과의 결혼을 장려하는 동화정책을 시행했던 것을 폐기한데는 영연방 출신 유색인종의 대규모 유입이 진행된 것에 기인한다(정희라, 2007, 5).

2) 프랑스의 국제이주와 탈식민지정책

프랑스는 영국처럼 구 식민지국가 국민들의 대규모 이주를 수용한 국가이다. <표 2>에서처럼 프랑스의 과거 식민지국가이었던 알제리, 모로코, 튀니지 등의 북아프리카 국가 출신 이주민의 이주가 1960년대 급격하게 증가했다. 프랑스는 제2차 세계대전 이후 노동력 충원을 위해 초기에는 외국인노동자를 유럽국가인 이탈리아와 스페인등지로부터 충원했고, 이후 1960년대에는 북아프리카지역 과거 식민지국가 출신 노동자들을 수용하게 되었다. 따라서 1960년대 이후 프랑스로의 국제이주에서 유색인종의 이주가 중요한 비중을 차지하게 되었다(김용찬 2008, 93~94).

〈표 2〉 1962년~1999년 프랑스의 출신 국가 및 지역별 이주민 (단위: 명, %)

	1962	1968	1975	1982	1990	1999 (괄호 안은 숫자)
유럽	78.7	76.4	67.2	57.3	50.4	44.9(1,934,144)
스페인	18.0	21.0	15.2	11.7	9.5	7.3(316,232)
이탈리아	31.8	23.9	17.2	14.1	11.6	8.8(378,649)
포르투갈	2.0	8.8	16.9	15.8	14.4	13.3(571,874)
폴란드	9.5	6.7	4.8	3.9	3.4	2.3(98,571)
그 외의 유럽국가	17.5	16.1	13.1	11.7	11.4	13.2(568,818)
아프리카	14.9	19.9	28.0	33.2	35.9	39.3(1,691,562)
알제리	11.6	11.7	14.3	14.8	13.3	13.3(574,208)
모로코	1.1	3.3	6.6	9.1	11.0	12.1(522,504)
튀니지	1.5	3.5	4.7	5.0	5.0	4.7(201,561)
그 외의 아프리카 국가	0.7	1.4	2.4	4.3	6.6	9.1(393,289)
아시아	2.4	2.5	3.6	8.0	11.4	12.8(549,994)
터키	1.4	1.3	1.9	3.0	4.0	4.0(174,160)
캄보디아, 라오스, 베트남	0.4	0.6	0.7	3.0	3.7	3.7(159,750)

	1962	1968	1975	1982	1990	1999 (괄호 안은 숫자)
그 외의 아시아 국가	0.6	0.6	1.0	1.9	3.6	5.0(216,084)
아메리카, 오세 아니아	3.2	1.1	1.3	1.6	2.3	3.0(130,394)
기타	0.8	0.1				
총계	100.0	100.0	100.0	100.0	100.0	100.0

출처: 김민정. 2007, 10에서 재인용.

북아프리카 출신 이주민의 입국에는 전후 복구라는 요소가 중요하게 영향을 미쳤다. 프랑스정부는 부족한 노동력을 적극적인 외국인노동력 충원을 통해 해결하려고 했다. 프랑스정부는 노동력 부족현상을 극복하기 위해 능동적인 이주정책을 추진해야 한다는 것을 강조했다. 이러한 강조에 기초해 프랑스정부는 1945년 이주정책과 관련된 법률을 통과시키고 '국립이민청'(Office National d'Immigration: ONI)를 설립했다. 이 기구는 프랑스의 외국인노동자 충원을 전담하면서 1946년부터 본격적인 외국인노동력의 이주와 고용을 총괄했다. 1946년 이탈리아와의 협정 체결을 통해 이탈리아 노동자가 이주하기 시작한 후 프랑스정부는 독일과 유사하게 개별 국가들과 외국인노동자의 고용에 관한 협정 체결을 통해 노동력을 수급했다. 유럽국가 외국인노동력의 이주와 달리 알제리 국민의 프랑스 이주의 경우는 노동력 충원이라는 목적 이외에 1945년부터 1962년까지 북아프리카에서 식민지 모국으로서의 지위를 유지하려는 프랑스 정부의 의도에 영향을 받았다. 따라서 알제리 이주민들은 독립이전인 1962년까지 이주관련 규제로부터 벗어나 비교적 자유롭게 프랑스로 입국할 수 있었다(김용찬, 2008, 94).

알제리의 독립 이후에도 1960년대 알제리인의 프랑스 이주는 알제리의 경제사정의 악화로 증가했다. 특히 1962년 체결된 프랑스와 알제리

간의 에비앙 협정으로 프랑스인과 알제리인 모두 두 국가를 자유롭게 오갈 수 있게 됨으로써 알제리인의 프랑스 이주와 정착은 증가하였다. 1970년대 반이민정서의 등장과 경제위기 등의 영향을 받아 프랑스정부는 이주를 제한하는 조처를 취했으나, 가족재결합과 불법체류자에 대한 영주권 부여로 마그레브 이주민의 이주와 정착은 지속되었다(김민정, 2007, 9~11).

2006년 기준 프랑스에는 320만 명의 외국인이 거주하고 있으며, 외국인은 프랑스 전체 인구의 약 7%를 차지하고 있다. 1999년 기준으로 보면 프랑스 국적을 취득한 외국 출생자는 156만 명, 논문에서 이주민으로 분류하는 프랑스 국적을 취득하지 않은 사람들의 경우 약 275만 명이었다. 국적을 취득했거나 취득하지 않은 경우를 포함한 프랑스 내 거주 '이슬람 문화권 출생자'는 정확한 숫자에 대한 논란은 존재하지만 약 400만 명에 달할 것으로 예측되고 있다. 1982년 80만 명의 국민들이 프랑스로 입국하면서 알제리는 제1의 이주송출국가가 되었으며, 1999년의 경우 전체 입국자 중 37.2%가 아프리카 출신이었고, 그 비율은 2002년의 경우 45%까지 증가해 북아프리카를 중심으로 한 프랑스로의 국제이주가 지속되었음을 보여주고 있다(박단, 2007, 273~275).

제2차 세계대전 이후 프랑스 식민지의 독립과정은 영국과는 대조적으로 진행되었으며 상이한 결과를 낳았다. 세계대전 기간 중 독일에 점령당했던 프랑스의 경험은 기존 자국의 식민지에 대해 제국의 지위를 유지함으로써 국제적 지위를 확보하고자하는 프랑스 정부의 노력으로 나타났다. 프랑스는 1945년 3월 '프랑스연합'(Union Française)을 형성해 프랑스 공화국을 중심으로 전쟁 이전 식민지 국가들을 포함한 정치연합 체제를 구축하고자 했으며 1958년에는 '프랑스공동체'로 개편하였다. 1946년 당시 프랑스 시민권은 프랑스 본국의 시민권과 프랑스 연합의 시민권을 포함하는 개념이었으며, 두 시민권에 해당되지 않는 사람들은 외국인 혹은 이주민으로 구분되었다(박지현, 2008, 124~125).

그러나 1946년 이후 식민지의 독립과정은 프랑스연합 또는 공동체가 지속될 수 없는 요인으로 작용했다. 영국이 비교적 평화롭게 식민지의 독립 과정을 거치면서 충돌 없이 식민지 국가에서 철수했던 반면 프랑스는 수년에 걸친 인도차이나, 모로코, 튀니지와 알제리 등에서 독립전쟁이라는 군사적 충돌 과정을 겪은 후에야 식민지로부터 철수했다. 특히 알제리 내전의 경우 8년 동안 지속되었으며, 알제리 문제를 둘러싼 프랑스 내부의 분열로까지 연결되어 프랑스 내 위기가 증폭되었다 (Baylis, Smith, and Owens 2009, 74).[9] 이러한 프랑스의 식민지 독립 과정은 영국의 신영연방체제를 활용한 기존 식민지국가와의 연계 유지와 달리 과거 식민지국가와 급격한 관계의 단절을 가져왔으며 연합체 건설의 실패로 나타났다. '프랑스연합'의 붕괴는 기존 이주정책을 폐쇄적이고 제한적인 특성을 가지도록 변화시켰으며, 정착한 이주민들에게는 국적 취득을 통한 프랑스 사회로의 동화가 요구되어졌다. 이러한 상황에서 과거 식민지 국민의 정치적 권리를 고려할 수 있는 여지는 극히 축소될 수밖에 없었다. 식민지 국가와의 관계 단절과 신영연방과 같은 체제의 부재는 프랑스가 영국과 같이 과거 식민지국가 국민에게 선거권을 부여할 수 있는 근거 자체가 소멸되는 계기가 되었다. 따라서 '프랑스연합'의 몰락 이후 프랑스에서는 영국이 신영연방 국민에게 제공하고 있는 선거권이 존재할 수 없게 되었다.

---

9) 알제리 독립운동은 프랑스 내부의 극심한 분열을 야기했으며 군부쿠데타의 위험까지 증가하는 상황이었다. 경제적 불평등의 심화 문제까지 중첩되어 프랑스 제4공화국은 붕괴되었으며 드골의 정치 복귀와 제5공화국의 탄생으로 이어졌다(장훈, 2004, 144).

3) 구 식민지 출신 이주민의 선거권 : 영국의 확대와 프랑스의 제한

영국 주도의 신영연방 건설은 연방의 중심 국가로서의 영국이 과거 남아시아, 서인도제도, 아프리카 지역 식민지국가 국민들의 영국으로의 이주와 정치적 권리를 허용하게 했다. 영국은 구 식민지국가 국민의 영국 선거에서의 투표권을 인정해왔으며, 신영연방국가 국민의 영국 이주를 제한하면서도 영연방 국가 국민들과 아일랜드 국민에게 투표권을 부여하는 과거의 전통을 지속해오고 있다.10)

영국의 영연방 국민에 대한 투표권 인정은 다른 회원국들에서도 상호 시행되어져왔다. 자메이카 등의 서인도 국가들은 영국과 동일하게 영연방 국민의 투표권을 인정하고 있으며, 호주의 경우도 1984년까지 영국 국민에게 국가 수준의 선거에 참여할 수 있도록 허용했다. 과거 영국의 식민지 국가였던 아일랜드도 영국 국민의 투표권을 인정하고 있다. 뉴질랜드는 현재까지도 영국 국민의 투표권을 보장하고 있다. 뉴질랜드에서는 1975년 이전에는 영국 국민에게만 투표권을 부여했으나 이후 거주 기간이 1년을 경과한 경우 이주민이 등록(register)과정을 통해 국가 수준의 선거에 참여가 가능하도록 정책을 변경했다. 아일랜드는 6개월 이상 거주 이주민의 경우 모두 투표권을 부여받도록 허용하고 있다 (Earnest, 2008, 29~32). 한편 캐나다는 1975년부터 영국 국민을 포함한 타국적자에게는 국가 수준의 선거뿐만 아니라 지방선거의 참여도 인정하지 않고 있다(Earnest, 2008, 39; Shaw 2007, 81). 영국에서 영연방 출

---

10) 다른 유럽 국가들과 달리 영국은 1971년 이전 영국에 입국한 대부분의 아일랜드와 영연방 출신 이주민들에게 완전한 시민권을 제공해주었다. 1971년 이민법과 1981년 영국 국적법의 시행 이후 영연방 출신 이주민의 시민권 향유가 제한되기 시작했지만 이전에 입국한 이주민들에게는 완전한 권리가 부여되었다(Schierup, Hansen & Castles, 2006, 117).

신 이주민이 투표에 참여하기 위해서는 등록을 해야 한다. 따라서 영연방과 아일랜드 국민이 영국에서 투표를 하기 위해서는 자국에서는 가능하지 않고 영국에 거주해야만 한다.

〈표 3〉 영국과 프랑스의 선거권 부여

국가	시민권자	영주권자	유럽시민	난민·망명신청자	불법체류자	특이사항
영국	부여	미부여	부여 (지방선거)	미부여	미부여	영연방과 아일랜드 국민에게 최소 거주기간 필요 없이 국가 수준의 선거에 투표권 부여
프랑스	부여	미부여	부여 (지방선거)	미부여	미부여	

그러나 영연방과 달리 구 식민지 국가와의 연결망이 부재했던 프랑스로서는 식민지 국가 국민들에게 정치적 권리를 부여할 조건이 형성되기 어려웠다. 따라서 동화정책의 원칙에 따라 식민지 출신 이주민이 프랑스 국적을 취득하지 않는 한 프랑스 영토 내에서 선거권을 향유할 수 없었다. 프랑스 본국과 식민지국가 관계가 분쟁을 통해 소멸된 이후 상호연계성의 부재는 자연스럽게 식민지 출신 이주민들의 이주를 제한했고 프랑스에서 선거권이 확대되기 어려운 상황을 조성했다.

프랑스에서도 1981년에 이주민에게 선거권을 부여하자는 의견이 제출되었다. 사회당이 제안한 이주민에게 투표 참여를 보장하자는 제안은 광범위한 프랑스 내 반대에 직면하면서 실현되지 못했다. 2000년에는 하원에서 이주민에게 투표권을 부여하자는 안이 고려되었으나 헌법상의 문제들과 상원의 반대로 인해 별다른 진전 없이 논의는 중단되었다 (Earnest, 2008, 37).

3. 영국과 프랑스의 이주민 통합정책과 정치적 권리

1) 영국의 이주민 통합정책

구 식민지국가 국민의 대규모 이주에 대해 영국이 초기에 취한 통합에 관한 입장은 동화주의였다. 그러나 유색 이주민의 지속적인 유입과 1958년 노팅힐(Notting Hill)과 노팅엄(Nottingham)에서 발생한 인종갈등은 이주민의 동화라는 단선적인 접근의 제한성을 인식하는 계기가 되었다. 이후 이주민의 통합은 평등한 기회를 제공하고 사회 및 경제적 통합과 함께 시민으로서의 통합이 진행되어야 한다는데 주안점이 두어지기 시작했다(Bertossi, 2007, 19~20). 이후 1960년대 중반까지 영국의 통합정책은 동화주의 또는 다른 통합정책의 특성을 가지고 있었다고 규정짓기 어려운 상황이었다. 당시 공식적인 통합정책의 형성 또는 채택이 지체되면서 이주민의 통합문제는 방임에 가까운 상태에 놓여있었다. 이후 다문화사회로의 변화를 인정하고 이주민의 통합을 진전시키기 위해 인종차별을 방지하기 위한 영국정부의 노력이 본격화되었다.[11]

영국에서 이주민의 통합에 관한 핵심 개념이 제시되고 정책 형성을 위한 논의가 본격적으로 시작된 것은 1966년 집권 노동당의 내상(Home Secretary)이었던 로이 젠킨스(Roy Jenkins)의 이주민 통합에 관한 언급이었다. 젠킨스는 이주민의 통합과정을 "획일적인 균등화(flattening)과정이 아닌 상호 관용의 분위기 속에서 '기회의 평등'(equality of opportunity)에 의해 배가되는 문화적 다양성의 균등화과정"으로 제기했다. 그에 의해

---

11) Castles 등은 인종차별을 막기 위한 '인종관계접근법'(race relations approach) 또는 다원주의의 근원은 영국의 식민지 운영의 경험과 중세 이후로 영국이 민족국가를 건설하는 과정에서 심각한 갈등 이후 나타난 종교적 관용 등이 영향을 미쳤다고 주장한다(Schierup, Hansen & Castles, 2006, 118).

제기된 '문화적 다양성'과 '기회의 평등'의 원칙은 영국 다문화주의의 근간이 되어왔으며 현재까지 영국 이주민 통합정책의 기초가 되어왔다. 문화적 다양성을 인정하고 기회의 평등을 제공하기 위해서는 유색 이주민이 받을 수 있는 인종차별을 최소화하고 인종평등을 달성하는 것이 선결적인 과제로 제기되었다. 인종차별이 철폐되면서 인종간의 관계는 긍정적 관계로 전환될 수밖에 없으며 다문화사회인 영국의 안정과 발전에 기여할 것으로 영국정부는 판단했다.

영국정부는 인종차별을 철폐하고 평등을 실현하기 위한 정책을 주관하고 시행에 옮길 수 있는 법과 제도가 필요했기 때문에 일련의 인종평등관련 법안들을 제정하고, 1976년 '인종평등위원회'(Commission of Racial Equality: CRE)를 설립했다. 지방수준에서는 자율적 조직인 '인종평등평의회'(Race Equality Councils : RECs)들이 수립되었으며, '인종평등위원회'의 다양한 지원을 받아서 지방차원에서 인종차별의 철폐와 인종간 평등을 위한 활동을 진행했다.

설립 당시 '인종평등위원회'는 "인종차별의 금지를 위해 활동하며 이주민공동체간의 좋은 관계와 기회의 평등을 증진하며 인종관련법을 지속적으로 검토하고 수정을 위한 제안을 정부장관에게 제안하는 것"등을 활동 목표로 하고 있었다. 위원회의 세부 업무들은 내무상(Home Office)에게 인종차별 관련 보고서를 정기적으로 제출하고, 인종차별과 관련된 법률서비스의 제공과 인종차별의 실태를 조사하기 위한 업무도 수행했다. 또한 '인종평등위원회'는 '인종평등평의회'나 이주민조직 등 자발적으로 조직된 이주민단체와 이주민이 참여하는 기구들의 인종차별 금지와 평등 실현을 위한 프로그램들과 연구 및 조사활동들을 지원해왔다(김용찬, 2008, 92~93).[12]

---

12) Enoch Powell은 '피의 강들'(rivers of blood)을 언급한 1968년 연설을 통해 국민전선(the National Front)과 현재 영국국민당(the British National Party)의 이념적 기초가 된 반이민과 인종주의의 담론과 정책을 제시했다. 그러나

'인종평등위원회'는 2007년 '인권평등위원회'(Equality and Human Rights Commission : EHRS)에 통합되었다. '인권평등위원회'는 기존 '인종평등위원회'와 '장애인권리위원회'(the Disability Rights Commission)와 '평등기회위원회'(the Equal Opportunities Commission) 등의 위원회들이 통합되어 수립되었다. '인권평등위원회'는 인권상황을 감독하고 인권을 보호하며 인권 이외에 인종, 성(gender), 종교, 장애, 연령, 등의 문제에서 평등성의 보호와 시행, 증진을 목표로 조사와 연구, 지원 등의 다양한 활동을 진행하고 있다.[13]

한편 프랑스의 이주민 통합정책이 국가 수준의 시행에 초점이 두어지면서 지방정부는 일반적인 사회정책을 시행하는 수준에 역할이 제한되었기 때문에 지방의 이주민 공동체에 대한 정책은 극히 미미했던 반면, 영국의 이주민 통합정책은 탈집중화의 성향을 가졌으며 지방 차원에서 정책의 시행이 두드러지게 나타났다. 영국에 도착한 이주민의 언어교육부터 소수인종집단을 위한 사회 정책과 인종차별철폐 등의 정책의 시행은 다양한 프로그램들로 구체화되어 지방 수준의 조직들과의 파트너십에 기초해 진행되었다. 2006년 이후 내무부는 차별철폐와 관련된 정책의 시행 기능을 '지방정부와 공동체 부서'(the Department of Communities and Local Government)로 이관했다. 또한 2001년부터 시작된 노동당 정부의 NSNR(the National Strategy for Neighbourhood Renewal)전략은 낙후된 지방의 도시 지역을 재개발하는 내용을 포함하고 있었다. 이 전략은 이주민들이 많이 거주하는 지방 도시들에서 인종분리(segregation)를 막고 '공동체의 단결'(community cohesion)을 이룩하는 것을 중요한 목표 중의 하나라고 제시했다. 잉글랜드 지역의 경우 이주민 공동체의

이들 정치세력은 보수당의 인종 문제에의 관심과 노동당의 지방정치 장악 등의 요인에 의해 유의미한 정치세력이 되지 못했다(Bertossi, 2007, 21).

13) EHRC 홈페이지 http://www.equalityhumanrights.com 참조(검색일: 2010년 10월 26일).

89%가 도시의 낙후된 지역에 살고 있기 때문에 재개발 전략은 지방 또는 지역차원에서 이주민 공동체의 발전을 위한 중요한 기반이 될 것으로 영국 정부는 판단했다(Bertossi, 2007, 35, 37).

2) 프랑스의 이주민 통합정책

프랑스는 1970년대까지 이주민의 본국으로의 귀국을 당연한 것으로 받아들였다. 영국이 구 식민지 국가 국민의 이주 제한과 인종차별을 방지하는 이주와 통합계획 등을 1960년대 중반부터 발전시켜온 반면, 프랑스는 대규모 이주를 규제하려는 정책 이외에 기존에 정착한 이주민의 통합을 위한 관심은 동화주의 이외에는 전혀 관심을 두지 않았다. 제기된 동화주의도 이주민 통합정책의 원칙을 제시한 것에 지나지 않고 정책으로 구체화되어 나타나지 않았다. 이후 프랑스정부는 무슬림 이주민 공동체가 본격 성장한 1980년대 들어서면서 이주민의 통합문제에 관심을 가지기 시작했다(Bertossi, 2007, 23).[14]

프랑스의 동화정책은 공화주의에 기초를 두고 있다. 공화주의는 "국가의 눈에는 출생지에 관계없이 모든 프랑스 사람은 동등하며 차별할 수 없다"는 1789년 프랑스 인권선언의 조항에 근거를 두고 있다. 구체적으로 동화정책과 관련해 공화주의는 국가는 국적을 취득한 이주민들에게 프랑스인과 동등한 혜택을 제공하는 한편 이주민 공동체가 독자적인 문화와 종교 내용을 공적 영역에서 구현하는 것은 억제되어야 한다는 내용으로 표현되었다(김민정, 2007, 17~18). 프랑스의 국민신분(nationhood)

---

14) 1980년대 중반 이후 프랑스의 좌우파 정당은 유럽연합 이외 지역 출신 국민의 프랑스 입국을 제한하고 인도주의적 이주와 정착을 규제하는 경향을 모두 보여주었다. 민족전선(FL)의 성장은 프랑스로의 국제이주 통제에 관련된 정치이슈를 극우정당에게 선점당하지 않으려는 좌우파정당의 이주제한정책의 형성에 영향을 미쳤다(박단, 2007, 286).

과 시민권에 관한 인식은 이러한 '공화주의 전통'(republican tradition)에
기초해있다. '공화주의 전통'은 프랑스 국적을 가진 모든 사람이 프랑스
의 정치·문화적인 공통적 기초를 공유하는 전제로 한다. Brubaker가 언
급한대로 프랑스 국민신분은 정치적 단일성(unity)으로 구성되어 있으
며, 이러한 단일성은 문화적 단일성을 위한 노력을 통해 표출되는 것으
로 프랑스 국민이 되기 위해서는 기존 프랑스의 정치·문화적 단일성에
통합되어야 한다는 논리에 토대를 두고 있다(Geddes, 2003, 57).15) 따라
서 프랑스의 동화정책은 이주민의 국적취득과 이주민 문화의 표출 억제
에 주안점이 두어질 수밖에 없었다. 프랑스 국적의 취득을 통해서만 이
주민도 프랑스 국민이 향유하고 있는 동등한 시민권을 확보할 수 있었다.
  프랑스는 국적을 취득한 이주민에게만 프랑스 시민과 같은 동등한 시
민권을 제공함으로써 이주민들이 프랑스의 '시민'이 될 것을 강제하는
정책을 전개했다. 프랑스정부는 이주민 그룹 또는 공동체 단위에 대한
지원은 하지 않았고, 개별 이주민이 국적취득을 통해 정부가 제공하는
정상적인 사회적 서비스와 제도들에 접근할 수 있다는 원칙을 강조하면
서 궁극적으로 귀화를 통한 국적취득을 통해 이주민의 프랑스 시민으로
의 신분 변화를 독려했다. 따라서 프랑스에서 이주민공동체는 공식적으
로 또는 법적으로 인정받는 이주민 통합정책의 대상이 되지 못했다.16)

---

15) '공화국 전통'에서 프랑스 국민은 독일국민과는 대조적으로 '정치적'이며,
   '앵글로 색슨 공동체주의'와는 대조적으로 '공화주의'의 특성을 지닌 개념으
   로 인식되었다. 공화주의적 전통에 기초해 프랑스의 인구 통계는 프랑스 국
   민, 이주민, 외국인으로 구분하고 있는 반면, 영국은 백인, 혼혈인, 인도인,
   파키스탄인, 방글라데시인, 캐리비안, 아프리카인 등으로 다양하게 인종의
   구분을 하고 있다(Bertossi, 2007, 26, 45~46).
16) 프랑스에서 통합은 인종집단과 소수집단과 같은 집단 차원을 고려하지 않고
   집단이 아닌 개인차원의 통합을 의미한다. 통합은 동등한 권리의 기초가 되는
   개인들에 대한 국적 부여를 강조함으로써 반인종차별과 동등한 기회 부여 등
   의 주장을 거부하는 추상적인 평등성의 개념 등으로 구성되었다(Bertossi,
   2007, 27). 따라서 프랑스의 통합정책은 특정 이주민 공동체에 대한 지원으

<표 5> 프랑스 이주민 정책의 정권별 주요 내용

시기	집권 정당 성향		정책명(名)	정책의 주요 내용
데스텡 대통령 (1974~1981)	중도우파	집권초기		이민자 가족 합류 승인 → 이민 공식 중단
		폴 디주 이민장관		불법체류자 강제송환 이민자 통합정책 실시
		스톨레뤼 이민장관		이민자 귀환 보조금 지급
미테랑 대통령 (1981~1995)	좌파(사회당)	집권 초기		불법 이민자 합법화 (유화정책)
		파비우스 정부	뒤푸아 법	3년 이상 거주 외국인의 10년 체류권 자동발급 금지
	우파(RPR)	시락 수상	파스쿠아 법	외국인 생계수단 증명 불법체류자 추방 가능
	좌파(사회당)	사회당 재집권		파스쿠아 법 삭제
	우파(RPR)	발라뒤르 수상	2차 파스쿠아 법	프랑스에서 태어난 외국 인의 국적 취득권 삭제
시락 대통령 (1995~2006)	우파(RPR)	우파	드브레 법	외국인 숙소 증명서 제출
	좌파(사회당)	조스팽 정부	슈벤망 법	10년 이상 프랑스 거주한 불법 이민자에게 체류증 발급
	우파(UMP)	사르코지 내무장관		가족 이민 제한, 불어시험

출처: 김민정, 2007, 16에서 재인용

　동화주의에 기초한 통합정책은 다양한 영역에서 구체화되었다. 프랑스 학교에서는 통일성을 강조하면서 이주민 학생의 인종적 또는 종교적 정향을 고려하지 않았다. 이러한 학교교육의 방향은 1976년까지 학교에

────────────

로 나타나지 못했다. 다문화 국가에서 시행되고 있는 특별 프로그램이나 '긍정적 차별'(positive action) 프로그램 등이 부재하면서 프랑스에서 이주민은 주변화 될 수밖에 없었다(Chou and Baygert, 2007, 16).

서 이주민의 언어를 가르치는 것을 불허한 것으로 나타났다. 한편 북아
프리카지역 출신 이주민들이 대규모로 프랑스로 이주하면서 이주민의
상당수를 무슬림이 차지하게 되었다. 무슬림 이주민이 급증하면서 프랑
스정부는 동화정책의 원칙에 따라 종교와 공공생활의 분리가 이루어지
도록 함으로써 프랑스 사회에서 이슬람 종교의 공식적인 인정을 거부하
고 이슬람의 확산을 억제했다. 또한 이주민이 사용하는 언어가 프랑스
사회의 공적 기구와 제도들에서 사용되지 않도록 규제함으로써 종교의
사례와 마찬가지로 이주민의 언어도 공적 영역이 아닌 개별 이주민들의
사적 영역에 국한되도록 제한했다(김용찬, 2008, 93~95). 또한 이주민이
조속히 프랑스 주류사회에 동화될 수 있도록 이주민의 거주와 정착지역
도 프랑스인 거주 지역에 지정하는 정책도 시행했다. 그러나 거주지역
지정정책은 프랑스에서 빈번히 발생하고 있는 이주민 주거 지역에서의
폭동을 보면 조처가 실패로 귀결되었다는 것을 입증하고 있다.

1990년대 후반부터 프랑스에서 이주민의 통합문제는 국적취득보다는
'프랑스 세속주의'(French Secularism)에 관심이 두어졌다. 즉 국적 또는
인종적 정체성보다는 종교적 정체성이 중요하게 부각되면서 이주민공
동체 중 무슬림 공동체의 프랑스사회로의 통합 문제가 핵심 과제로 등
장하게 되었다. 이러한 상황에 기초해 내무부의 지원을 받아 프랑스의
무슬림을 대표하는 '프랑스무슬림신앙위원회'(the French Council for
the Muslim Faith)가 수립되었으나, 역설적으로 2004년 3월 국립학교에
서 종교적인 상징들을 금지하는 법안이 통과되었다(Bertossi, 2007, 28).
이후 프랑스에서 무슬림의 통합은 문화적 다양성을 보장하는 방향보다
는 공적 영역에서 프랑스의 정체성을 강화하는 일련의 정책들로 나타났
다. 예를 들면 2010년 프랑스 상하양원을 통과해 2011년 시행 예정인
이른바 부르카 법안은 공공장소에서 얼굴을 다 가리는 이슬람 여성의
의상을 불법화하는 것을 내용으로 하고 있으며, 이슬람 문화가 공적 장
소에서 과도하게 표출되는 것을 제한하기 위한 조처의 일환이다. 결국

이 법안은 무슬림 문화 확산에 대한 제한과 프랑스 정체성을 강화하기 위한 상징적 사례이다.

또한 2006년 의회를 통과한 '이주통합법'(the Immigration and Integration Law)은 새롭게 프랑스에 정착하기를 원하는 이주민의 동화를 입국 이전부터 촉진시키기 위한 조처들을 포함하고 있다. 즉 프랑스에서 영주권을 취득하고자 하는 이주민에게 입국 이전부터 통합과정에 참여하도록 의무화했다. 구체적으로 영구 정착하고자 하는 이주민은 영주권 취득에 필요한 조건들을 따르겠다는 '의지'(willingness)를 증명해야한다. 또한 잠재적 이주민은 프랑스 국경 밖에서 장기체류 입국허가를 받아야하며, 영구 정착하려면 수용과 통합에 관한 서식에 서명을 해야만 한다. 불어 능력과 프랑스를 지탱하는 법과 가치들에 대한 의무를 다한다는 것을 증명해야 한다. 해당 이주민의 대상에 유럽연합 회원국의 국민은 포함되지 않았다(Chou and Baygert, 2007, 5). 이러한 '이주통합법'은 입국 이전부터 프랑스 사회에 동화될 수 있는 잠재적 이주민의 영구 정착만을 허가하겠다는 의지의 표명과 동화과정을 이주 초기 단계부터 시작하겠다는 조처로 기존 동화정책을 더욱 강화한 것이다.

3) 이주민의 조직화와 참여의 권리

지방 수준에서 진행된 인종평등정책은 이주민의 참여가 지방수준에서 이루어질 수 있도록 하는 토대가 되었다. 이주민공동체 대표들은 지방 단위에 형성된 '인종평등평의회'에 참여했으며, 시 단위에서 이주민 정책을 논의하는 기구에도 참여할 수 있었다. 또한 이주민을 대상으로 한 다양한 프로그램에 이주민공동체의 참여가 적극적으로 이루어졌다. '인종평등위원회'는 이주민공동체의 다양한 자율적 프로그램들을 지원했는데 이러한 프로그램들에 이주민은 적극적으로 참여하였다.

'인종평등평의회'는 자율적이고 자발적인 조직으로 존재했다. 이 조직은 지역 차원에서 '인종평등위원회'가 추진하는 목표를 달성하기 위하여 긴밀하게 협력했다. '인종평등평의회'는 '인종평등위원회'의 "Getting Results" 기금 프로그램 등을 통해 재정적 지원을 받을 수 있었으며, 지원을 기초로 이주민의 문화다양성 증진과 권리 증진 등을 위해 활동했다. '인종평등평의회' 외에도 일부 지방정부들에서는 '인종평등부서'(race equality units)를 형성해 이주민을 위한 사회적 서비스를 제공하고 고용분야에서 이주민에게 평등한 기회를 증진시키고자 했다(김용찬, 2007, 156). 영국에서는 이주민의 조직화와 이주민 관련 제도 또는 기구에 참여할 수 있는 권리가 정부에 의해 보장되었다. 인종평등과 다문화사회의 유지, 이주민의 통합과 관련된 '인종관계산업'은 인종차별금지법안과 중앙의 '인종평등위원회', 지방의 '인종평등평의회' 등을 통해 영국정부의 지원을 받았으며, 이들 법률과 제도들은 영국사회에서 이주민이 동등한 대우를 받을 수 있는 권리를 부여받는데 큰 기여를 했다(Koopmans and Statham, 2000, 199).

반면 프랑스정부는 이주민의 조직화와 이주민 관련 기구와 제도에의 참여와 관련해 영국정부의 정책과는 상이한 조처를 취했다. 프랑스정부는 1981년까지 외국인의 집단행동 및 조직화를 엄격히 통제함으로써 이주민조직이 형성되지 못하도록 억압했다. 이주민의 조직화가 제한되면서 이주민들의 정치사회적 요구는 제시되기 어려운 환경에 처해있었다. 당시 프랑스정부의 억압정책은 오히려 프랑스 시민의 의한 약 3천여 개에 달하는 이주민 지원과 연대를 위한 다양한 조직들이 설립되는데 기여했다. 1981년 10월 사회당 정부는 정책 수정을 통해 이주민의 조직화의 권리를 뒤늦게 부여했다. 직장 및 일상생활에서 이주민이 자신들의 조직을 결성할 수 있도록 허용했다. 조처를 통해 이주민 조직은 프랑스국민의 조직과 동일한 권리를 부여받게 되었다. 그리고 이주민 조직화의 허용은 이주민 조직이 이주민의 이해관계를 대변할 수 있는 대표성을 가질 수 있는 권리와 공적 자금을 지원받을 수 있는 권리를 동시에 제공해주었다(Ireland 2000, 238; 김용찬, 2008, 101).

프랑스에서는 1990년대부터 '이슬람사상위원회', '무슬림대표위원회', '무슬림신앙위원회' 등 무슬림과 정부간 소통의 제도화와 무슬림 대표 조직의 설립을 위한 일련의 기구와 제도들이 수립되었다(김용찬, 2008, 104). 이들 제도들의 수립에도 불구하고 문화적 다양성의 보장과 이슬람의 인정은 보장되지 못했으며, 공적 영역에서 소통의 제도화와 무슬림의 대표성 강화라는 제도의 형성과는 모순된 이슬람 문화의 표현을 제한하는 정책들이 지속되었다. 즉 2005년 이후 파리 근교의 이주민 밀집 거주 지역에서 발생하고 있는 무슬림 폭동은 차별과 실업문제가 중첩되어 나타나고 있는 사례로 프랑스 정부의 무슬림 통합정책이 한계를 가지고 있다는 것을 입증하고 있다.[17]

영국에서 이주민의 참여가 지방수준의 인종관련 기구와 제도들을 통해 활성화된 것에 반해 프랑스의 무슬림 통합정책은 중앙정부의 제도 신설 이외에 별다른 권리의 확대와 보장이 이루어지지 못했다. 중앙의 기구도 다양한 이주민 조직의 대표가 참여하는 것도 아닌 무슬림에 국한되었으며, 지방차원에서는 무슬림 대표가 참여할 수 있는 제도화까지 발전하지 못했다. 이러한 상황은 프랑스에서 이주민의 통합 거버넌스 또는 제도의 참여가 실질적으로 제한되고 있음을 보여 주는 것이다.

프랑스에서 이주민 2세대는 정치사회 또는 자신들의 대표가 참여하는 통합 거버넌스에 의존하기보다는 저항적 성격의 정치적 동원(political mobilization)에 적극적으로 참여해왔다. 정치적 동원은 1990년대 헤드스

---

17) 방리유(*banlieue*)지역에서의 이주민 폭동은 이주민 통합정책의 실패를 보여 주는 상징적 사례이다. 연구자들은 폭동의 원인으로 이주민 주거지역의 게토화, 특정 이주민 가족의 씨테(*cités*)로 알려진 정부 제공 아파트 입주 제한, 뿌리 깊은 이주민에 대한 거부감 등을 원인으로 제시하고 있다(Chou and Baygert, 2007, 16).

카프 착용과 관련된 종교-정치적인 이슈부터 시작해 정부의 정책에 반대하는 저항운동으로 표출되었다(Martiniello, 2006, 88~89). 또한 2000년대 경기악화로 인해 이주민 청년의 실업이 급속하게 증가하면서 빈번하게 발생하고 있는 폭동은 단순히 공권력의 폭력적 사용에 대한 저항을 넘어서 시위를 통해 자신의 정치경제적 문제를 해결해줄 것을 중앙정부에 요구하는 행위로 나타나고 있다. 즉 정치사회에 이주민의 의견이 수용되지 못하고 의견을 전달할 수 있는 대화창구가 부재한 상황에서 이주민 청년들은 정치적 동원 방식 중 하나인 거리에서의 시위를 통해 의사표현을 지속해오고 있다.

4. 영국과 프랑스에서의 유럽시민권

1) 유럽시민권 확대의 영향

1970년대부터 본격화된 유럽시민권(European citizenship)에 관한 정치엘리트 사이의 논의는 유럽정체성(European identity)을 강화하기 위한 방안을 모색하는 과정에서 시작되었다. 유럽 내 노동력의 자유로운 이동에 관한 권리는 유럽통합의 시작과 함께 1940년대 후반부터 정립되어 확대되어 온 반면, 유럽시민의 권리를 포괄적으로 다루는 유럽시민권은 1970년대 이전에는 관심의 대상이 되지 못했다.

1970년대 들어서면서 유럽시민권에 관한 일련의 제안과 보고서들이 제출되었다. 1972년 벨기에 외무장관인 Van Elslande는 유럽통합의 진전을 위해 유럽 시민들의 지지가 필요하며 이를 위해서는 유럽시민권의 형성이 중요하다고 지적했다. 이후 1975년 'Towards European Citizenship'의 제목을 가진 보고서가 집행위원회에서 채택되었으며, 1976년에는 유

럽시민권의 내용을 포함한 유럽통합에 관한 'Tindemans 보고서'가 제출
되었다. 주목할 점은 이들 보고서에서 유럽의회 의원을 직접 선출하는
유럽 수준의 선거권과 회원국 국민인 유럽시민이 다른 회원국의 국가
수준의 선거와 지방선거에 참여할 수 있도록 선거권을 부여하자는 시론
적 제기들이 언급된 점이다. 이들 보고서와 당시 유럽정치지도자들의
주장에 기초해 과거 임명제였던 유럽의회 의원 선출이 1979년 최초의
유럽시민들의 직접선거에 의해 진행되었다(Vink, 2005, 45~46).

　1980년대에는 정치적 권리의 부여에 관한 논의는 중단되고, 이동의
자유와 사회적 권리의 확대를 다루는 것이 유럽시민권에 관한 논의의
전부로 범위가 축소되었다. 유럽 노동자와 유럽시민의 가족, 학생의 유
럽연합 내 이동의 자유에 대한 보장과 유럽시민의 사회적 권리를 도입
한 '사회헌장'(Social Charter)이 제정되었다. 반면 정치적 권리의 확대에
관한 논의는 별다른 진전을 이룩하지 못했다(Perchinig, 2006, 67~68). 유
럽시민권이 명문화 된 것은 유럽연합조약인 마스트리히트 조약이었다.
1993년부터 시행된 유럽연합조약은 회원국 시민에게 유럽연합 시민의
지위를 부여했다. 유럽시민권의 내용 중 선거권과 관련해서 조약 19조
에서는 "유럽의회 선거에서 선거권과 피선거권에 관한 권리와 거주하고
있는 국가의 지방선거에서의 선거권과 피선거권에 관한 권리"를 명시하
고 있다(Wiener, 2003, 399).

　한편 유럽연합 회원국이 아닌 제3국 출신 이주민에게도 지방정치에
참여할 수 있는 권리를 부여하자는 견해가 제기되었다. 1991년 유럽회
의(the Council of Europe)의 '지방생활에서의 외국인들의 정치참여에
관한 협정'(Convention on the Political Participation of Foreigners in Local
Life)에는 많은 유럽회의 회원국 들이 참여했다. 당시 협정은 이주민에
게 지방선거에서의 공식적인 선거권과 이주민의 조직화의 권리 등을 부
여하는 내용을 포함하고 있었다. 2001년 유럽회의의 의원총회는 협정에
서명한 국가들이 이주민의 선거권과 피선거권의 보장을 촉구하는 권고

안을 채택했다. 유럽연합 집행위원회의 '2005년 Communication'에서는
이주민의 통합문제를 언급하면서 통합과정에서 이주민의 선거 참여가
가지는 중요성을 강조했다. 즉 이주민의 지방선거 참여는 해당 지방의
거주자와 참여자로서 그들의 역할을 증진시킬 것이라고 언급했다(Shaw,
2007, 14~15).

그러나 유럽회의와 집행위원회의 권고와 제안에도 불구하고 유럽연
합 회원국가가 아닌 제3국 출신 영주권자 또는 단기 거주하는 외국인의
경우 많은 유럽연합 회원국들에서 지방선거 참여의 권리를 부여받고 있
지 못하고 있다. 또한 유럽시민권 중 정치적 권리는 유럽연합 개별 회원
국의 국적을 가지고 있는 경우라도 완전하게 부여되고 있지 않다. 즉 선
거권과 피선거권의 경우 오직 지방선거와 유럽수준의 선거에서만 허용
될 뿐 개별 회원국의 국가 수준의 선거에 참여할 권리는 부여되고 있지
않다.

2) 영국과 프랑스에서의 유럽시민권의 확대

유럽시민권의 확대는 영국과 프랑스의 선거권 변화에도 영향을 미쳤
다. <표 7>에서처럼 마스트리히트 조약 이후 국내 선거법 개정을 통해
자국 내 거주하는 회원국 출신 유럽시민에게 지방선거와 유럽의회 선거
의 선거권과 피선거권을 부여하고 있다. 영국의 경우 다른 회원국과 달
리 쉥엔협정에 가입하고 있지 않아 유럽시민의 거주와 이동의 자유를
완전하게 보장하고 있지 않은 상황에서 유럽시민에게 지방선거 선거권
을 부여한 것은 유럽시민의 정치적 권리를 부분 확대한 조처였다. 영국
은 아일랜드, 몰타, 키프로스의 유럽시민에게는 국가 수준의 선거에 참
여할 수 있는 권리를 부여하고 있고, 또한 유럽시민들은 권력의 이양과
정을 통해 독자적인 의회와 지역정부를 구성하고 있는 스코틀랜드, 웨

일즈, 북아일랜드의 지역의회 선거에 참여할 수 있다.

〈표 7〉 유럽시민과 제3국 출신 이주민 선거권

	국가 수준의 선거 (지역과 국가 선거 포함)		지방선거	
	유럽시민	제3국 출신 국민	유럽시민	제3국 출신 국민
프랑스	미부여	미부여	부여	미부여
독일	미부여	미부여	부여	미부여
그리스	미부여	미부여	부여	미부여
아일랜드	영국국민	미부여	부여	부여
이탈리아	미부여	미부여	부여	미부여
룩셈부르크	미부여	미부여	부여	부여
네덜란드	미부여	미부여	부여	부여
포르투갈	미부여	부분 부여 b	부여	부분 부여 b
스페인	미부여	미부여	부여	부분 부여 c
스웨덴	미부여	미부여	부여	부여
영국	부분 부여 a	영연방국민	부여	영연방국민
헝가리	미부여	미부여	부여	부여
폴란드	미부여	미부여	부여	미부여
루마니아	미부여	미부여	부여	미부여
슬로바키아	미부여	미부여	부여	부여

a. 아일랜드·몰타·키프로스 국민에게 부여, 유럽시민에게 권력이양지역 의회 선거권 부여
b. 상호주의에 따라 국회의원 선거는 브라질, 지방선거는 아르헨티나, 이스라엘, 노르웨이 국민에게 선거권 부여
c. 상호주의에 따라 노르웨이 국민에게 부여
출처: Shaw, 2007, 78~80의 표를 재구성.

프랑스도 마스트리히트 조약 이후 지방선거에서 유럽시민의 참여를 보장해오고 있다. 프랑스 국민에게만 선거권을 부여해오던 프랑스의 전통은 유럽통합의 진전과 함께 중요한 변화를 맞이했다. 유럽연합조약의 국내적 적용을 반영해 개정된 헌법 제88-3조는 "프랑스에 거주하는 유

럽연합국가의 국민들은 프랑스 지방선거에서 선거권 및 피선거권을 가진다. 이러한 시민에 속하는 자들은 시장 또는 부시장이 될 수 없으며, 상원의원 선거의 선거인단으로 임명되거나 상원의원 선거에 참여할 수 없다"고 규정하면서 유럽연합 회원국가 국민들의 지방선거 참여를 보장하고 있다. 그러나 이외의 선거에서의 선거권 및 피선거권은 배제하고 있다(곽원섭, 2007, 62).

영국과 프랑스 모두 유럽시민권의 확대에 참여함으로써 유럽시민의 정치적 권리는 양국 모두에서 부분적으로 확대되었다. 유럽시민의 정치적 권리는 프랑스에서 영국보다 제한적으로 적용되고 있다. 영국이 유럽연합 회원국 중 과거 역사적 관계를 고려해 선거권을 부분적으로 확대해주었고 권력을 이양한 지역의회 선거에 유럽시민이 참여할 수 있도록 권리를 부여해준 반면, 프랑스의 경우 마스트리히트 조약에 포함된 지방선거와 유럽의회 선거에 참여할 수 있는 권리만 보장하고 있다.

5. 결론

영국과 프랑스에서 이주민의 정치적 권리는 탈식민지 과정과 이주민 통합정책, 유럽통합 등의 요인에 의해 전체적으로는 동일성을 보여주면서도 부분적으로는 상이성을 나타내고 있다. 구 식민지국민의 선거권, 조직화의 권리와 제도에의 참여, 유럽시민의 지방선거 참여 등 이주민의 정치적 권리가 부분적으로 확대되어왔지만 영주권자, 난민, 망명신청자 등에게는 여전히 정치적 권리를 부여하지 않고 있다는 점에서 양국 모두에서 이주민의 정치적 권리는 제한적 특성을 분명하게 보여주고 있다.

스웨덴과 네덜란드, 벨기에 등 일부 북유럽 및 서유럽의 소국들이 지방선거에서 유럽연합 외부 국가 출신의 이주민에게 선거권을 부여하고 있지만 대부분의 인구가 많은 유럽연합 회원국들은 제3국 출신 이주민의 지방선거 참여를 보장하고 있지 않다. 국가 수준의 선거의 경우 영국과 아일랜드, 포르투갈 등의 일부 국가에서 과거 식민지 네트워크에 기초한 영연방 또는 남미지역 국민의 선거 참여를 보장하는 것을 제외하고는 대부분의 유럽연합 회원국에서 유럽시민과 제3국 출신 이주민 모두에게 국가 수준의 선거 참여를 배제하고 있다.

양국에서 이주민의 정치적 권리가 단기간 내에 급격하게 확대될 것으로 보기는 어렵다. 영국과 프랑스는 최근 고숙련 노동력에게만 선별적으로 영주권과 국적을 부여하는 이주정책에 주안점을 두고 있으며, 또한 자국의 주요 가치(key value)에 대한 이주민의 수용을 강화하는 방향으로 통합정책을 수정하고 있는 상황을 고려할 때 이주민의 정치적 권리가 가까운 미래에 확대될 것으로 예측하기는 어려운 상황이다. 따라서 영국과 프랑스에서는 국적취득자에게는 완전한 정치적 권리를 부여하는 한편 영주권자에게는 국가 수준 선거와 지방선거에서의 선거권과 피선거권이 부여되지 않는 현재 상황이 지속될 가능성이 높다.

양국 모두 유럽시민의 거주국에서의 지방선거와 유럽의회 선거 참여는 계속 보장할 것이다. 유럽시민권은 정치통합을 위한 토대를 구축했다고 평가 받는 2009년 리스본 조약(the Lisbon Treaty)의 발효 이후 유럽연합의 정치통합 추이에 따라 확대될 여지가 있다. 향후 유럽연합이 정치통합을 진전시키는 위해서는 유럽정체성의 강화가 필수적이기 때문에 유럽시민권의 확대에 관한 논의가 활성화 될 개연성이 높다. 유럽시민권의 확대는 현재 영국과 프랑스를 포함한 많은 회원국에서 거주국의 지방과 유럽의회 선거에 국한되어 있는 유럽시민의 선거권을 확대하는 방안이 포함될 수 있다. 유럽시민에게 완전한 정치적 권리를 부여하기 위한 전단계로 유럽시민이 등록을 통해 거주 국가의 국가 수준의 선거에 참여할 수 있는 권리 등이 대안으로 모색될 수 있다.

한국의 경우 영국이나 프랑스와 달리 현재 수준에서 이주민의 정치적 권리에 관한 문제를 해결하기 위해 구체적 방안을 제시해야만 하는 상황은 아니다. 한국에 거주하고 있는 이주민이 증가하고 있지만 이들의 정치적 권리가 이슈화되거나 요구되고 있는 상황은 아니기 때문이다. 더욱이 한국정부가 이주민의 선거권에 관해 전향적 조치를 취한 상황에서 당분간 정치적 권리에 관한 문제가 정치이슈로 부각되기는 어렵다. 즉 한국정부는 2005년 선거법 개정을 통해 2006년부터 영주권을 취득하고 3년이 경과한 19세 이상인 이주민에게 지방선거 투표권을 보장했다. 이것은 아시아에서는 최초이고 유럽지역을 제외하고는 드문 사례로서 이주민의 정치적 권리를 확대한 획기적 조치이다.

영국과 프랑스는 다문화사회로 변화하면서 이주민의 정치적 권리의 확대와 제한에 관한 이슈를 지속적으로 고민할 수밖에 없었던 반면, 한국의 경우 다문화사회로의 전환 초기 단계에 위치해있는 '후발주자'로서의 이점을 최대한 활용하고 있다. 이주민의 지방선거 참여를 전향적으로 허용한 반면, 국적취득보다는 영주권 취득을 유도하는 '영주권 전치(前置)주의'의 도입을 모색하고 있는 것이 예가 될 수 있다. '영주권 전치주의'의 도입 계획은 최근 선진국들이 국적취득을 까다롭게 하면서 영주권 취득을 완화하는 추세와 동일한 경향을 보이는 것이다.

한국의 경우 이주민의 정치적 권리의 확대와 제한을 위한 논의가 활성화되고 제도화되기 위해서는 이주민공동체의 성장을 기초로 한 다문화사회로의 전환과 영국과 프랑스에서처럼 중앙정부 차원에서 이주민 통합정책의 방향과 내용이 마련되어야 한다. 영국과 프랑스의 사례처럼 이주민 통합정책은 이주민의 정치적 권리에 영향을 미치는 주요 요인 중의 하나이기 때문이다. 한국사회에서는 이주민의 정치적 권리에 관한 정책의 도입이나 프로그램의 시행보다 우선해 이주민 통합정책의 방향과 내용을 구축하는 것이 필요하다. 유럽시민권과 같은 초국가적 시민권의 도입이 어려운 상황에서 한국에서 이주민의 정치적 권리의 확대와 제한은 통합정책의 방향과 내용에 따라 직접적인 영향을 받게 될 것이기 때문에 사회적 합의에 기초한 중앙정부 수준의 통합정책의 형성과 지속이 요구된다.

한편 현재는 간과되고 있지만 영국과 프랑스의 경우처럼 한국사회가 다문화사회로 변화하고 있는 상황에서 이주민의 조직화 및 제도 참여의 권리에 관한 요구는 증가할 것으로 예상된다. 특히 자신들의 조직을 만들 수 있는 결사의 권리에 대한 보장을 이주민들이 요구할 가능성이 높다. 현재는 결혼이민여성이나 외국인노동자 등의 결사의 권리가 보호되지 못하고 있다. 과거 프랑스처럼 이주민의 조직화를 제한하는 조치는 오히려 시민사회 내에서 많은 이주민 지원단체를 형성해 정부와 갈등을 빚는 양상이 나타날 수 있으며, 이주민이 대규모 시위와 같은 정치적 동원을 통해 문제를 해결하려는 방식을 선택할 가능성이 있다. 따라서 이주민의 조직화는 정치적 권리로 보장된 후 동시에 영국에서 운영되었던 지방차원의 '인종평등평의회'의 경우처럼 이주민의 조직화와 이주민 정책과 관련된 제도에의 참여가 지방단위에서 발전할 수 있도록 하는 정책이 필요하다. 이주민 통합과 권리의 증진을 위해 중앙정부와 지방정부 차원에서 이주민이 참여하는 거버넌스를 구축하는 것이 또한 고려되어야 한다.

참고문헌

곽원섭, 「이주민 통합 전략의 국가 간 다양성 비교」, 한양대학교대학원 석사학위논문, 2007.

김민정, 「프랑스 이민자정책: 공화주의적 동화정책의 성공과 실패」, 『세계지역연구논총』 25집 3호, 2007, 5~34쪽.

김용찬, 「영국과 독일의 상이한 이주 유형 비교 연구」, 『현상과 인식』 제30권 3호, 2006, 151~174쪽.

김용찬, 「영국의 다문화주의 담론과 정책」, 『민족연구』 제30호, 2007, 144~158쪽.

김용찬, 「서유럽국가 이주민통합정책의 수렴경향에 관한 연구」, 『대한정치학회보』 제16집 1호, 2008, 89~108쪽.

김형민, 「미국의 다문화 참정권에 관한 연구」, 『민족연구』 제42호, 2010, 44~64쪽.

박단, 「프랑스 공화국과 무슬림 이민자」, 『서양사론』 제93호, 2007, 271~304쪽.

박지현, 「프랑스 이민법을 통한 EU의 유럽시민권에 대한 역사적 진단」, 『서양사학연구』 제19집, 2008, 119~143쪽.

송석원, 「일본에서의 이주민 통합과 참정권」, 『민족연구』 제42호, 2010, 4~33쪽.

오정은, 「룩셈부르크의 이주민 참정권」, 『민족연구』 제42호, 2010, 65~82쪽.

이규영·김경미, 「독일의 이주민 정책과 이주민의 참정권」, 『국제지역연구』 제14권 1호. 2010, 153~178쪽.

이규영·김경미, 「호주의 다문화주의정책과 이주민 참정권」, 『국제정치논총』 제50집 1호, 2010, 445~468쪽.

장훈, 「프랑스의 정치제도와 정치과정」, 『유럽정치』, 유럽정치연구회 편, 2004, 백산서당.

정희라, 「영국의 자유방임식 다문화주의」, 『이화사학연구』 제35집, 2007, 1~27쪽.

Bauböck, Rainer ed. 2006, Migration and Citizenship, Amsterdam : Amsterdam,

University Press.

Bauböck, Rainer. 2006. "Citizenship and Migration." In Migration and Citizenship. Rainer Bauböck ed. Amsterdam: Amsterdam University Press.

Baylis, John. Steve Smith and Patricia Owens eds. 2009. 『세계정치론』 하 영선 외 역, 을유문화사.

Bertossi, Christophe. 2007. "French and British Models of Integration." Centre on Migration, Policy and Society. University of Oxford. Working Paper No. 46.

Chou, Meng-Hsuan and Nicolas Baygert. 2007. "The 2006 French Immigration and Integration Law." Centre on Migration. Policy and Society. University of Oxford. Working Paper No. 45.

Earnest, David C. 2008. Old Nations and New Voters. Albany: State University of New York Press.

Geddes, Andrew. 2003. The Politics of Migration and Immigration in Europe. London: SAGE Publication.

Ireland, Patrick. 2000. "Reaping What They Sow." In Challenging Immigration and Ethnic Relations Politics. Ruud Koopmans and Paul Statham eds. Oxford: Oxford University Press.

Koopmans, Ruud and Paul Statham. 2000. Challenging Immigration and Ethnic Relations Politics. Oxford: Oxford University Press.

Martiniello, Marco. 2006. "Political Participation, Mobilisation, and Representation of Immigrants and Their Offspring in Europe." In Migration and Citizenship. Rainer Bauböck ed. Amsterdam : Amsterdam University Press.

Perchinig, Bernhard. 2006. "EU Citizenship and the Status of Third Country Nationals." In Migration and Citizenship. Rainer Bauböck ed. Amsterdam: Amsterdam University Press.

Schierup, Carl-Ulrik. Peo Hansen, & Stephen Castles. 2006. Migration, Citizenship, and the European Welfare State. Oxford: Oxford University Press.

Shafir, Gershon. 2008. "Citizenship and Human Rights in an Era of Globalization." In Human Rights Ⅳ. Richard Falk, Hilal Elver and Lisa Hajjar eds. London: Routledge.

Shaw, Jo. 2007. The Transformation of Citizenship in the European Union. Cambridge: Cambridge University Press.

Soysal, Yasemin Nuhoglu. 1994. Limits of Citizenship. Chicago: The University of Chicago.

Vink, Maarten. 2005. Limits of European Citizenship. Hampshire : Palgrave.

Wiener, Antje. 2003. "Citizenship." In European Union Politics. Michelle Cini ed. Oxford: Oxford University Press.

EHRC 홈페이지 http://www.equalityhumanrights.com 참조(검색일: 2010년 10월 26일).

The ups and downs of
multiculturalism

Graziano Battistella*

The issue of migrant incorporation in the receiving society and the search for the best approach in view of social cohesion has attracted the attention of policy makers and researchers for a long time. Students of migration know that a milestone in the sociology of migration is the 1918-1922 five-volume Polish Peasant in Europe and America by Thomas and Znaniecki, where the authors attempted to study the culture of migrants in a time in which, because of the overwhelming number of immigrants arriving in the United States, the tendency to reject them was mounting. In the many years since then various proposals have competed to ensure the best approach to migrant incorporation. Multiculturalism has taken off around thirty years ago, with various nations adopting it explicitly. However, major rethinking has occurred in some of them recently, particularly in Europe, leaving multiculturalism as a contentious

* Scalabrini Migration Center.

issue, with supporters and opponents.

In this paper, after retracing briefly the development of discussion on migrant incorporation, I will clarify the meaning of multiculturalism and present the philosophical debate behind it among contemporary authors. The paper will suggest that the limitations of multiculturalism can be overcome through an intercultural approach.

1. Retracing the discussion on migrant incorporation

Most of the debate on migrant incorporation has occurred in the United States, the nation of immigrants where attention to the insertion of foreigners into society attracted first the concern of policy makers and researchers. The renowned School of Chicago, founded in 1890 in a city with 70 percent of the population born abroad, gave the initial input to these studies. Successful incorporation by migrants was considered the process of a progressive assimilation. A migrant was considered well inserted in the receiving society when he had absorbed the values, norms and behavioral models of the mainstream group of that society. This implied losing the cultural traits of the original ethnic group. Actually, the need to lose the original cultural characteristics was not shared by everyone. While Robert Park theorized the progressive and irreversible race-relations cycle[1], a sequence going from contact, to

---

1) The expression "race-relations cycle" appears in the article «Our Racial Frontier on the Pacific» published in Survey Geographic, LVI (May 1924), pp. 18~24. The article is included in R. E. Park, Race and Culture. Essays in the Sociology of Contemporary Man, the Free Press of Glencoe, Collier-MacMillan

competition, to accommodation and to assimilation, Thomas was recommending a policy of wise assimilation. The first principle of such policy was to build on migrants' memories, rather than destroying the m.[2] And the second principle was that migrants' organizations had a positive role in the assimilation process.

The opposite of successful assimilation was ghettoization, a process of cultural, social and economic marginalization. This was studied by urban sociology in its analysis of population distribution within the cities. It maintains the hypothesis that urban distribution changes with the progress of assimilation. Those who succeed in assimilating, move out of ethnic enclaves and take up residence in areas of mixed ethnicity. Those who do not succeed remain in the enclave or ghetto, incapable or uninterested to interrelate with the rest of society.

The canonical synthesis on assimilation is attributed to Milton Gordo n[3], although it is formulated in the early 1960s, when it was already

---

Limited, London 1950, 1964, pp. 138~151. The quotation on p. 150 says : ≪The race relations cycle which takes the form, to state it abstractly, of contacts, competition, accommodation and eventual assimilation, is apparently progressive and irreversible. Customs regulations, immigration restrictions and racial barriers may slacken the tempo of the movement ; may perhaps halt it altogether for a time ; but cannot change its direction; cannot at any rate, reverse it.≫

2) ≪A wise policy of assimilation, like a wise educational policy, does not seek to destroy the attitudes and memories that are there, but to build on them.≫ See W. I. THOMAS - R. E. PARK - H. A. MILLER, Old World Traits transplanted, Patterson Smith, Montclair, NJ 1971, 280.The book was originally published in 1921 without Thomas name among the authors, because he was undergoing a trial. Later it was recognized that Thomas was the main author of the text, particularly of the last chapter concerning the reconciliation of different cultural heritages.

beginning its downside. According to Gordon, first comes cultural assimilation, which is the result of a process of acculturation which consists in absorbing cultural traits, such as language, clothes, expressions, life aspirations of the mainstream group in society, which he identified with the white anglo-saxon protestants (the so-called WASP). This cultural assimilation is a unidirectional process, although the absorption of extrinsic aspects is much faster than that of intrinsic ones. After cultural assimilation comes structural assimilation, which consists in social integration. Then the other forms of assimilation will also follow: marital assimilation (mixed marriages increase), identification assimilation (belonging in the receiving society), attitude reception assimilation (the receiving society abandons its prejudices toward the immigrants), behavior reception assimilation (immigrants are no longer discriminated upon and civic assimilation (immigrants identify themselves with mainstream society and are recognized as such by society). After synthesizing the assimilation process, Gordon considered the three major theories concerning the incorporation process, to conclude that anglo-conformity had been more successful than melting pot and cultural pluralism. Like previous authors, Gordon's synthesis was normative and unidirectional and these were its two main limitations.

While Gordon was theorizing on assimilation, Glazer and Moynihan[4] were concluding that the melting pot had not occurred in New York, and U.S. African-Americans were rediscovering their roots. Through the

---

3) M. M. GORDON, Assimilation in American Life. The Role of Race, Religion and National Origins, Oxford University Press, Oxford (MA) 1964.
4) N. Glazer - D. P. Moynihan, Beyond the Melting Pot : The Negroes, Puerto Ricans, Jews, Italians, and Irish of New York City. MIT Press, Cambridge (MA) 1963.

appreciation of cultural origins, the unidirectionality of the assimilation process was rejected. Incorporation was increasingly understood as a bidirectional process: migrants not only receive but also contribute to the receiving society and the receiving society cannot just expect migrants' insertion but must offer the opportunities for such insertion. The term that best indicated this bidirectional process was integration. The idea that integration is possible only if cultural differences among groups are minor and, therefore, the idea that some groups cannot integrate because of their cultural difference were rejected. Ethnic differences are considered mostly the result of a social construction process. It is prejudice which results because of social construction which actually generates distance and rejection, not vice-versa. However, in spite of its wide success, integration was never subjected to a serious analysis and to empirical examination to test its validity. Thus, it has become a general term to indicate the incorporation process of migrants, as well as a specific social process with its distinctive characteristics.

Because of the vague scientific strength of the concept of integration, assimilationism did not die, but was reconceptualized. On the one hand, the study of second generations from the new groups of immigrants arriving in North America, and the fact that they did not seem to follow the path of early migrations from Europe, but were becoming a divided group, with some assimilated in mainstream society while others were remaining at the bottom of the social ladder, brought Portes and Zhou[5] to speak of segmented assimilation. On the other hand, Alba and Nee[6]

---

5) Portes A. - M. Zhou, "The New Second Generation: Segmented Assimilation and its Variants," The ANNALS of the American Academy of Political and Social Science, November 1993, 530 : pp. 74~96.

suggest that, if previous mistakes are avoided, it is still possible to speak of assimilation as the process of social incorporation of migrants in the society of destination. The mistakes to be avoided are: being ethnocentric and therefore demanding assimilation as a unidirectional process, and considering assimilation as unavoidable, while in fact groups can maintain their distinctions. The neo-assimilationist approach it is contended that assimilation does not occur in the same way for everyone. While for some it is the result of personal decisions which accumulates through generations, for others (for instance, the workers) assimilation occurs within collective movements and social networks. In this new approach, it is also suggested that a distinction should be made between assimilation as boundary crossing (either one belongs to one cultural group or to another) and assimilation as boundary blurring (which allows for simultaneous and multiple membership). However, even the neoassimilationism presents two limitations: it maintains a functionalist outlook of society, where the various social components are considered functional to the maintenance of the social system; and it never defines the mainstream society to which migrants are required to assimilate, leaving out the various internal diversifications which characterize mainstream society.

If in the U.S. integration has not attracted a lot of attention as a specific mode of incorporation, in Europe it has become the preferred approach to examine the insertion of migrants in society. Leaving aside differences according to country of immigration, it is relevant to indicate

---

6) R. Alba - V. Nee, Remaking the American Mainstream. Assimilation and Contemporary Immigration, Harvard University Press, Cambridge (MA) 2003.

that integration was the object of a Communication (2003/336) of the European Commission, out of which Reports on Integration were published since 2004 and out of which a Handbook on Integration for policy makers and practitioners also was produced, which has arrived in 2010 at the third edition. It is not possible to go into details concerning the EU approach to integration, but it is worthwhile to report the definition of integration provided by the Commission: "two-way process based on mutual rights and corresponding obligations of legally resident third country nationals and the host society which provides for full participation of the immigrant."

Going back to North America, it is in the 1970s, when assimilation had lost its appeal, that multiculturalism appears on the scene. However, the entry point was not in the U.S. but in Canada, and it was not in the academic discussion that it emerged, but as a political program instituted in 1971 by Prime Minister Pierre Trudeau. In the next section I examine the meaning of multiculturalism and the philosophical debate behind it.

2. Multiculturalism and the fundamental discussion behind it

As mentioned before, Canada was the first nation to officially adopt multiculturalism as a policy, followed by Australia and by a few nations in Europe, such as the United Kingdom, Sweden and the Netherlands. The U. S. has not adopted a multicultural policy, but it is obviously a society with a plurality of cultures. The trend toward multiculturalism brought Nathan Glazer to write: We Are All Multiculturalists Now.[7] However, multiculturalism is a term which has acquired many different meanings. Therefore, it is worthwhile to examine such diversity, for clarification purpose. If what is considered is the approach to cultural difference within society, then the following ideal types can be indicated[8]:

- Monoculturalism is the approach of societies in which there is only one dominant culture the culture of ethnic minorities is tolerated; however, the creation of cultural diversity through immigration is resisted.

- Cultural pluralism is the approach of liberal societies, like western societies, in which the public sphere is dominated by liberalism, while cultural differences can find expression in the private sphere. Immigrants are expected to adopt the dominant culture and language, while they can maintain their culture of origin at the private level.

- Multiculturalism is the public recognition and support of cultural differences. Not only immigrants can participate as equal in the various spheres of society, without renouncing their specific culture, religion and language, but the maintaining of their cultural tradition is sustained by public policies.

---

7) N.Glazer, We Are All Multiculturalists Now, Harvard University Press, Cambridge (MA) 1997.
8) V. Cesareo, "Multietnicitàe multiculturalismi: problemi e sfide per la convivenza sociale" in Id. (a cura di), Per un dialogo interculturale, Vita e Pensiero, Milano 2001.

In some respects, cultural pluralism and multiculturalism are rather similar, except for the fact that multiculturalism adopts specific policies for the support of cultural diversity. Behind the scene is the discussion on culture, on recognition of diversity, on the respect for human rights, on equality of participation into the public sphere and on allegiance to key elements that maintain the unity of the community.

I will briefly present the discussion using the contribution of a few contemporary philosophers who engaged in the debate. To some extent, the discussion is between liberals and communitarians on the different ideas of good life and the difficulty to determine which one should prevail. Liberals, because of that difficulty, require the state to be neutral and to leave the different expressions to the private sphere, while requiring that the public debate to determine what is public be conducted according to the rules of democracy. Communitarians consider the neutrality of the state just a fiction to impose the liberal tradition over the others and require instead that all cultural traditions be given public recognition. In a simplified way it could be said that liberals support the common identity and ignore cultural differences, while communitarians support cultural differences but undermine the common identity. Among the authors that have engaged in the discussion, I will briefly mention the position of Charles Taylor, Will Kymlicka and Jurgen Habermas.

Charles Taylor[9] is a Canadian philosopher, with an interest on the multicultural discussion determined by the issue of Quebec in Canada,

---

9) C. Taylor, "The Politics of Recognition," in Multiculturalism and the "Politics of Recognition", ed. Amy Gutmann (Princeton, NJ: Princeton University Press, 1992.

the same issue that prompted Trudeau to adopt multiculturalism as a public policy in 1971. Taylor exposes the limitations of liberalism by indicating that it is blind to differences. To support the equal rights of all, liberalism reduces this equality only to a formal equality, to procedural equality, because it cannot engage in the discussion on the substantive aspects. However, the equality of the majority culture is only superficial, because it hides the dominance of the hegemonic group. Consequently, Taylor suggests a different form of liberalism, one in which social cohesion is established not on equality of procedures but on the public agreement on collective goals. Such liberalism would recognize cultural differences and grant them some autonomy, provided that they respect the rights of other cultures. This is done through multicultural programs that support rights and traditions within minority groups.

The response to Charles Taylor was given by Jurgen Habermas[10], that disagreed on the notion of liberalism as blind to cultural differences. A correct understanding of liberalism would require ensuring both private and public autonomy. This requires that the persons involved, such as migrants, take part in the public discussion in which the conditions for private autonomy are determined. A state based on law requires democracy. The establishment of foundational values is the result of a process (called deliberative democracy) to which all participate. Migrants should be required to attain political integration (adherence to the principles of the constitution), not cultural integration, which will occur in time and with its own dynamism. Therefore, migrants must be allowed to

---

10) J. Habermas, "Struggles for Recognition in Constitutional States," European Journalof Philosophy 1, no. 2 (1993) : 128~155.

participate in deliberative democracy. At the same time, they must receive recognition and respect of their diversities, but without creating collective rights. Rights should remain individual rights.

Will Kymlicka, also a Canadian philosopher, agrees on the need for the state to have a collective identity, which reflects the majority tradition. However, there should also be respect for minority cultures. This should not be limited to procedural neutrality (like Habermas seems to indicate) nor should lead to a critical recognition of collective rights for minorities. In the rights of minority cultures, he distinguishes internal restrictions (prohibition to change religion) and external restrictions (special schools). Internal restrictions are incompatible with a liberal society, because they violate the principle of equal rights of all; instead, external restrictions are admissible. He concludes: "Liberals should seek to ensure that there is equality between groups, and freedom and equality within groups"[11]. He supports minority collective rights, because they promote equality and opportunity among individuals, and should not be a problem for liberalism. Such rights are necessary because belonging is necessary for identity. There should also be a national identity, but a thin one, which does not expect common agreement on what good life is, but only on the principles that ensure equality and justice. If minority groups would refuse those principles and intend to impose it to the majority group, they should not be tolerated.

The fundamental issue which is behind the discussion is that of cultural relativism. Liberals are preoccupied that affirming the equal dignity of all cultures would lead to violation of the individual rights in

---

11) W. Kymlicka, Multicultural Citizenship, Clarendon Press, Oxford 1995, p. 194.

the name of cultural traditions. Communitarians are preoccupied that the universality of human rights would be based on abstract individualism of western origin and that this would lead to cultural despotism.

Liberals, as they cannot reconcile the different notions of good present in society, relegate differences to the private domain, as long as the procedures to solve controversies are accepted and human rights are recognized as founding principles which cannot be violated.

Communitarians, to overcome the liberal abstract individualism which makes no reference to cultural differences and which leads to deny public differences, demand that minority rights be recognized, but risk to remain without common elements to maintain social cohesion, as cultures are perceived in a static way and the relativist vision leads to lack of consensus on universal values.

How to overcome this impasse in the discussion? And there is also another element which needs attention and that is the crisis that multiculturalism as a public policy is going through, at least in Europe. In October 2010 Angela Merkel said that attempts to build a multicultural society in Germany have "utterly failed". Perhaps Germany was not the best experiment on multiculturalism, however, David Cameron, referring to the experience in U.K., has also declared that "State multiculturalism has had disastrous results." It is also well known that both Sweden ("freedom of choice" policy) and the Netherlands ("minority policy"), which had gone further in the multicultural experiment, have abandoned it. Behind this revisionism are facts of violence, such as the murder of Theo Van Gogh in the Netherlands, and terrorist acts in Great Britain. But in the European scenario one also has to consider the prospering of parties with an anti-immigrant agenda, such as Jean-Marie Le Pen's

National Front in France, the British National Party, the Swiss People's Party of Christoph Blocher, which won the battle to ban the burka, the Austrian Freedom Party and Alliance for Austria's Future, the Lega Nord in Italy, and the Sweden Democrats, who recently entered into Parliament. How to overcome the practical failure of multiculturalist attempts in some society?

3. Intercultural integration

Behind the conclusion that multiculturalism has failed (but it remains public policy in Canada and Australia) is the fact that public policies to support cultural differences have not succeeded in facilitating also the dialogue among cultures. Multiculturalism can create cultural islands within society uninterested and incapable of understanding and talking to each other. Therefore, what is necessary is the capacity to create dynamics of dialogue among cultures. Even before, what is necessary is a proper understanding of culture. There is no intention here to go into the hundreds of definitions of culture that have been proposed. What is needed is to affirm that culture is not to be understood as something innate, biologically transmitted, but something which refers to habits and ways of thinking and understanding which have been learned since birth and which is constantly in flux because of the continuous relations between individuals and of individuals with their group of reference. What is necessary is an intercultural approach, which avoids an essentialist vision of culture and stresses the communication among cultures. From an intercultural perspective, culture is not an absolute, but something relative, dynamic, in constant change. To affirm the relative nature of culture is not to affirm cultural relativism. It remains possible to have reference to something universal, which is contained in every culture, and which is an expression of the fact that every person is at the same time unique - different from anyone else -, is particular - similar to someone else -, and is also, in some respects, universal - similar to everyone else[12].

The contribution to social cohesion from an intercultural approach would lead to the following principles[13].

a. The person comes before the state and the community. As also stated in the Human Development Report 2004,[14] affirming the priority of the person allows overcoming cultural determinism. Although the individual's experience is born in the community, the person is free to choose whether to belong or not to belong to it, and to decide the hierarchy of its multiple cultural identities.

b. The nature of the person is relational. The perception of identity is born in the encounter with the "other". To be oneself one has to be in relation with others. The intercultural approach overcomes the atomistic

---

12) A. Perotti, "Diritto alla diversità culturale e diritto alla somiglianza universale: Componenti indivisibili dei diritti umani" in G. Battistella (a cura di), Migrazioni e diritti umani, Urbaniana University Press, Città del Vaticano 2004, pp. 74~75.

13) S. Zamagni, "Migrazioni, multiculturalità e politiche dell'identità", in C. Vigna ‑ S. Zamagni (a cura di), Multiculturalismo e identità, Vita e Pensiero, Milano 2002, pp. 221~261.

14) UNDP, Human Development Report 2004, United Nations, New York 2004. Sulla stessa problematica cfr. A. Sen, Identità e violenza, Editori Laterza, Bari 2006.

understanding of the individual. To be one has to be in relation. Therefore, it is not sufficient to be free from; one has to be free for, and this requires public protection of the cultures through which one obtains self-realization.

c. The neutrality of the State. It refers to the impartiality that the state must have toward the different cultures present in its territory. Neutrality, however, does not mean indifferentism. Indifferentism is the impossibility to put some order among different cultural proposals because of the lack of an objective criterion to make a choice. Such indifferentism is born out of cultural relativism, and ultimately from cognitive relativism (which affirms that it is not possible to know the truth) and ethical relativism (which sustains that there is no external criterion to establish a hierarchy of values).Neutrality does imply cultural relativism, but the relativity of cultures, because they are historical enactment of universal principles.

d. Convergence on fundamental values. These are the values that are beneath human rights. People living in a country, no matter their culture or their origin, should converge on those values. If a culture does not accept those values, that culture should not obtain recognition.

e. Conditional tolerance. This is the tolerance that the state will grant to a culture which is still incapable of accepting the fundamental values of a state. Initiatives are taken so to facilitate the progress of that culture into accepting those values.

Obviously, not everything is solved through this proposal. The issue remains of how to ensure convergence on the fundamental values while allowing the legitimate expression of cultural difference. This is basically the issue that any state has to face when going into the transition from a prevalently monocultural country to a pluralistic country. It is possibly the issue that Korea must face as migrants begin to settle, as it is very difficult to convince them and their employers to return to their country of origin after a few years. John Rawls suggests that social cohesion is possible through the overlapping consensus[15]: of all the various ideas of good life present in a particular moment in a society a consensus is created on those values that everyone can find valid according to his own cultural tradition. Habermas[16] suggests aiming at political integration, which is based on the consensus on democratic procedures while the foundation is guaranteed by the constitutional principles. Amartya Sen[17] insists on the need to ensure that everyone enjoys cultural freedom, which does not mean that difference should be maintained forever because they are part of a tradition. Differences are positive if they are the result of a free choice.

John Paul II has reminded everyone in his 1995 speech to the United Nations: "every culture is an effort to ponder the mystery of the world and in particular of the human person: it is a way of giving expression to the transcendent dimension of human life. The heart of every culture is its approach to the greatest of all mysteries: the mystery of God." And later: "To cut oneself off from the reality of difference — or, worse, to attempt to stamp out that difference — is to cut oneself off from the

---

15) Rawls John, Political Liberalism, New York, Columbia University Press 1993.
16) J. Habermas, "Struggles for Recognition in Constitutional States," European Journal of Philosophy 1, no. 2 (1993): 128~155.
17) A. Sen, Identity and Violence. The Illusion of Destiny, New York-London: W.W. Norton and Company, 2006.

possibility of sounding the depths of the mystery of human life. The truth about man is the unchangeable standard by which all cultures are judged; but every culture has something to teach us about one or other dimension of that complex truth. Thus the "difference" which some find so threatening can, through respectful dialogue, become the source of a deeper understanding of the mystery of human existence."

The intercultural integration has the following advantages over multiculturalism:

- It avoids indifferent tolerance, which leads the different cultural groups to remain like separate islands within the community;
- It overcomes cultural determinism, whereby the freedom to choose cultural belonging is curtailed;
- It avoids excessive emphasis over cultural difference, with the danger of ignoring social inequalities.

However, the intercultural approach requires a pedagogical learning the respectful dialogue of which John Paul II spoke has to be learned. Learning how to dialogue with the other in the everyday living and how to bring this dialogue at the level of political negotiation, where decisions for the whole community are taken, is the objective of intercultural pedagogy.

편자소개 [집필순]

이명곤 : 대구가톨릭대학교 다문화연구소 공동연구원
김태원 : 대구가톨릭대학교 다문화연구소 연구교수
이용승 : 대구가톨릭대학교 다문화연구소 연구교수
손영기 : 대구가톨릭대학교 다문화연구소 연구교수
이화숙 : 대구가톨릭대학교 다문화연구소 연구교수
권복순 : 대구가톨릭대학교 사회복지학과 교수
임보름 : 대구가톨릭대학교 사회복지학과 박사과정 수료
백용매 : 대구가톨릭대학교 심리학과 교수
류윤정 : 대구가톨릭대학교 심리학과 박사과정 수료
김명현 : 대구가톨릭대학교 신학대학 교수
김용찬 : 대구가톨릭대학교 정치외교학과 교수
Graziano Battistella : Scalabrini Migration Center

한국 다문화에 관한 담론   값 22,000원

2012년 5월 18일 초판 인쇄
2012년 5월 30일 초판 발행
        기   획 : 대구가톨릭대학교 다문화연구소
        발 행 인 : 한 정 희
        편   집 : 신학태 김지선 김우리 맹수지 문영주 안상준
        발 행 처 : 경인문화사
                서울특별시 마포구 마포동 324-3
                전화 : 718-4831〜2, 팩스 : 703-9711
                이메일 : kyunginp@chol.com
                홈페이지 : http://www.kyunginp.co.kr
                          http://한국학서적.kr
        등록번호 : 제10-18호(1973. 11. 8)

ⓒ 2012, Kyung-in Publishing Co, Printed in Korea
ISBN : 978-89-499-0865-6 93330
※ 파본 및 훼손된 책은 교환해 드립니다.